中国自由贸易试验区协同创新中心

自贸区研究系列

2025上海城市经济与管理发展报告

建设具有世界影响力的社会主义现代化国际大都市

上海财经大学上海发展研究院　上海财经大学自由贸易区研究院
上海财经大学城市与区域科学学院
上海市政府决策咨询研究基地"赵晓雷工作室"
上海市教育系统"赵晓雷城市经济与管理工作室"　编

主　编　赵晓雷

副主编　邓涛涛

编　委　张祥建　汪晨　杨嬛　殷华

格致出版社　上海人民出版社

前　言

2023 年 12 月,习近平总书记在上海考察时强调,"上海要完整、准确、全面贯彻新发展理念,围绕推动高质量发展、构建新发展格局,聚焦建设国际经济中心、金融中心、贸易中心、航运中心、科技创新中心的重要使命,以科技创新为引领,以改革开放为动力,以国家重大战略为牵引,以城市治理现代化为保障,勇于开拓、积极作为,加快建成具有世界影响力的社会主义现代化国际大都市,在推进中国式现代化中充分发挥龙头带动和示范引领作用"。社会主义现代化国际大都市应具有"中国式现代化"特色,即具有全体人民共同富裕的现代化,物质文明和精神文明相协调的现代化,人与自然和谐共生的现代化,走和平发展道路的现代化。

在对具有世界影响力的现代化国际大都市进行理论分析的基础上,本书借鉴国际上有代表性的评估指标体系,设计具有世界影响力的现代化国际大都市指标体系。本书将从基础设施、经济活力、营商环境、科技创新、城市品牌、宜居生态等六个维度构建具有世界影响力的现代化国际大都市指标体系,对全球 26 个有代表性的现代化国际大都市的世界影响力进行评价。本书将在该指标体系框架内编制上海建设具有世界影响力的现代化国际大都市指数,并对标纽约、伦敦、东京等老牌全球城市,设定标杆值,在国际可比性的条件下,客观评估上海建设具有世界影响力的现代化国际大都市的潜力和不足。通过对标国外现代化国际大都市发展水平,可以直观地了解到目前上海与国外现代化国际大都市的差距以及今后努力的方向。

上海作为中国对外开放的窗口以及制度改革的前沿阵地,世界影响力在不断提升。它凭借中国强大的经济实力和体制优势,已具备高能级总部集聚、战略性全球平台和大规模流量等条件。在加快建设具有世界影响力的社会主义现代化国际大都市征途上,上海要以排头兵与先行者的姿态,努力推动高质量发展、创造高品质生活、实现高效能治理,持续提升城市能级与核心竞争力,通过创新驱动发展、强化对外开放与国际合作、推进城市创意与文化产业发展、优化城市规划与生态环境建设、超大城市治理创新等城市发展新路径,努力开创城市建设新局面。

　　本书的研究工作由上海市政府决策咨询研究基地"赵晓雷工作室"及上海财经大学自由贸易区研究院、城市与区域科学学院负责实施。本书的主题设计、框架确定及总体组织由赵晓雷负责。全书五章及附录的分工如下：第 1 章，殷华、陈慧铭；第 2 章，杨嬛、曹伟、陈实；第 3 章，张祥建、李蔚然、张童瑶、李东昂；第 4 章，赵晓雷、邓涛涛、但婷；第 5 章，汪晨、但婷；附录，邓涛涛、厉佳妮、王哲。

目 录

第1章
新发展格局下上海城市发展
战略定位与发展路径

当前世界正经历"百年未有之大变局",国际政治经济局势错综复杂,中国也进入了新发展阶段。上海作为中国改革开放的排头兵、创新发展的先行者,应始终聚焦建设国际经济中心、金融中心、贸易中心、航运中心和科技创新中心的重要使命,努力推动高质量发展、创造高品质生活、实现高效能治理,同时善于把握机遇、开拓发展新道路,勇于直面复杂挑战、突破攻坚,持续提升城市能级与核心竞争力,加快建成具有世界影响力的社会主义现代化国际大都市。

1.1 当前战略环境新变化

1.1.1 社会主义现代化国际大都市的未来发展趋势

1. 社会主义现代化国际大都市的内涵

习近平总书记在党的二十大报告中强调,中国共产党当下的中心任务就是团结带领全国各族人民全面建成社会主义强国,实现第二个百年奋斗目标,以中国式现代化全面推进中华民族伟大复兴。其中,中国式现代化是中国共产党领导的社会主义现代化,而社会主义现代化的内涵随着中国经济、技术的发展而不断扩展。1954 年,第一届全国人民代表大会第一次明确提出要实现"四个现代化"目标,即工业现代化、农业现代化、国防现代化和交通运输业现代化。2020 年,党的十九届五中全会从五个方面深刻阐述了社会主义现代化的基本特质,即社会主义现代化是人口规模巨大的现代化,是全体人民共同富裕的现代化,是物质文明和精神文明相协调的现代化,是人与自然和谐共生的现代化,是走和平发展道路的现代化。社会主义现代化的内涵从侧重物质文明向关注精神文明和体制建设转变,这表明了党对时代内涵的深刻理解以及对中国所处社会阶段的准确把握。

国际大都市的概念最早在 1915 年由苏格兰城市规划师帕特里克·格迪斯(Patrick Geddes)提出,他认为国际大都市应该是具有超群的政治、经济、科技实力并且和全世界大多数国家发生经济、政治、科技和文化交流关系,且具有全球影响力的国际一流大都市。在此基础上,英国地理学家彼得·霍尔(Peter Hall)和美国学者米尔顿·弗里德曼(Milton Friedman)对国际大都市的内涵进行了扩充与诠释。霍尔认为国际大都市应该具备七大特征:一是为国家政治权力中心;二是为国家贸易中心;三是为主要银行所在地以及国家金融中心;四是为人才聚集中心;五是为信息汇集与传播中心;六是为人口中心,同时具有相当比例的富裕阶层人口;七是随着制造业的不断发展,娱乐业成为城市的另一主要支柱产业。弗里德曼同样提出了七个衡量国际大都市的标准:一是为国家金融中心;二是为跨国公司总部所在地;三是为国际性机构集中地;四是第三产业高度增长;五是为主要制造业中心;六是为重要的国际交通枢纽;七是城市人口达到一定的标准。

综上所述,社会主义现代化国际大都市应该是符合社会主义现代化理念的、具有国际化特征的大都市。它应该具备以下几个特点:一是人民性,这是社会主义现代化国际大都市的本质特征,坚持人民城市人民建,人民城市为人民;二是中心性,社会主义现代化国际大都市是国家的经济、政治、贸易、文化和科技中心,是国内大循环的中心节点;三是全球性,社会主义现代化国际大都市是全球资源配置的中心枢纽,能够实现全球资本、技术、人才、数字等生产要素的高效配置,是国家对外开放的门户;四是绿色性,坚持生态优先、绿色发展,实现人与自然和谐共生。

2. 社会主义现代化国际大都市的国内发展现状

全球化与世界城市研究网络(GaWC)公布的《世界城市名册》数据显示,中国三个城市进入 2020 年国际大都市排名前十位,分别为香港(第 3 名)、上海(第 5 名)和北京(第 6 名),上述城市已经进入具有较高集聚和服务能力的国际大都市"第一方阵",其在经济增长、科技创新、对外开放、绿色转型和营商环境等方面取得了一系列成果(见表 1.1)。

(1) 发展动能不断壮大,经济运行稳定向好。

城市经济规模全球领先,经济综合实力稳步上升。根据国家统计局数据,2022年上海的地区生产总值达到 4.47 万亿元,同比增长 5%,在全球城市中排名第 6 位;

表 1.1　2016 年、2018 年和 2020 年国际大都市排名

世界排名	2016 年		2018 年			2020 年		
	城市	国家	城市	国家	排名变化	城市	国家	排名变化
1	伦　敦	英　国	伦　敦	英　国	0	伦　敦	英　国	0
2	纽　约	美　国	纽　约	美　国	0	纽　约	美　国	0
3	新加坡	新加坡	香　港	中　国	上升 1	香　港	中　国	0
4	香　港	中　国	北　京	中　国	上升 2	新加坡	新加坡	上升 1
5	巴　黎	法　国	新加坡	新加坡	下降 2	上　海	中　国	上升 1
6	北　京	中　国	上　海	中　国	上升 3	北　京	中　国	下降 2
7	东　京	日　本	悉　尼	澳大利亚	上升 3	迪　拜	阿联酋	上升 2
8	迪　拜	阿联酋	巴　黎	法　国	下降 3	巴　黎	法　国	0
9	上　海	中　国	迪　拜	阿联酋	下降 1	东　京	日　本	上升 1
10	悉　尼	澳大利亚	东　京	日　本	下降 3	悉　尼	澳大利亚	下降 3

资料来源:GaWC《世界城市名册》。

2022 年北京市地区生产总值达到 4.38 万亿元,同比增长 5.2%,在全球城市中排名第 7 位(见图 1.1 和图 1.2)。日本森纪念基金会发布的《全球城市实力指数》报告根据 GDP、股票市值、世界 500 强企业、总就业人数、工资水平等标准对城市经济综合实力进行排名,该报告显示,2023 年在全球城市经济综合实力中,北京、上海、香港分别排名第 3 位、第 11 位和第 26 位。

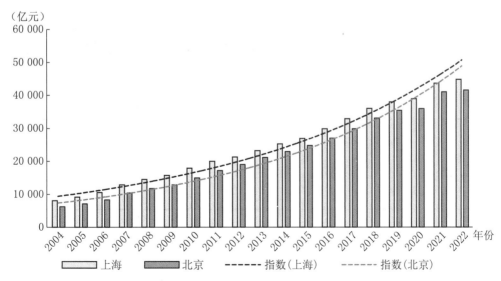

图 1.1　2004—2022 年上海、北京地区生产总值

资料来源:国家统计局。

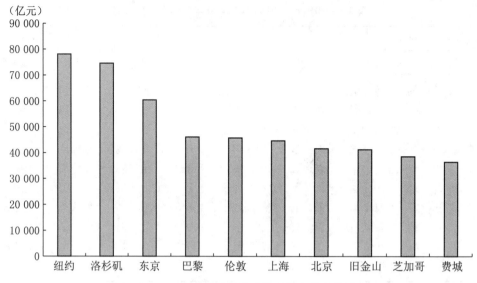

图 1.2　2022 年全球地区生产总值排名前十位城市

资料来源:作者根据公开数据整理得到。

　　城市产业结构持续优化升级,高新技术产业等经济发展新动能不断壮大。根据国家统计局数据,2022 年北京的第三产业增加值达到 3.49 万亿元,占 GDP 的比重为 83.76%,较上一年增加 3.4%;其中,战略性新兴产业、数字经济、高技术产业增加值分别达到 1.04 万亿元、1.73 万亿元和 1.18 万亿元,占 GDP 的比重分别为38.3%、58%和 35.7%。根据上海市发展和改革委员会统计数据,2023 年上海市集成电路、生物医药、人工智能三大先导产业规模达到 1.6 万亿元,工业战略性新兴产业总产值占规模以上工业总产值比重达到 43.9%,其中新能源汽车、新能源、高端装备行业产值分别比上年增长 32.1%、21.3%和 4.8%(见表 1.2)。

表 1.2　2022 年北京、上海、广州三大产业增加值占 GDP 的比重

	第一产业	第二产业	第三产业
北京	0.27%	15.97%	83.76%
上海	0.22%	25.46%	74.32%
广州	1.10%	27.43%	71.47%

资料来源:国家统计局、广州市统计局。

　　(2)科技创新驱动发展,现代化产业体系持续构建。

　　面对国内外多重超预期因素冲击,各城市坚持创新驱动发展。一方面,加大企业研发投入,强化创新主体作用,为经济社会健康发展提供动力。北京市统计局数据显示,北京 2022 年的企业研发支出达到 2 843.3 亿元,相当于 GDP 的比例为

6.83％,同比增长 8.14％(见图 1.3)。另一方面,不断强化战略科技力量建设,推动科技创新自立自强。2023 年,北京怀柔综合性国家科学中心重大科技基础设施集群初见雏形,16 个设施平台进入科研状态;上海 3 家国家实验室高水平运行,2 家国家实验室基地挂牌运行,40 余家全国重点实验室通过重组或新建;广州获批首批国家新一代人工智能公共算力开放创新平台,落户全国唯一国家级纳米领域产业创新中心。关键核心技术公关加快突破,2023 年北京举办首届国际基础科学大会,"悟道 3.0"大模型、新一代量子计算云平台"夸父"等一批重大创新成果涌现。

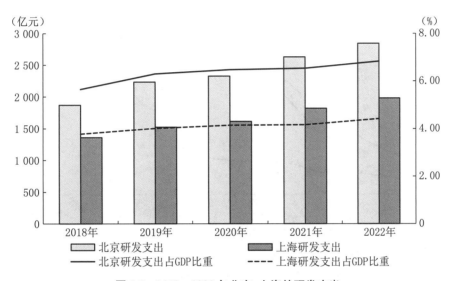

图 1.3　2018—2022 年北京、上海的研发支出

资料来源:北京市统计局、上海市统计局。

城市产业链现代化水平加快提升。北京设立信息、人工智能、机器人、医药健康等 4 支政府高精尖产业基金,上海制定新一轮集成电路、生物医药、人工智能三大先导产业"上海方案",广州出台"高企 26 条"等政策,2023 年高新技术企业、科技型中小企业分别增至 1.3 万家、2.1 万家;广州市入选全球独角兽企业 25 家。同时,为加快产业数字化赋能,积极推进数字基础设施建设,2023 年广州市累计建成5G 基站 9.17 万座,5G 用户超 1 600 万户,华南唯一工业互联网标识解析国家顶级节点新增二级节点 15 个,累计 53 个,接入企业超万家。

(3)国家战略落地实施,对外开放持续扩大。

贯彻国家高水平开放的战略决策,北京、上海、广东等省市陆续设立自由贸易试验区,通过放宽市场准入、完善营商环境、积极引进外资等途径加强与世界其他国家或地区的经济交流与合作,不断扩大国内城市对外开放的广度与深度,提升城市的国际影响力。一方面,重点城市对外贸易进出口规模不断扩大,实际利用外资金额持续增加。2022年,上海货物进出口同比增长3.2%,进出口贸易额继续保持全球城市首位,实际利用外资金额达到239.6亿美元,再创历史新高;北京进出口总额同比增长16%,实际利用外资同比增长20.6%(见图1.4和图1.5)。另一方面,对外文化交流不断深入,上海的中国国际进口博览会(下称"进博会")、北京全球峰会等活动为世界提供了文化、商业交流的平台,提高了城市的国际影响力。

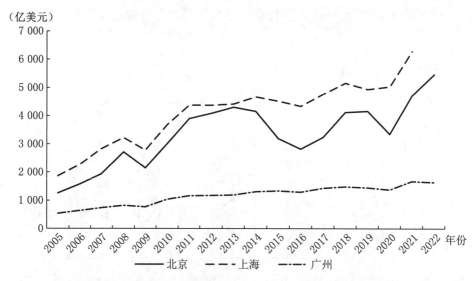

图1.4　2005—2022年北京、上海、广州的进出口总值

资料来源:北京市统计局、上海市统计局和广州市统计局。

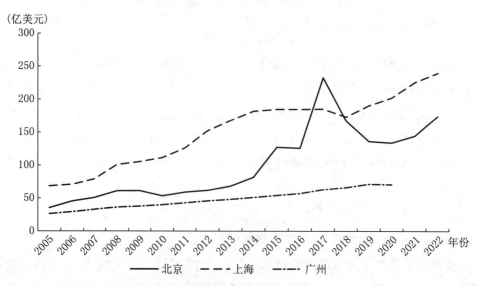

图1.5　2005—2022年北京、上海和广州的实际利用外资金额

资料来源:北京市统计局、上海市统计局和广州市统计局。

（4）经济社会绿色转型，城市现代化治理能力增强。

全面推进城市经济社会绿色化。上海推动建立重点领域、重点区域低碳零碳负碳技术创新示范试点，实施工业产品全生命周期供应链管理，推动城市经济发展绿色转型。同时，上海着重打造绿色生态城市生活空间，2023 年新增各类公园 162 座，新增绿地 1 044 公顷、绿道 231 公里、立体绿化 43 万平方米，森林覆盖率达 18.8％。此外，上海垃圾分类初见成效，2023 年生活垃圾回收利用率达到 43％，垃圾分类实效持续提升（见图 1.6）。

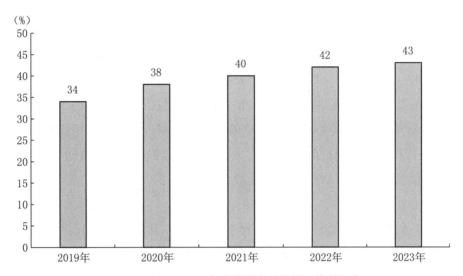

图 1.6　2019—2023 年上海的生活垃圾回收利用率

资料来源：上海市发展和改革委员会。

初步实现城市治理数字化。充分利用区块链、"图网码"、一体化办公等数字信息技术，赋能城市气象、交通、安全等系统，加快城市数字基础设施建设和数字化重点场景布局。截至 2023 年，上海累计建设 5G 室外基站超过 7.7 万个、5G 室内小站超过 35 万个，打造生活数字化转型重点场景 35 个；北京新建 5G 基站 3 万个，每万人拥有 5G 基站数达 49 个，位列全国第一，新增千兆固网用户 94.3 万户，已累计至 288.7 万户。

（5）制度创新不断深化，营商环境改革优化升级。

为打造国际一流营商环境，上海 2018 年出台的优化营商环境行动方案到 2024年已"升级"为 7.0 版本，该版本全面对标世界银行营商环境标准，升级企业服务、监管执法、区域协同和社会共建等行动内容，以便更好地推动上海"五个中心"建设，提升城市核心能级。北京同样出台了优化营商环境的改革方案，2023 年实现促成新设机构 556 家、落地重大项目 365 个,企业诉求办结率达 99.5%、满意率达 99.9%。同时,北京 12345 企业服务热线受理企业诉求 6.3 万件,响应率 99.96%、解决率 94.14%、满意率 97.24%。

3. 社会主义现代化国际大都市的国外发展现状

(1)全球经济增速放缓,进入增长动能转换期。

在贸易保护主义、民族主义思潮下,全球经济政治不确定性上升,加上新冠疫情的猛烈冲击,世界经济的增长速度放缓。2021 年,各国政府均出台相应的货币政策及财政政策以提振经济,全球实际 GDP 增长率上升至 6.3%,但随时间发展,政策的刺激效果逐渐减弱。根据国际货币基金组织在 2023 年 10 月发布的《世界经济展望》,2022 年全球实际 GDP 增长率为 3.5%,2023 年和 2024 年预计分别降低至 3% 和 2.9%(见图 1.7)。同时,全球通货膨胀率不断上升、世界人口增长速度放缓以及老龄化日趋严重,都对全球经济复苏造成不利影响(见图 1.8 和图 1.9)。此外,人工智能、区块链等数字信息技术的快速发展对传统的经济增长模式造成冲击,削弱了传统要素对经济的驱动作用。但是,由于新技术出现时间较短,基础设施尚不完善,新的经济增长点并未完全形成,全球经济处于动能转换的关键时期,经济下行压力依旧存在。

(2)全球经济格局发生改变,产业链呈现本土化、区域化和多元化趋势。

错综复杂的国际政治经济局势正改变着全球经济格局:一是全球产业链呈现本土化趋势。新冠疫情的猛烈冲击使得各国意识到全球产业链的脆弱性并加强了

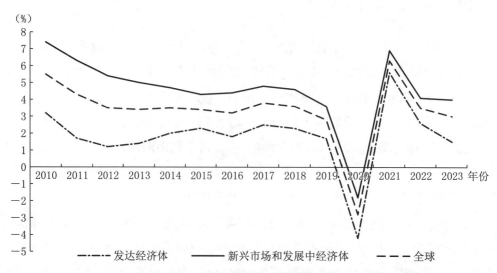

图 1.7　全球实际 GDP 增长率变化

资料来源:国际货币基金组织《世界经济展望》(2023)。

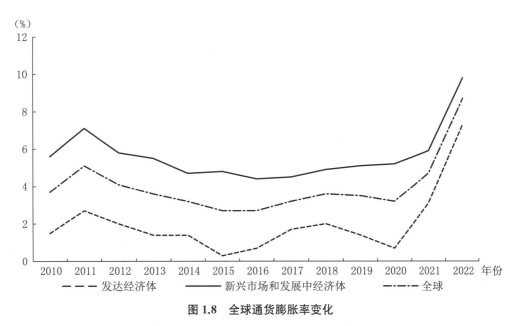

图 1.8　全球通货膨胀率变化

资料来源:国际货币基金组织《世界经济展望》(2023)。

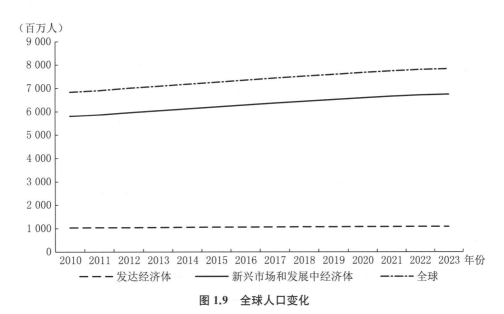

图 1.9　全球人口变化

资料来源:国际货币基金组织《世界经济展望》(2023)。

对战略核心产业的控制,还使得半导体等先进制造业的关键环节以及发达国家产率低的高附加值环节快速回流。二是全球产业链呈现区域化趋势。受贸易保护主义、发达国家推动产业链回迁等多重因素的影响,局部地区配置资源的优势大于全球范围,各国开始着重寻求区域内的经贸合作,北美供应链、欧盟供应链和亚洲供应链等区域供应链鼎立局面加速形成。三是全球产业链呈现多元化趋势。当前,美国等西方国家正逐渐把经济问题政治化,使得全球产业链发展的不确定性增加。极限情况下,关键能源资源、粮食、核心技术等均有可能面临"卡脖子"风险,为稳定经济发展、维护国家安全,各国政府纷纷推动本国产业链供应链的多元化布局。跨国公司作为全球资源配置的主体也主动调整战略,分散投资、多点布局产能,以实现资源来源地和运输通道的多元化,提高产业链供应链韧性。

(3)国际经贸规则重塑,要求积极对接国际高标准经贸规则。

当前,逆全球化趋势日益凸显,地缘政治冲突频发,以发达国家为主导的国际经贸规则加速重塑。一方面,区域贸易协定数量增加,全球经济治理呈现区域化特征。例如,2022年,马来西亚和智利先后加入《全面与进步跨太平洋伙伴关系协定》(CPTPP),中韩两国申请加入《数字经济伙伴关系协定》(DEPA),《区域全面经济伙伴关系协定》(RCEP)也进入全面生效阶段。另一方面,大国博弈加速全球贸易格局转变。2018年至今,中美贸易摩擦持续升级,美国对中国半导体等核心技术实施不同程度的"卡脖子"策略,并在2022年推动"印太经济框架",企图隔离中国,与中国开展战略竞争。面对上述复杂的国际经贸形式,中国应主动对接国际高水平经贸规则,在投资、贸易便利化领域提出"中国方案",抓住数字经济、绿色经济发展机遇,提升国际影响力并掌握更大的话语权。

1.1.2 "五个中心"建设是推动社会主义现代化国际大都市建设的方向

在全球化时代,社会主义现代化国际大都市的一个显著特征是,成为一国对内发展的驱动中心和对外发展的门户枢纽。一方面,社会主义现代化国际大都市是一国对内经济发展的动力枢纽。以纽约、伦敦等城市为例,短期西方资本主义国家实现了资源高效配置,推动国家高速发展,但随着城市的进一步发展,出现区域不平等加剧、贫富差距扩大等一系列问题,这在长期将制约国家经济的发展。社会主义现代化国际大都市是中国道路的具体实践,应深刻把握其人民城市的根本属性,将以人民为中心贯穿城市发展的始终,最大效能地为人民群众服务并创造美好生活,减小贫富差距,最终实现共同富裕。另一方面,社会主义现代化国际大都市是一国对外开放的门户枢纽。国际大都市往往具有在全球范围内集聚、控制、分配经济社会发展所需要的资本、技术、人才、数据等生产要素的能力,且能力越强,国际话语权越大。纽约、伦敦、东京等代表性国际大都市在经济枢纽角色的基础上不断引入跨国公司总部和全球性服务机构,扩展国际关系网络,提升城市综合实力。在此基础上,社会主义现代化国际大都市应实行高水平的对外开放,强化全球要素资源的配置能力,提高自身国际地位。

上海作为中国改革开放的排头兵、创新发展的先行者,应始终聚焦建设国际经济中心、金融中心、贸易中心、航运中心和科技创新中心的重要使命,以强化全球资源配置、科技创新策源、高端产业引领及开放枢纽门户"四大功能"为主攻方向,以科技创新为引领,以改革开放为动力,以国家重大战略为牵引,以城市治理现代化为保障,锐意进取,勇于开拓,加快建成具有世界影响力的社会主义现代化国际大都市。

1. 推动产业结构升级,提升经济中心国际地位

"十四五"时期,上海经济发展面临着更加深刻复杂的内外部发展环境,处于全面提升产业能级的关键时期,面临新的机遇与挑战。根据上海市政府数据,2022年上海地区生产总值达 4.47 万亿元,经济规模继续位居全球首位,并在全球城市中持续进位,保持经济中高速增长,2016—2022 年上海 GDP 平均增速为 5.6%,远高于伦敦(1.6%)、纽约(1.3%),但上海仍然需要加速动能转换,优化产业结构,改革制度环境,以提升上海经济中心的国际地位。

加强自主创新,优化产业结构。一是由于发达国家推动战略产业与核心环节回流,建设全球化协同创新体系面临新的挑战。根据上海市统计局数据,2023 年上海科学研究和技术服务业实际利用外资金额为 46.02 亿美元,增速大幅下降 21.1%,这要求上海加强国际合作,强化自主创新能力,推动产业结构优化升级,提升产业链供应链韧性,提高国际竞争力。二是新一轮科技革命和产业变革深入发展,促使新兴技术与产业深度融合。上海应加强对 5G、人工智能、区块链等数字信息技术的创新应用,促进数字经济与实体经济融合发展,谋划布局一批战略性新兴产业,孕育经济发展新动能。三是中国正处于改革换挡的关键时期,上海面临新任务新使命。上海应以国家战略为指引,聚焦人工智能、航空航天、新能源等高新技术产业发展,建设高效、安全的现代化产业体系,推动中国经济高质量发展。

积极引进外资,优化经济结构。对外直接投资可以通过提高资本和技术密集型产业在货物贸易中的比重,以优化贸易结构;同时,跨国公司的国际投资将扩大对咨询、审计、法律等高端服务业的需求,以优化服务业结构。因此,上海应进一步缩减负面清单,放开市场准入,积极引进外资,充分发挥外资对经济结构的优化作用。

完善国际化生产性服务业体系。区别于生活性服务业,生产性服务业具有关

联度高、跨界服务性强、技术要素密集等特点,能够提高制造业生产效率,增强资源配置能力,加快数字技术与产业体系深度融合,为打造全球领先的经济中心提供支撑。一方面,上海应对接国际高水平经贸规则,培育具有国际竞争力的会计、法律、咨询、公关等高端化服务机构,建设多语种知识产权、科技情报、产业信息交流中心;另一方面,将新一代信息、数字、人工智能技术引入生产性服务业,改造传统设备设施,提高全要素生产率。

2. 深化资本市场改革,提高金融中心国际化水平

社会主义现代化国际大都市通常具备国际金融中心的特质,但上海与纽约、伦敦相比,金融服务能级有待提高,金融中心国际化水平较低。2023 年 3 月"第 33 期全球金融中心指数报告"(GFCI 33)显示,上海在全球金融中心中排名第 7,较上一期下降一位,排在前面的依次是纽约、伦敦、新加坡、香港、旧金山和洛杉矶。其中,在涉及金融行业的细分部门排名(见表 1.3)中,纽约、伦敦均稳定在前二的位置,上海虽然均位列前十五,但是在保险业、专业服务、政府和监管部门以及金融科技等领域与其他一些城市存在较大差距,这表明了上海金融体系中尚存的结构性问题与提升空间。

表 1.3　GFCI 33 竞争力各次级指标中排名前十五的金融中心

排名	银行业	投资管理	保险业	专业服务	政府和监管部门	金融	金融科技	金融市场交易
1	纽约	纽约	纽约	纽约	纽约	纽约	纽约	纽约
2	伦敦	伦敦	伦敦	伦敦	伦敦	伦敦	伦敦	伦敦
3	香港	上海	香港	新加坡	新加坡	旧金山	新加坡	上海
4	新加坡	新加坡	新加坡	香港	香港	新加坡	香港	新加坡
5	上海	卢森堡	深圳	旧金山	首尔	香港	旧金山	洛杉矶
6	北京	香港	上海	洛杉矶	上海	巴黎	首尔	旧金山
7	芝加哥	深圳	洛杉矶	首尔	法兰克福	芝加哥	阿姆斯特丹	首尔
8	深圳	旧金山	悉尼	法兰克福	日内瓦	洛杉矶	芝加哥	香港
9	洛杉矶	北京	巴黎	上海	迪拜	法兰克福	慕尼黑	深圳
10	波士顿	洛杉矶	首尔	华盛顿	旧金山	上海	波士顿	华盛顿
11	卢森堡	芝加哥	卢森堡	芝加哥	巴黎	深圳	苏黎世	芝加哥
12	旧金山	华盛顿	法兰克福	卢森堡	卢森堡	北京	洛杉矶	波士顿
13	日内瓦	苏黎世	北京	波士顿	苏黎世	卢森堡	日内瓦	法兰克福
14	华盛顿	迪拜	旧金山	苏黎世	东京	波士顿	法兰克福	巴黎
15	悉尼	波士顿	波士顿	迪拜	洛杉矶	华盛顿	上海	苏黎世

资料来源:英国智库(Z/Yen)集团与中国(深圳)综合开发研究院联合发布的 GFCI 33。

以功能建设为先导,打造金融服务业集群。目前,上海虽然对于全球资本具有较大的吸引力,被许多外资企业作为拓展中国市场的落脚点,但是缺乏具有全球联系的本土跨国企业和金融机构,这在一定程度上限制了上海金融服务的创新与升级。因此,上海应聚焦陆家嘴金融贸易区的功能建设,培育本土保险、咨询、会计、法律、基金、资管等高端化金融服务企业,同时扩大金融开放,发展专业化金融服务业集群,打造特色突出的金融中心优势。

鼓励发展金融科技,推动金融数字化转型。区块链、人工智能等信息技术带来了全方位的产业融合,产生了深刻的跨界效应,上海在聚焦发展专业化金融服务的同时,还应当鼓励金融机构与高科技企业合作,推动新兴技术在金融领域中的应用,依托上海城市数字化转型总体布局,推动浦东国家级金融科技研究机构建设,促进金融与科技深度融合。同时,完善科创板制度,吸引和培育有潜力的金融科技企业,支持银行等金融机构设立金融科技子公司,发挥产业集群效应,提升上海在金融科技领域的竞争力与影响力。

对标国际金融规则,优化监管法治体系。RCEP、CPTPP 等国际经贸规则将金融服务界定为任何具有金融性质的服务,而对于其中相当一部分,中国尚未实现资本项目完全可兑换。根据衡量资本账户开放度的 KAOPEN 指数,2021 年中国香港和新加坡的资本账户开放度指数均为 2.3,开放程度位列全球第 1,而中国内地资本账户开放度指数为 -1.24,位列全球第 109 名。上海应积极对标国际经贸新规则,提高资本项目自由化、便利化水平,为全国金融业扩大开放起到示范引领作用。随着金融开放程度的提高,金融监管将面临越来越多的现实需求,应推动上海金融监管体系由传统的监管机构包揽一切责任向激励被监管者主动承担更多责任转变,充分发挥市场纪律和行业自律的特点与优势。同时,建立健全的社会信用体系,吸引和培育高水平的国际信用评级机构,加强法律金融服务研究,更好地解决金融纠纷,提高上海金融中心的国际化水平。

3. 发展贸易新形式新业态,增强贸易中心枢纽功能

上海是全球最大的贸易口岸城市。2023 年上海外贸进出口总额达到 42 121.61 亿元,比上年增长 0.7%。其中,出口 17 377.94 亿元,比上年增长 1.6%;进口 24 743.67 亿元,比上年增长 0.1%。贸易结构优化,2023 年上海一般贸易出口 9 428.06 亿元,比上年增长 1.5%,一般贸易进口 15 605.11 亿元,比上年增长 1.9%;加工贸易出口 3 923.07 亿元,比上年下降 16.1%,加工贸易进口 1 911.53 亿元,比上年下降 17.6%。贸易辐射能力增强,自 2018 年起上海每年举办进博会,为世界各国提供经济交流合作的平台与机会,吸引世界知名会展机构相继落户,世界百强

商展数量居全球城市首位,同时在 2021 年成功创建数字服务、文化贸易、中医药服务、地理信息服务、知识产权服务等领域 8 个国家级特色服务出口基地,加强贸易中心建设。贸易新形式新业态快速成长,根据商务部统计口径,上海数字贸易进出口总额从 2016 年的 599.9 亿美元增长到 2021 年的 946 亿美元,年增长率达到 9.5%(见图 1.10)。但是,上海在转口贸易、总部经济等方面与新加坡、香港等国际大都市存在较大差距。

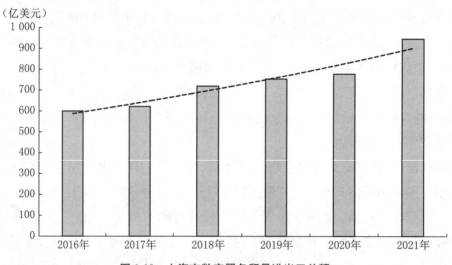

图 1.10 上海市数字服务贸易进出口总额

资料来源:《上海数字贸易发展报告(2022)》。

加强转口贸易发展,打造配套基础设施和服务。转口贸易在全球国际贸易中心竞争中成为各城市巩固自身贸易地位、增强竞争力的重要保障,但上海的转口贸易与其他国际贸易枢纽相比存在较大差距。根据上海市统计局数据,2022 年上海集装箱国际中转比例为 12%,较上一年下降 1%,而新加坡、香港、釜山等城市的中转业务比例均超过 50%。上海要充分发挥贸易口岸优势,加强航运、仓储等贸易基础设施建设,提供配套的高端化服务。同时,上海聚焦洋山港国际转口贸易产业链建设,为转口贸易发展提供支撑;充分发挥进博会的平台枢纽功能,利用进博会"买全球、卖全球、惠全球"的全球商品集聚功能,打造进出口商品集散地,吸引更多的专业会展服务企业入驻上海,与国际转口贸易形成良性互动。

优化总部支持政策,促进离岸贸易产业集聚。总部经济是发展离岸贸易的关键,跨国公司能够利用自身全球贸易网络优势,避免交易过程中的信息不对称,以降低离岸贸易中的交易成本。2021 年,落户上海的跨国公司地区总部数量达 831

个(见表 1.4),较 2020 年增长 7.8%,远低于同期落户香港的总部数量(1 457 个)(见图 1.11)。上海应贯彻落实《上海市鼓励跨国公司设立地区总部的规定》,明确地区总部、总部型机构及事业部总部的认定条件,对符合相关条件的企业机构进行资助和奖励,简化其商事登记、资金运作与管理的审批程序。此外,在提供税收财政优惠政策的同时,上海要为重点产业关键环节的企业提供针对性配套服务,发挥差异化产业服务优势,建立稳定有效的沟通服务机制,持续拓展"货物转手买卖贸易推荐企业白名单",促进离岸贸易产业集聚。

表 1.4　上海主要年份总部经济发展情况

	2005 年	2010 年	2019 年	2020 年	2021 年
跨国公司地区总部数量	125	305	720	771	831
外资研发中心数量	173	316	461	481	506

资料来源:上海市统计局。

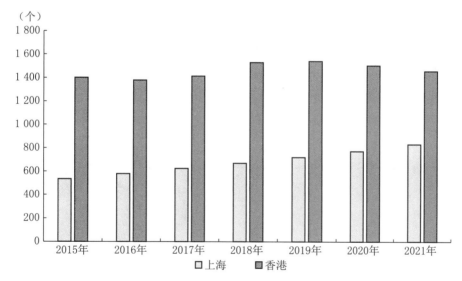

图 1.11　2015—2021 年落户上海和香港的总部总数

资料来源:各城市统计局网站。

4. 加强航运服务高端化发展,提升航运中心国际辐射力

根据 2022 年 1 月发布的《世界领先海事城市(LMC)》报告,上海港总体排名为全球第 4,仅次于新加坡、鹿特丹和伦敦;其中,港口与物流的排名为全球第 1(见表 1.5)。这表明上海在港口集装箱和货物运输的"硬实力"方面处于国际领先地位。2023 年上海港集装箱吞吐量突破 4 915.8 万国际标准箱,同比增长 3.92%(见

图1.12),连续14年居全球首位;上海港集装箱航线已覆盖全球200多个国家和地区的700多个港口,每周班轮进出超过320个班次。然而,上海在海事金融与法律、海事技术以及吸引力与竞争力等"软实力"上排名相对靠后,与国际一流水平存在差距。

表1.5 2022年《世界领先海事城市(LMC)》报告排名前五位

排名	航运	海事金融与法律	海事技术	港口与物流	吸引力与竞争力	总排名
1	雅 典	纽 约	新加坡	上 海	新加坡	新加坡
2	新加坡	伦 敦	奥斯陆	鹿特丹	伦 敦	鹿特丹
3	东 京	东 京	釜 山	新加坡	哥本哈根	伦 敦
4	上 海	奥斯陆	伦 敦	香 港	鹿特丹	上 海
5	汉 堡	巴 黎	上 海	广 州	奥斯陆	东 京

资料来源:2022年DNV发布的《世界领先海事城市(LMC)》报告。

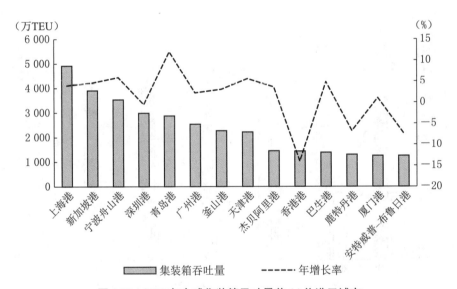

图1.12 2023年全球集装箱吞吐量前14位港口城市

注:青岛港、巴生港2023年数据为预估值。
资料来源:上海国际航运研究中心《全球港口发展报告(2023)》。

加强航运服务高端化发展,并不意味着放弃传统航运业发展,而是通过创新航运金融、推进航运信息服务平台建设、加强复合交通网络构建等措施对上海航运服务高端赋能,促进航运服务转型升级,提升航运中心的国际辐射力。

强化上海航运中心与国际金融、科创中心的联动。一方面,鼓励商业银行等金融机构创新航运相关的金融产品,为相关企业提供融资服务,培育本土具有国际影响力的航运服务企业。另一方面,抓住数字经济的发展机遇,进一步推动并完善"上海国际集装箱舱位交易平台"的建设,充分利用自动化集装箱码头全链条关键技术,将传统航运要素与现代信息技术深度融合,对传统货物航运业进行产业赋能,推动航运业向数字化、智能化发展。

加速复合型交通网络建设。从迪拜等国际航运中心的发展经验来看,海港与空港联运将会大大缩短货物运输时间,提高物流效率。上海应落实东方枢纽建设政策,打通上海浦东国际机场与上海东站的链接,扩大其货物运输能力,在此基础上推动铁路、空港、海港运输的一体化路线构建,构建立体的复合型交通网络。

积极参与国际航运规则和标准的制定。上海应充分发挥"全球主要港口远洋国际集装箱船舶平均在港在泊停时"和"新版中国进口集装箱运价指数(CICFI)"两大最新成果的效用,将航运核心技术与实践相结合,提升自身在国际航运规则和标准制定中的话语权和国际影响力。

5. 提供更好的创新激励环境,提高科创中心策源能力

根据仲量联行发布的《2022 年全球创新城市指数报告》,北京、上海和深圳分别在全球创新城市中排名第 8、第 11 和第 13 位,上海科创中心建设取得初步成效。但根据《国际科技创新中心指数(GIHI)2023》,上海在科技人力资源、科研机构、科学基础设施和知识创造等方面与纽约、北京等城市存在较大差距。

进一步加大科技体制机制改革创新力度,完善城市创新激励环境。一是优化生物医药、人工智能等新兴产业布局,着力提升产业链供应链的安全与韧性,驱动市场经济稳定发展。二是加大研发力度,鼓励高校、研究院和企业开展自主研究,提高关键核心零部件、新技术的自主率。三是完善系统性的引导激励政策,鼓励中小企业加强自主创新,强化企业创新主体地位。四是强化临港、杨浦、徐汇、闵行、嘉定、松江等关键承载区承接科学技术转移、加快成果产业化等功能,放大创新集成和辐射带动效应。

创新激励的体制环境不仅要求政府通过设置资金奖励或实施专利保护来鼓励企业加强研发,更涉及金融、人才、社会保障等诸多要素。一方面,要依托科技金融的快速发展,为企业提供更好的创新环境。上海要提高金融对科创企业的支持力度,增加科技企业金融服务的有效供给,促进竞争,健全商业性金融、开发性金融、政策性金融、合作性金融分工合理、相互补充的金融机构体系。另一方面,要实行更加开放、便利的人才引进政策,在积极引进高层次人才的同时培养本土人才,创新科研成果评价制度,改革科研人员薪酬制度,为国内外人才提供更好的个人成长、生活、工作环境。

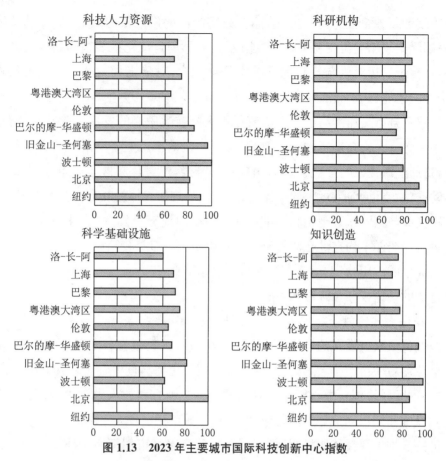

图 1.13　2023 年主要城市国际科技创新中心指数

注："洛-长-阿"为"洛杉矶-长滩-阿纳海姆"的缩写。
资料来源：《国际科技创新中心指数(GIHI)2023》报告。

1.1.3　上海建设社会主义现代化国际大都市的政策支持

为推动社会主义现代化国际大都市建设,加快"五个中心"新一轮发展,提升城市核心能力和服务能级,上海分别对建设国际经济、金融、贸易、航运和科创中心做出了如表 1.6 所示的政策支持。

表 1.6　上海建设社会主义现代化国际大都市的政策举措

国际经济中心建设		
聚焦领域	政策文件	政策抓手
整体规划与顶层设计	《上海市国民经济和社会发展第十四个五年规划和二〇三五年远景目标纲要》(2021 年)	(1) 发挥投资、消费和贸易"三驾马车"对经济的拉动作用,持续增强经济的发展韧性; (2) 聚焦创新性、服务型、总部型、开放型和流量型"五型经济",建立经济发展新优势,培育经济发展新动能; (3) 引进和培育具有国际影响力的跨国公司和企业总部,加快上海总部机构能级提升

（续表）

国际经济中心建设		
聚焦领域	政策文件	政策抓手
数字经济发展	《上海市全面推进城市数字化转型"十四五"规划》(2021年)	(1) 坚持全球视野,把握全球经济数字化发展大势,增强对全球数字资源的配置能力,促进数字技术与实体经济的深度融合,打造世界级数字产业集群; (2) 坚持创新引领,加强基础技术研究,强化关键领域突破,提高自主创新能力; (3) 坚持市场主导,充分发挥企业市场主体的作用,激发市场主体创新活力
数字经济发展	《上海市数字经济发展"十四五"规划》(2022年)	
产业结构优化	《上海市战略性新兴产业和先导产业发展"十四五"规划》(2021年)	聚焦集成电路、生物医药、人工智能等重点产业,突破核心技术难关,把握数字技术与产业深度融合机遇,促进产业结构优化升级
产业结构优化	《上海打造未来产业创新高地发展壮大未来产业集群行动方案》(2022年)	聚焦由重大科技创新推动、代表未来科技和产业发展方向、对经济社会具有支撑引领作用,但目前尚且处于产业萌芽或初级阶段的前瞻性新兴产业,打造世界级产业创新高地
产业结构优化	《关于新时期强化投资促进加快建设现代化产业体系的政策措施》(2023年)	聚焦招商奖励、模式和载体,鼓励支持重点产业招商引资,建立高效合理的招商机制,促进现代化产业体系发展
总部经济	《上海市鼓励跨国公司设立地区总部的规定》(2022年)	坚持"找准需求、摸清问题、精准施策"的政策原则,优化总部企业认定标准,完善总部企业在投资、通关、科创、人才以及知识产权保护等方面的支持举措,完善动态评估机制

国际金融中心建设		
聚焦领域	政策文件	政策抓手
整体规划和顶层设计	《上海国际金融中心建设"十四五"规划》(2021年)	建设国际化、市场化、数字化、绿色化和法治化的国际金融中心: (1) 提高金融服务能级,驱动科技创新和实体经济快速发展。一方面,加强金融对战略新兴行业的支持力度,加强与国际科创、贸易和航运中心的联动;另一方面,发展普惠金融,完善养老、健康等金融服务体系,做到金融创新成果服务人民 (2) 创新驱动金融市场发展,建立多元化、多层次的资本市场体系 (3) 发挥上海自由贸易试验区和临港新片区先行先试的作用,扩大资本项目开放,推动人民币国际化发展,加强与"一带一路"沿线国家、其他全球城市的金融交流与合作 (4) 聚焦金融科技发展,加快金融产业链数字化转型 (5) 抓住绿色发展趋势,探索开发绿色金融产品,形成经济新增长点 (6) 完善金融人才引进、培育、评价和保障机制 (7) 完善风险预警和监管体系,防范化解系统性金融风险 (8) 优化金融营商环境

（续表）

国际金融中心建设		
聚焦领域	政策文件	政策抓手
金融科技发展	《加快推进上海金融科技中心建设实施方案》（2020年） 《关于落实外滩金融集聚带关于加快推进金融科技发展的实施意见的实施细则（试行）》（2023年）	（1）加强基础技术、新兴技术研发创新，加快配套基础设施建设，以更好地适应新型金融业务需要； （2）加强金融科技成果转换应用，推动金融数据化、普惠化发展； （3）构建"产业链＋创新链＋服务链"的金融科技生态圈，优化金融科技战略空间分布，加快形成金融科技企业集群，发挥集聚规模效应； （4）加强对外交流与合作，积极参与金融科技标准的制定与推广，增强金融中心的国际话语权
绿色金融枢纽建设	《上海加快打造国际绿色金融枢纽服务碳达峰碳中和目标的实施意见》（2021年）	依托上海金融资源集聚优势，加强绿色创新市场体系建设，创新绿色金融产品，建立绿色金融机构，积极参与国际标准的制定，提升上海绿色金融国际合作

国际贸易中心建设		
聚焦领域	政策文件	政策抓手
整体规划与顶层设计	《"十四五"时期提升上海国际贸易中心能级规划》（2021年）	畅通国内大循环，促进国内国际双循环，构建要素高效流动与聚合的国际枢纽，提升上海国际贸易中心的核心功能： （1）通过联动长三角区域，打造数字贸易、服务贸易、新型国际贸易新高地，培育新的贸易增长点，构筑全球贸易枢纽； （2）加强总部经济建设，推进外商直接投资与对外直接投资发展，打造亚太投资门户； （3）推动消费供给与需求升级，加快消费数字化转型，建设国际消费中心城市； （4）利用进博会溢出效应，推动产业结构优化与对外开放升级，提升资源配置能力，全面建成国际会展之都； （5）推进数字产业赋能，构建现代化物流体系，建设亚太供应链管理中心； （6）对标世界银行新规则新标准，建设国际一流营商环境
服务贸易升级	《上海市全面深化服务贸易创新发展试点实施方案》（2020年） 《关于支持临港新片区深化高水平制度型开放推动服务贸易创新发展的实施方案》（2023年） 《2023年度国家外经贸发展专项资金（服务贸易）实施细则》（2023年）	（1）创新服务贸易管理体制，提升资金、人员和数据等关键要素流动便利化； （2）抓住数字贸易发展机遇，聚焦科技、金融等高端化服务贸易发展； （3）加强国际交流与合作，构建服务贸易国际关系网络； （4）对标高水平国际经贸规则，健全贸易监管体系

（续表）

国际贸易中心建设		
聚焦领域	政策文件	政策抓手
数字贸易发展	《全面推进上海数字商务高质量发展实施意见》(2021 年)	(1) 对标数字贸易国际规则,推动交易、监管、航运等贸易流程数字化,提高贸易效率; (2) 培育数字贸易主体,支持数字贸易企业发展与创新,发展总部经济,同时打造数字贸易发展示范区,发挥产业集聚效应
贸易新业态新模式	《关于本市加快发展外贸新业态新模式的实施意见》(2021 年)	(1) 创新驱动贸易新旧动能转换,提高国际竞争力,驱动贸易带动经济增长; (2) 加强制度创新,提高贸易环境软实力,推动贸易新业态新模式加速发展; (3) 深化临港新片区改革试点建设,支持上海自由贸易试验区落实离岸贸易专项奖励政策,促进离岸贸易体制扩容; (4) 对"两头在外"转口贸易的医疗器械产品进入海关特殊监管区域或保税物流中心,免于加贴中文标签
	《上海市促进外贸稳规模提质量的若干政策措施》(2023 年)	
	《中国(上海)自由贸易试验区专项发展资金支持新型离岸国际贸易发展实施细则》(2023 年)	
营商环境建设	《上海市坚持对标改革　持续打造国际一流营商环境行动方案》(2024 年)	(1) 对标国际经贸新规则,完善上海国际贸易"单一窗口"建设,提高仓储、海关、运输等贸易流程的信息化管理水平; (2) 推进虹桥国际中央商务区打造"丝绸电商"合作先行区,打造国际贸易特色营商环境。

国际航运中心建设		
聚焦领域	政策文件	政策抓手
整体规划与顶层设计	《上海国际航运中心建设"十四五"规划》(2021 年)	(1) 推动枢纽港综合服务高端化改革,强化枢纽核心功能 (2) 深化长三角一体化高质量发展,推动形成长三角世界级港口群、机场群 (3) 航运、金融、科创融合发展。一方面,数字赋能航运产业,构建航运数字生态;另一方面,创新研发航运相关的金融衍生品,提高融资汇兑的便利化程度
航运服务升级	《提升上海航运服务业能级助力国际航运中心建设行动方案》(2023 年)	将航运基础服务业和航运衍生服务业作为改革主体,结合数字化、智能化和绿色化的行业发展趋势,进行产业赋能,提高航运服务竞争力,同时深化制度创新,优化航运服务营商环境
枢纽建设	《虹桥国际开放枢纽建设总体方案》(2021 年)	以上海虹桥商务区为依托,发挥现代化综合交通枢纽建设优势,推动长三角一体化深入发展、协同开放
	《上海东方枢纽国际商务合作区建设总体方案》(2024 年)	依托上海东站与上海浦东国际机场,打造集航空、铁路、城市轨道交通于一体的大型综合交通枢纽

(续表)

国际科创中心建设		
聚焦领域	政策文件	政策抓手
整体规划与顶层设计	《中共上海市委 上海市人民政府关于加快建设具有全球影响力的科技创新中心的意见》（2015 年） 《上海系统推进全面创新改革试验加快建设具有全球影响力的科技创新中心方案》（2016 年） 《上海市推进科技创新中心建设条例》（2020 年） 《上海市建设具有全球影响力的科技创新中心"十四五"规划》（2021 年）	坚持科技创新与体制创新"双轮驱动"，提升自主创新能力，增强创新辐射能力，加快推进上海建设具有国际影响力的科技创新中心： (1) 支持产学研协同创新，加快基础研究创新突破，提升创新成果转化能力；聚焦集成电路、生物医药、人工智能等关键核心技术，引领产业高质量发展，保障产业链供应链安全 (2) 促进创新结果服务人民，促进城市数字化转型，提高城市能级和现代化治理效能 (3) 引进、培育高层次人才，优化科技创新人才体系，建设全球科创人才高地 (4) 加强长三角区域创新联动以及国内外科技创新交流与合作，强化全球资源配置功能和开放枢纽门户功能，打造国内大循环中心节点和国内国际双循环战略链接 (5) 构建城市科学文化，加快科普体制机制发展 (6) 营造开放包容、活力高效的创新环境，加强城市创新治理体系建设
创新激励	《上海市知识产权专项资金管理办法》（2023 年）	(1) 减少一般资助，将资金重点投向创新项目的后续转化应用、行政保护和公共服务； (2) 统筹兼顾市区两级政策衔接互补，避免出现重复资助
	《上海市科技型中小企业和小型微型企业信贷风险补偿办法》（2024 年） 《上海市小型微型企业信贷奖励考核办法》（2024 年）	为充分发挥企业创新主体的作用，引导和鼓励银行等金融机构加大对上海市小型微型企业的信贷投放力度
	《关于促进上海市知识产权金融工作提质增效的指导意见》（2024 年）	引导和支持上海知识产权普惠金融发展，充分发挥金融对实体经济的支撑作用
战略性新兴产业布局	《上海市战略性新兴产业发展专项资金管理办法》（2022 年）	支持和鼓励集成电路和新一代信息技术、生物医药、人工智能、新能源汽车、高端装备制造等新兴产业发展，抓住数字经济、绿色经济发展机遇
	《上海市特色产业园区高质量发展行动方案（2024—2026 年）》（2023 年）	聚焦数字经济、绿色低碳、智能终端等新兴领域，建设具有上海特色的产业园区

(续表)

国际科创中心建设		
聚焦领域	政策文件	政策抓手
知识产权保障	《上海市知识产权保护和运用"十四五"规划》(2021 年)	(1) 落实国家战略,支持浦东新区、闵行区、徐汇区、松江区和嘉定区建设国家知识产权强市建设试点示范区,支持漕河泾新兴技术开发区、紫竹国家高新技术产业开发区、临港松江科技城建设国家级知识产权强国建设试点示范园区,鼓励知识产权领域制度创新,形成一系列可复制推广的知识产权发展方案; (2) 加强知识产权法治保障,对标高水平经贸规则,加快构建完善的知识产权法律体系; (3) 深化知识产权专业化服务建设,有效运用数字科学技术提升政务服务、公共服务效率,强化行政、司法、仲裁、调解工作衔接,健全海外维权援助机制,提高上海知识产权国际竞争力
知识产权保障	《上海市知识产权强市建设纲要(2021—2035 年)》(2022 年)	
知识产权保障	《上海市知识产权局关于组织申报 2023 年度国家知识产权强国建设试点示范城区的通知》(2023 年)	
知识产权保障	《上海市人民政府　国家知识产权局共建高水平改革开放知识产权强市 2023—2025 年工作要点》(2023 年)	
高层次人才引进与培育	《关于加快建设上海高水平知识产权人才高地的实施意见(2023—2025 年)》(2023 年)	(1) 引进和培育一批高素质专业人才; (2) 构建合理全面的科创人才培养体系; (3) 完善科研成果评价机制,保障科创人才生活水平; (4) 对标国际一流标准,提升科创人才工作国际化水平
高层次人才引进与培育	《上海市普陀区科创人才苗圃建设三年行动计划(2023—2025 年)》(2023 年)	

1.2　上海城市发展战略定位与主要目标

1.2.1　目标定位与功能角色

"在全面建设社会主义现代化国家的新征程上,上海要加快建设具有世界影响力的社会主义现代化国际大都市。"这是习近平总书记对上海发展的战略定位。进入新时代后,为贯彻落实习近平总书记对上海发展的指示要求,特别是引领国家战略、先行先试的上海自贸试验区建设、科创中心建设,2018 年 1 月,上海市政府发布《上海市城市总体规划(2017—2035)》(下称"上海 2035"),到 2035 年,上海的目标是基本建成卓越的全球城市,令人向往的创新之城、人文之城、生态之城,具有世界影响力的社会主义现代化国际大都市。这意味着上海将更加注重提升全球城市功能,在加强国际经济、金融、贸易、航运、科技创新中心五大核心功能的基础上,进一步发展联动功能和文化功能,担起全球城市的国家使命,代表国家参与全球竞争与合作,增强上海对全球资源的配置力和控制力。这里通过"创新、人文、生态"三个分目标,深化了"卓越的全球城市"的内涵,充分体现创新对未来城市竞争力的核心引领,凸显对绿色可持续发展的核心支撑,彰显以人为本理念和城市特色魅力。

由此可见,全球城市发展的竞争力体现为经济、科技、文化三方面的共同影响力,经济不再是上海城市发展的唯一诉求,科技创新与人文环境同样需要被重视,因此,"上海2035"在城市性质与定位上,着眼于经济硬实力,更着力于人文科创等核心竞争要素的发展建设,体现"以人民为中心"的发展理念,在价值取向上,由经济导向为主转变为以人为本,除了体现国家规范要求的城市性质以外,也更加立足于城市本身和市民期待。本节将从"上海2035"目标愿景中的"卓越的全球城市""令人向往的创新之城、人文之城、生态之城、未来之城""具有世界影响力的社会主义现代化国际大都市"等三方面,阐述上海城市发展的目标定位与功能角色。

1. 卓越的全球城市

全球城市,又称世界级城市,是指在全球范围内具有重要地位和影响力的城市,其在人口、经济、文化、政治等方面扮演着重要的角色,是世界上最具有活力和竞争力的城市之一,英国伦敦、美国纽约、法国巴黎和日本东京是公认的"四大世界级城市"。

全球城市主要有以下五个方面的特征:一是人口规模方面,全球城市通常具有大规模的人口,往往是人口密集的中心地区,拥有数百万至数千万的居民,庞大的人口数量反映了城市在全球范围内的吸引力和影响力。二是经济活动方面,全球城市是全球经济体系的重要组成部分,通常是国际贸易、金融、科技创新、文化产业等领域的重要中心,往往有高度发达的经济基础设施,如国际金融中心、商业区、科研机构等,吸引并汇聚了大量的国际资本和人才。三是文化影响力方面,全球城市通常是文化交流和传播的中心,拥有丰富多样的文化资源,包括艺术、音乐、电影、时尚等,对全球文化的发展和传播起着重要作用,许多全球城市还是世界级的旅游目的地,吸引着来自世界各地的游客。四是政治地位方面,全球城市通常是国家的重要政治中心和国际组织的落户地,一般是国家首都或地区性政治中心,也可能是国际组织总部所在地,在国际政治舞台上具有重要的影响力和地位。五是全球互联性方面,全球城市具有高度的全球互联性,与世界各地的城市和地区之间建立了密切的联系和合作关系,这主要体现在经济、文化、科技、教育等各个领域,有助于促进全球化进程的发展。可见,决定城市竞争力的核心因素已不仅是简单的产量产值,更重要的是城市的科技创新与集聚人才的能力,这样才能实现城市的有机发展与持续竞争力。

"上海2035"规划提出到2035年基本建成卓越的全球城市,这是对上海城市发展目标与功能角色的全新定位——既借鉴全球城市的经验,又结合上海实际的发展需求,将科技创新、以人为本、文化大都市建设与互联互通功能提上重要地位。

(1)科技创新引领持续发展,激发城市生命力与竞争力。

立足国家战略需求和上海城市的实际情况,打造开放包容、创新活跃、科技强劲的发展环境,向具有全球影响力的科技创新中心进军,加快建设综合性国家科学中心,打造科技创新生态系统,发挥政府、市场、企业等多方作用,推动科技创新成果向经济社会领域转化和应用,为城市可持续发展和国家经济转型升级作出积极贡献。在满足生态安全、资源安全、运行安全的基础之上,引领创新经济发展,促进创新经济与创新发展相适应,吸引更多的高质量人才工作、生活、创业,从而激发城市不断形成有机生长的旺盛生命力和持续竞争力,同时进一步强化全球金融、贸易功能,提升全球经济辐射力。

(2)贯彻以人为本的发展理念,适应居民的多样化需求。

从经济导向转为以人为本的发展理念始终贯穿于上海城市规划的方方面面:更加关注人的需求,在城市规划、建设和发展过程中,把人民群众的利益、需求和福祉放在首位,以满足人们对美好生活的向往和需求为出发点和落脚点。按照"人民城市人民建,人民城市为人民"的要求,将在上海生活、工作、学习、旅游等的不同人群对于城市发展的愿景,真正反映和具体落实到规划中,建设"宜业、宜居、宜游、宜养、宜学"的生活圈,积极适应未来生活方式转变趋势,更加强调"社区"这一城市基本空间单元的建设,以15分钟社区生活圈组织紧凑复合的社区网络,促进生活、就业、休闲相互融合,提升市民的幸福感,努力推动实现幼有善育、学有优教、劳有厚得、病有良医、老有颐养、住有宜居、弱有众扶。

(3)文化兴市、艺术建城,塑造国际文化大都市品牌形象。

上海作为具有悠久历史文化积淀的城市,在传承和弘扬中华优秀传统文化的同时,也要充分发挥文化创新能力,以文化为核心,通过文化产业和文化产品的输出,提升城市软实力,基于"文化兴市、艺术建城"理念,实现文化传承与创新、国际交流与互动、软实力提升、文化设施建设和文化产业发展,以此打造具有国际影响力的文化名城,建设成为世界著名的旅游名城,塑造国际文化大都市品牌和城市整体形象。

(4)互联互通的上海大都市圈。

一个全球城市同时也应是一个能带动城市圈发展的节点城市。2016年5月

11 日,国务院常务会议通过《长江三角洲城市群发展规划》,对上海所在的长三角城市群提出"建设具有全球影响力的世界级城市群"这一总体目标。与该目标相对应,"上海2035"中也明确了上海在城市群中应该承担的核心功能,突出区域中其在交通、基础设施、共建共治、文化交流、治理模式等方面的引领作用,发挥上海作为全球网络对区域的辐射带动作用,形成布局合理、功能互补、互为支撑的发展网络,推动近沪地区一体化、多维度协同发展。

2. 令人向往的创新之城、人文之城、生态之城、未来之城

"上海2035"中提出,上海将成为令人向往的创新之城、人文之城、生态之城。2023 年 10 月,在第 35 次上海市市长国际企业家咨询会议上,上海市委书记陈吉宁表示,上海将大力弘扬城市精神,不断彰显城市品格,"努力打造成为人人向往的魅力之城、未来之城"。

(1)打造更具活力的繁荣创新之城。

上海作为中国的经济中心和国际大都市,其经济建设需要持续健康的动力支持,即创新驱动发展。积极推动科技创新,着力发展高科技产业,支持企业研发,吸引国际优质资源,建设科创中心,推动科创成果转化,打造与创新经济和创新发展相适应的服务设施与服务环境,建设创新型城市,才能激发城市持续活力。

(2)营造更富魅力的幸福人文之城。

人文之城对应于社会建设与文化建设,要提升城市的可居住性、可就业性、可休憩性、可进入性,积极应对未来人口结构变化和生活方式发展趋势,为全年龄段人群提供高品质公共服务、舒适的公共空间和开放共享的社区环境,构建可负担、可持续的住房供应体系,促进职住平衡,提升市民生活幸福感;实施严格的风貌保护政策,加强历史资源活化利用,塑造国际大都市和江南水乡风貌特色;建设高品质文化设施,促进文化事业发展,弘扬城市精神和软实力,激发全社会人文魅力。

(3)建设更可持续的韧性生态之城。

习近平总书记在党的十九大报告中进一步提出:"人与自然是生命共同体,人类必须尊重自然、顺应自然、保护自然。""我们要建设的现代化是人与自然和谐共生的现代化。"上海的城市规划理应认真落实国家要求,体现城市责任与担当,运用系统化、科学化、精细化的规划框架体系,引领城市走向生态文明新时代。2021 年5 月,《上海市生态空间专项规划(2021—2035)》获市政府批复,进一步探索了全要素生态资源统筹协调的路径,为上海建设生态之城、实现生态空间保护与建设提供了重要支撑。

（4）创造具有前瞻性的希望未来之城。

2023年10月18日，上海市委书记陈吉宁与上海市市长龚正在调研上海"五个新城"规划建设情况期间，明确强调，要在实践中不断深化对新城建设的认识，紧紧围绕上海"独立的综合性节点城市"定位，加快构建"中心辐射、两翼齐飞、新城发力、南北转型"的城市空间新格局，"真正成为希望之城、未来之城"。上海要以新发展理念引领发展规划，以可持续且具有前瞻性的规划布局、功能注入，以扎实的未来产业为支撑，培育新质生产力，同时也要从环境、服务等方面创造可持续的、具有"未来感"的生活方式与人居体验。而作为特殊战略空间的"五个新城"，在一定程度上为城市转型升级提供了"试验田"与"样板间"功能，为未来城市提供想象空间，通过中心城区城市更新与新城建设联动，努力走出城市可持续发展的未来新路。

3. 具有世界影响力的社会主义现代化国际大都市

2023年11月底至12月初，习近平总书记亲临上海考察指导，对上海发展作出新的战略擘画，要求上海加快建成具有世界影响力的社会主义现代化国际大都市，在推进中国式现代化中充分发挥龙头带动和示范引领作用，这也是习近平总书记对上海的明确定位。新征程上，围绕"世界影响力"的能级显著提升、"社会主义现代化"的特征充分彰显、"国际大都市"的风范更具魅力等重要目标愿景，上海需要把推动高质量发展、创造高品质生活、实现高效能治理作为最集中的工作导向和最鲜明的奋斗指向，深入贯彻落实习近平总书记在上海考察时的重要讲话精神，完整、准确、全面贯彻新发展理念，服务构建新发展格局，进一步推动高质量发展取得更大成效。

（1）推动经济高质量发展，打好城市建设坚实地基。

党的二十大报告强调，高质量发展是全面建设社会主义现代化国家的首要任务。上海作为改革开放排头兵、创新发展先行者，致力于以经济高质量发展开辟出一条社会主义现代化国际大都市建设的新路。一方面，充分发挥在全球要素资源市场上的配置能力，提升上海经济、上海标准与上海品牌在国际舞台上的影响力与话语权；另一方面，推动上海城市创新基地建设，使其逐步成为基础研究、基础知识与科技创新的策源地、供给地，同时助力技术创新与资源配置相结合，逐步提升上海在全球产业价值链中的地位，使其成为全球高端产业的引领者与核心环节。

经济高质量发展是人民高品质生活的基础，也是城市高效能治理的前提。要把经济高质量发展作为解决问题的关键，在坚持新发展理念的基础上全面落实科技创新和人才发展战略，使上海始终保持高质量、高效率、更公平、更安全、可持续的发展态势。

(2) 创造人民高品质生活,稳固城市发展内在动力。

人民城市人民建,人民城市为人民。创造人民高品质生活是上海建设社会主义现代化国际大都市的根本目的,旨在实现人民在城市中能够有序参与治理、享受品质生活、把握人生机会、实现人生价值、感受人文关怀、拥有归属认同感的目标。人民高品质生活主要体现在:第一,人的个性得到尊重、才华得到展示、价值得以实现;第二,实现物质富裕与精神富足的共同发展,坚持以人民为中心,满足人民群众的多样化需求;第三,提升城市软实力,打造宜业、宜居、宜乐、宜游的人文居住环境。

人民高品质生活是经济高质量发展的内在动力,只有保证城市人民群众的良好生活状态,才能提高城市的人才吸引力,从而为经济高质量发展储备大量优秀人才,不断激发经济发展活力。同时,人民高品质生活依靠城市高效能治理,只有在教育就业、医疗养老、社会秩序等方面实现精细化、精准化、系统化治理,才能为人民群众提供高质量服务、实现高品质生活。

(3) 实现城市高效能治理,维护城市发展良好环境。

城市高效能治理是建设社会主义现代化国际大都市的关键工具。一方面,城市高效能治理着眼于人民群众最关心、最直接、最现实的利益问题,通过协调各方利益,整合各类社会资源为基层治理赋能,不断提供便捷的服务、精准的供给、柔性的管理,为人民群众带来更多的获得感、幸福感、安全感;另一方面,城市高效能治理为经济高质量发展提供良好的社会环境,只有在成熟的城市治理制度机制之下,才能不断为科技创新、人才聚集、平台建设赋能,推动经济实现高质量发展。

由此可见,要建设成为具有世界影响力的社会主义现代化国际大都市,上海需要协同推进经济高质量发展、人民高品质生活、城市高效能治理,只有城市发展的这"三驾马车"共同发力,才能正确处理好经济建设、社会治理与人民生活之间的有机关系,才能充分提升"世界影响力"、彰显"社会主义现代化"特征、发挥"国际大都市"的引领辐射作用。

1.2.2 竞争优势与国际影响力

"十四五"时期,上海扎实稳步推进经济高质量发展与高水平开放,通过城市现代化和城市国际化的双向赋能,为实现"上海2035"的目标定位奠定了坚实基础,创造了优势条件。上海作为中国最具国际化气质的超级城市,在对外开放与国际化程度、教育科研与人才资源、地理位置与交通优势、文化与艺术底蕴等方面,具备先行发展优势与综合竞争力。

1. 对外开放与国际化程度

上海是中国最重要的对外开放城市之一，拥有自由贸易试验区、自由贸易港等政策优势，同时是中国重要的金融中心、国际航运中心、科技创新中心与文化交流中心。上海积极参与国际合作、拓展国际市场，提供了便捷的贸易通道和投资环境，吸引了大量国际品牌和企业进驻。同时，上海的国际影响力也源于其在金融、航运、科技创新等领域的引领地位和有力的发展态势。

（1）自由贸易试验区与自由贸易港：上海被确定为中国首个自由贸易试验区与自由贸易港，是中国全面推进贸易和投资自由化、便利化的重要窗口，这使得上海在对外贸易和投资方面享有政策上的优势。自贸试验区推出了一系列便利化措施，包括简化外资准入、扩大外资领域、优化贸易环境等，进一步降低了外商在上海的投资壁垒，吸引了大量外资和跨国公司进入上海，加强了市场开放程度和国际化水平，提高了上海的国际贸易和投资竞争力。

（2）金融中心地位：上海是中国最重要的金融中心之一，拥有世界知名的上海证券交易所和上海金融期货交易所等金融机构。上海金融中心的发展带动了国内外金融机构的入驻，吸引了大量金融专业人士和高端人才。上海的金融开放程度和国际化程度不断提升，为国际资本流动和金融服务提供了便利。

（3）科技创新中心：上海是中国科技创新的重要枢纽，拥有一流的高校和科研机构。上海的科技园区、创新中心和孵化器众多，形成了创新创业的生态系统。上海以浦东新区为核心打造世界级的科技创新中心，吸引了大量高端人才和创新项目，推动了经济结构的升级和技术转型。

（4）国际化生活环境：上海积极打造国际化的生活环境，拥有丰富的国际人文资源、多元的饮食文化、便利的外籍人才居住和就业政策。上海的外国人口数量庞大，形成了多元化的国际社区，让外国海员、留学生、外企员工等海内外人士亲身感受到上海的国际化和开放度。

2. 教育科研与人才资源

上海拥有一流的高校和科研院所，在教育资源和科技创新方面具有较高的竞争力。丰富的高校资源为上海提供了丰富的人才和科研基础，培养了众多优秀人才，为城市的发展提供了动力。上海还拥有一批国家级科研机构和创新园区，形成了创新创业的良好氛围。

（1）一流高校和科研机构：上海拥有多所世界知名的高等教育机构，如复旦大学、上海交通大学、同济大学等，这些高校在国际上享有很高的声誉，吸引了来自世界各地的学生和学者。同时,上海还拥有众多国家级科研机构和实验室,如中国科学院上海分院等,为科学研究提供了强大的支持和平台。

（2）优质人才培养:上海的高校和科研机构以其丰富的教育资源和优质的教学科研水平,培养了大量优秀人才。这些人才涵盖了各个领域,包括科学、技术、金融、文化等,为上海的经济和社会发展提供了坚实的人才支持。

（3）国际化人才队伍:上海作为国际大都市,具有丰富的国际视野和跨文化交流能力,吸引了大量国际人才。这些国际化人才不仅为上海的发展注入了新的活力,也加强了上海与国际社会的联系和交流。

（4）科技创新生态系统:上海以其丰富的人才资源和优越的科研环境,形成了完善的科技创新生态系统。各类创新园区、孵化器和科技企业聚集地密布,为创新创业提供了良好的条件和支持,推动了科技成果的转化和应用。

（5）人才政策支持:上海市政府出台了一系列人才引进政策和优惠措施,吸引了大量国内外优秀人才到上海工作和生活。这些政策包括人才居住证、人才公寓、科研项目资助等,为人才提供了舒适的生活和良好的工作环境。

上海在教育科研与人才资源方面的优势,不仅为城市的发展提供了强大的动力和支撑,也为上海在国际舞台上树立了良好的形象和声誉。

3. 地理位置与交通优势

上海地处中国东部沿海,地理位置优越,世界级的航空、航运和陆路交通网络加强了其交通优势,如此便捷的交通使得上海成为国际交流与合作的重要节点。

（1）战略海洋门户地位:作为中国东部沿海城市,上海位于长江口附近,拥有得天独厚的海洋门户地理位置,这使得上海成为中国对外开放的窗口。作为中国最大的港口城市,上海连接着东海、南海和全球海洋经济体系,是全球重要的国际航运中心之一。上海港则是世界上最繁忙的港口之一,也是中国最大的货物集散地之一,其货物吞吐量居全球领先地位,且拥有多个国际知名的集装箱码头和航运公司。因此,上海在全球航运体系中占有显著地位,它通过积极推进航运服务和物流业的国际化发展,吸引了全球航运业务和贸易流通产业的聚集,成为国际贸易和物流的关键节点。

（2）交通枢纽地位:上海是中国东部地区的重要交通枢纽,连接着陆路、水路和空路,形成发达的铁路、公路、水路和航空网络,使上海成为国内外货物运输及人员交流的便捷节点,为城市发展提供了强大的经济动能,同时也为国际合作和交流创造了有利条件。

（3）长江经济带核心城市:上海坐落在长江经济带核心地带,这一战略位置能够充分利用长江沿线的资源和产业集群,使上海在参与长江经济带发展中发挥了重要的引领作用,提升了城市的经济实力和国际竞争力。

(4) 国际化航空枢纽:上海拥有两个重要的国际机场,分别是虹桥国际机场和浦东国际机场,这两个机场是亚洲甚至全球的主要航空枢纽之一,而上海也成为国际航空运输的重要中转站,促进了人员和信息的全球流动。

4. 文化与艺术底蕴

上海作为中国国际化程度最高的城市之一,拥有悠久的历史和灿烂的文化传统。历史积淀的传统文化与国际都市的多元文化相碰撞,形成了上海独特且包容的文化风貌,提升了上海建设成为国际大都市的软实力。

(1) 历史积淀:上海 19 世纪末自开埠以来,吸引了大量外国移民和投资,形成了独特的文化氛围,留下了众多历史建筑、街区和文化遗产,如外滩、豫园等,这些都是上海文化底蕴的重要组成部分。

(2) 多元文化碰撞融合:上海同时是多元文化交汇地,汇聚了来自全国乃至全球各地的文化元素。各种文化交汇融合,形成了独特的上海文化风格,展现了城市的开放包容和多样性,形成了独特的城市文化风貌。

(3) 文化产业繁荣发展:上海是中国文化产业的重要基地之一,拥有众多文化产业和机构。从电影、电视、音乐到美术、舞蹈、戏剧,上海的文化产业涵盖了多个领域,培育了一大批优秀的文化创意人才并输出了优秀的作品,为城市文化底蕴的丰富和深厚提供了有力支撑。

(4) 文化设施建设:上海拥有一系列优秀的文化设施,如上海博物馆、上海美术馆、上海音乐厅等,这些文化场所为市民和游客提供了丰富多彩的文化体验,同时也推动了城市文化事业的蓬勃发展。

1.2.3　战略价值与全球视野

当前世界正经历百年未有之大变局,从国际看,国际政治经济局势错综复杂,全球价值链重塑加快,新冠疫情影响深远,逆全球化思潮迭起,世界经济社会的不稳定因素显著增加;从国内看,中国于 2021 年全面建成小康社会,进入新发展阶段,亟须构建以国内大循环为主体、国内国际双循环相互促进的新发展格局。在此背景下,强化"四大功能"、建设"五个中心"是习近平总书记和党中央准确把握国内外经济政治局势、统筹改革发展与安全做出的重大决策,也是上海的重要使命。上海作为中国改革开放的排头兵和创新发展的先行者,应用战略眼光、全球视野布局

"五个中心"建设,对标国际经贸新规则新标准,在经济高质量发展、金融市场国际化程度、国际贸易新模式新业态、高端化航运服务以及科技创新策源等领域整体谋划、协同发力,持续提升城市能级和核心竞争力,努力建设具有世界影响力的社会主义现代化国际大都市。

要加快"五个中心"建设,就要深刻认识"五个中心"在全球合作竞争大背景下的战略意义。上海是世界观察中国的窗口,也是中国经济和对外开放的风向标,肩负着引领国家深化改革、扩大开放的重要使命。因此,"五个中心"建设是贯彻国家战略、维护国家利益和保障国家安全的重要谋划,有助于应对"脱钩""断链"等外部威胁,加大改革探索力度和压力测试,提高全球竞争力和国际影响力。

1. 形成国家发展新动力,统筹经济发展与安全

上海是中国改革开放的排头兵、创新发展的先行者。习近平总书记多次强调:"上海在党和国家工作全局中具有十分重要的地位,做好上海工作要有大局意识、全局观念,在服务全国中发展上海。"2035 年是中国基本实现社会主义现代化的关键节点,上海"五个中心"的新一轮发展对于形成国家发展新动力、统筹经济发展与安全、实现两个百年奋斗目标具有重要意义。

从国家发展动力理论来看,创新是经济发展的第一动力,上海在 2020 年已经基本建成国际经济、金融、贸易和航运中心,并形成具有全球影响力的科技创新中心基本框架,"五个中心"的新一轮发展,尤其是国际科创中心策源能力的提升,有助于集聚国内外创新资源,提升国内自主创新水平,为建设创新驱动型国家打下良好基础,从而使国家在激烈的国际竞争中占据有利地位,维护自身的利益与安全。

从统筹经济发展与安全来看,上海城市建设扩大对外开放,加强国内外经济互联互通,提高中国在全球经济治理体系中的参与度,推动经济全球化向开放、包容、普惠和共赢的道路迈进,为经济发展营造更加安全稳定的国际环境;国际科创中心建设促进战略产业核心环节自主创新能力提高,驱动经济高质量发展,保障高水平安全,实现发展与安全的良性互动。

2. 优化产业结构,建立现代化产业体系

现代化产业体系是现代化国家的物质基础,是实体经济发展的着力点,更是实现第二个百年奋斗目标的有力支撑。面对新一轮产业科技革命,上海将"五个中心"战略布局与现代化产业体系构建相结合,大力发展高科技新兴产业和未来产业。上海战略性新兴产业发展处于全国城市前列,根据上海市统计局数据,2022 年上海战略性新兴产业增加值达到 10 641.19 亿元,同比增长 8.6%,占上海地区生产总值的 23.8%;同年,全国新一代信息技术、高端装备等战略性新兴产业增加值

占国内生产总值的 13％以上。企业作为市场主体,在引领产业发展和科技创新中发挥着关键作用。上海着力培育一批本土的一流企业,根据上海市统计局数据,2022 年上海新认定高新技术企业 9 956 家,高新技术成果转化项目 751 项。上海应充分发挥新技术产业链的优势,发展经济新业态、新模式,形成一系列可复制、可推广的先进经验,推进全国产业智能化、绿色化和融合化,打造具有完整性、先进性和安全性的中国现代化产业体系。

3. 协调区域经济发展,推进长三角一体化建设

长三角区域整体实力和综合竞争力位居全国前列,是中国经济发展最活跃、开放程度最高、创新能力最强的区域之一。根据上海市统计局数据,2023 年长三角区域经济总产值达到 30.50 万亿元,占全国比重为 24.4％,对比以纽约为首的纽约都市圈地区总产值,约占美国总产值的 24％,两者在国家战略地位上相类似。此外,2023 年长三角区域研发经费投入达到 10 167 亿元,新增发明专利超过 24 万件,创新共建能力显著增强;货物进出口总额 15.17 万亿元,占全国比重为 36.3％;实际利用外资 717 亿美元,占全国比重为 40.1％,开放共赢稳步推进。上海作为长三角一体化发展战略中的核心城市,其 2023 年地区总产值约占长三角区域的 15.5％,"五个中心"的新一轮发展将充分发挥自身经济的辐射能力,整合三省一市的优质资源,建立长三角立体复合型海陆空交通网络,形成良好的产业互动和配套,推动长三角区域经济一体化深入发展,促进国内经济稳定增长,进而辐射国际市场,带动全球资本、人力、技术等要素在区域内高效配置,加强区域枢纽功能,提高国际竞争力。

4. 打造国内大循环中心节点,链接国内国际双循环战略渠道

根据 2022 年 12 月上海市人民政府合作交流办公室联合上海财经大学、上海市大数据中心以及相关职能部门共同打造的"上海与全国主要城市区域联动指数",在全国 145 个城市中,上海与北京联系最为密切;在长三角区域中,上海与苏州联系最密切,沪苏一体化趋势明显。总体来说,上海与全国主要城市,尤其是长三角区域城市,在产业关联度、投资关联度等方面联动趋势明显,上海对外辐射能力增强,集聚效应和网络效应显著,为建设国内大循环中心节点打下了坚实基础。

2022 年,上海全年外商直接投资实际到位金额达 239.56 亿美元,约占全国的12.67％;对外直接投资中方投资额达 86.2 亿美元,约占全国的 6.3％。同时,截止到 2023 年,上海成功连续举办六届进博会,为超过 150 个国家、地区和国际组织提供经济合作与交流的场所。由此可见,上海不仅仅是全国的经济中心、长三角的龙头城市,更是中国对外开放的门户与现代化发展的标杆,上海必须肩负起时代重

任,提升国内外资源配置效率,畅通国内外循环渠道,从而在新的全球网络中占据有利身位,向世界展现中国式现代化发展的具象实践。

1.3 上海建设具有世界影响力的社会主义现代化国际大都市的路径选择

1.3.1 路径选择与政策举措

在加快建设具有世界影响力的社会主义现代化国际大都市征途上,上海要以排头兵与先行者的姿态,努力推动高质量发展、创造高品质生活、实现高效能治理,持续提升城市能级与核心竞争力,通过创新驱动发展、强化对外开放与国际合作、推进城市创意与文化发展、优化城市规划与生态环境建设、创新超大城市治理等城市发展新路径,努力开创城市建设新局面,以在未来跻身国际大都市的"首位方阵"。

1. 创新驱动发展

科技创新为经济高质量发展提供持续动力,上海的城市建设需要进一步强化科技创新引领,紧扣服务国家高水平科技自立自强,深入推进全球科技创新中心建设。

(1) 加大科创支持力度,提高投入转化效率。

第一,加大科研经费投入,鼓励企业增加研发投入,特别是提高对于前端研发的资金支持力度,支持高新技术产业的孵化与发展,催化知识技术生产和龙头企业诞生。第二,深化改革科技投入机制,提高市场的科创资源配置能力,提升创新资金的使用效率。第三,优化政府投入模式,充分发挥政府投资支持的带动作用,解决国资创投的低效问题。

(2) 打造科技创新平台,加快人才与机构集聚。

第一,建设科技园区、创新园区,促进上海日益成为科技创新的策源地,吸引国际高端人才和创新资源,助力科技成果转化。第二,基于前沿技术建立科研机构库与人才资源库,鼓励和协助企业与境内外高水平高校及研发机构建立联合研发平台。第三,创造良好的政策环境,助力人才成长,充分调动人才创新活力。第四,强化国际合作,通过国际交流、企业并购等形式,培育本土一流高校与跨国企业研发中心。

(3) 推动产学研深度合作,强化技术的开发与应用。

第一,加快推动教育、科技、人才"三位一体"融合发展,加强产学研合作机制建设与国家战略科技力量建设,促进科研成果与产业需求对接,提升核心技术的突破能力。第二,以中长期战略为导向,积极推动技术中介等科技服务业的发展,提升学研产的接力能力,催化技术成果向现实生产力的高效转化。第三,完善科技金融服务保障,加强产业技术平台建设,为全过程科技创新提供完备的服务支撑。

2. 强化对外开放与国际合作

作为全球化经贸活动枢纽,上海需要进一步强化"世界影响力"的能级,通过推进双向投资互动、强化全球资源配置功能、把控全球价值链关键环节、提升全球领导力与主导权,实现向经济全球化治理枢纽的转型。

(1) 强化双向投资枢纽地位,精准把握"引进来"和"走出去"需要。

第一,深化对外开放的领域与方向,促进双向投资互动,统筹规划"引进来"和"走出去"重点产业,加速提升上海面向全球的双向投资枢纽地位。第二,精准把握"引进来"和"走出去"需要,聚焦重点区域,比如加强与"一带一路"沿线国家产业园区、研发中心等科创实体的双向合作,同时为其实施双向投资提供经验借鉴和政策创新的"试验田"。

(2) 强化全球资源配置功能,实现高端要素的交流拓展。

第一,优化全球资源配置模式的构建,升级贸易机制设定,强化担当资源配置规则中枢的责任。第二,推动搭建全球战略性资源要素的对外通道与平台,通过建设要素流通网络、构造相应功能性服务平台等方式,积极拓展资本、人才、技术等高端要素的流动规模。

(3) 助力集聚高能级跨国公司,把控全球价值链关键环节。

第一,在上海引进并集聚具有全球竞争力的跨国公司总部、功能性机构与组织,带动技术、信息、资金等资源要素的汇聚与流动,从而实现对全球价值链关键环节的组织力与创新力。第二,以开放性、市场化的原则培育本土跨国公司高能级总部,在上海建设本土跨国企业的全球研发中心,孕育以此为核心的价值组织关键平台,把控全球市场体系的价值链主动权,提升产业创新引领能力。

(4) 参与全球经济治理体系构建,提升领导力与主导权。

第一,引导中国参与或主导的双/多边投资贸易协定、全球化规则、行业体系标准、服务与仲裁等功能性机构以及国际性组织在上海建立常驻办公室,推动重大会议活动在上海举办,代表国家积极参与全球治理,尤其是参与经济全球化治理的重大议题,充分发挥全球共识意识,助力推动东西方的融合交汇。第二,逐步实现从治理接受者向治理参与者,乃至部分领域引领者的转变,在关键的经济治理领域深化服务能级并构建领导力,推进上海向经济全球化治理枢纽的转型。

3. 推进城市创意与文化发展

习近平总书记在2015年中央扶贫开发工作会议上的重要讲话中提到,中国式现代化建设既要"富口袋",又要"富脑袋"。上海作为文化重镇、历史文化名城,更需要担负起新的文化使命,深入推进国际文化大都市建设。

(1)坚定文化自信自强,加强文化保护与传承。

上海拥有丰富且宝贵的红色文化、海派文化、江南文化和时尚文化资源。通过保护和修缮历史文化遗产、高标准建设重大文化设施、举办重大文旅活动,加强对历史建筑、工业遗产的保护利用,传承城市文化记忆,促进城市历史与现代文化的融合,实现创造性转化、创新性发展,打造文化自信自强的"上海样本"与"上海文化"品牌。

(2)大力发展文化创意产业,打造重大文化新地标。

基于人民群众精神文化需求,建设高质量的公共文化服务设施,健全现代文化产业体系,打造并打响文创产业、文创品牌与文化新地标,大力实施重大文化产业项目带动战略,持续提升城市文化创造力、传播力、影响力,促进经济发展与文化繁荣相得益彰、相互促进,真正实现习近平总书记所说的"海纳百川、追求卓越、开明睿智、大气谦和"城市精神以及"开放、创新、包容"城市品格。

(3)深化国际文化交流,充分发挥文化桥梁作用。

以建设国际文化交流中心为目标,通过设立国际文化交流机构,开展国际友好城市交流与合作、国际文化产业合作、文化教育交流等方式,讲好中国故事、传播上海精彩,加强上海与世界各地的友好往来与文化联系,着力形成具有广泛国际影响力的上海城市形象名片。

4. 优化城市规划与生态环境建设

生态环境是城市可持续发展的基础,而超大城市的规划建设更需要坚守"绿水青山就是金山银山"的发展理念。由于受到人口基数大、土地资源少、经济密度高、自然禀赋不足的资源环境约束,上海的城市发展需要开拓一条超大城市人与自然和谐共生的全新发展道路,坚定不移走生态优先、绿色发展之路,构建宜居、宜业、宜游的可持续城市绿色生态空间。

(1)坚持绿色低碳新风尚,加快发展方式绿色转型。

第一,积极推进"双碳"工作,推动绿色低碳的生产生活方式,调整产业结构、能源结构与交通运输结构,提高资源的节约集约利用能力,大力发展绿色低碳产业。

第二,努力改善生态环境质量,打好蓝天、碧水、净土"保卫战",加快"公园城市"的建设,持续推动绿色空间扩容、开放、融合、共享,着力提升生态系统多样性、稳定性、持续性。

(2) 坚守"四条底线",探索超大城市创新发展模式。

"上海2035"规划中明确,要牢牢守住人口规模、土地资源、生态环境、安全保障四条底线。第一,人口规模方面,至2035年全市常住人口调控目标为2 500万人左右,同时基于实际服务人口需求优化公共资源配置,提高城市"以人为本"的保障能力和适应能力。第二,土地资源方面,至2035年全市规划建设用地总规模控制在3 200平方公里以内,优化用地结构,提升绿地与公共设施用地的比例,注重统筹开发、立体开发与分层利用,促进节约集约利用。第三,生态环境方面,至2035年,全市森林覆盖率将达到23%以上,人均公共绿地面积将达到13平方米以上,锚固城市生态基底,全面划定并严守生态保护红线,确保生态用地只增不减,加强生态空间的保育、修复和拓展。第四,安全保障方面,加强水资源、能源和信息基础设施支撑保障,提升城市生命线安全运行能力,强化防灾减灾救灾空间保障和设施建设,提高城市应急响应能力和恢复能力,提升城市信息安全水平,建立全球先进的城市信息基础设施体系。

5. 超大城市治理创新

党的十八届五中全会强调,坚持共享发展,必须坚持发展为了人民、发展依靠人民、发展成果由人民共享。这也是上海推进现代化建设、深化超大城市治理创新的出发点与落脚点。

(1) 加强基层治理能力,提升社区服务功能。

建立健全社区自治机制,提高基层治理能力,增强城市社会稳定性。以社区为城市规划建设的基本单元,打造"15分钟生活圈"——在15分钟步行距离内解决在社区里的基本生活,满足居民工作、休闲、学习等需求,为城市持续发展提供新的动力。

(2) 坚持以人为本,优化基础设施规划。

第一,完善住房保障体系,坚持以居住为主、以市民消费为主、以普通商品住房为主,满足市民多层次、多样化的住房需求,适应人口结构变化和城市发展需要,构建可负担、可持续的住房供应体系。第二,优化城市空间格局设计,构建"主城区-新城-新市镇-乡村"的市域城乡体系,形成"大都市圈-城镇圈-生活圈"的空间架构,统筹整合公共服务资源,以满足人的生活需求。第三,优化市域公共交通框架,形成效率和运量并重的客运交通走廊,提高轨道交通的覆盖水平和可达性。

（3）推行智慧城市管理，以治理数字化引导治理现代化。

深化超大城市治理创新，优化城市治理载体，坚持从人民群众的迫切需求和城市治理的突出问题出发，综合应用大数据、人工智能等技术优化城市管理，持续推进"政务服务一网通办""城市运行一网统管"，拓展数字应用场景，推动智慧城市建设，提升城市治理效率，推动城市治理模式创新、治理方式重塑与治理体系重构，有力提升城市治理的科学化、精细化、智能化水平。

（4）提升公共服务水平，构建"城市共同体"。

第一，完善社会保障体系，健全社会保险、医疗卫生等公共服务体系，提升居民福利水平。第二，提升公共服务水平，优化教育、医疗、交通等公共服务设施建设，提高服务质量，满足市民多样化需求，同时努力为区域和全球提供更多有效的公共服务和公共产品。第三，构建"城市共同体"的治理模式，形成治理主体、法定机构、市场、社会组织及社会公民等城市治理关键变量的协同配合，率先开启实现城市治理典范的路径探索。

1.3.2　核心战略与产业布局

基于以上目标愿景与路径选择，上海加快建设具有世界影响力的社会主义现代化国际大都市，需要从经济发展、金融创新、文化创意、可持续发展等四个方面形成积极有效的战略举措。

1. 经济发展战略与产业结构调整

上海作为全国最大的经济中心城市，在中国式现代化进程中扮演着排头兵与先行者的角色，应当率先实现经济高质量发展，稳中求进，统筹兼顾发展与安全、当前与长远的关系，推动经济实现质的有效提升和量的合理增长。

（1）加快推动产业转型升级，强化高端产业引领能力。

经济的高质量发展需要科技创新的策源与高端产业的引领，加快产业转型升级与结构调整，推动传统制造业向技术密集型高端制造业和知识密集型现代服务业转变，重点发展生物医药、新能源汽车、人工智能、高端装备制造等战略性新兴产业，同时培育上海本土的世界一流企业，重点打造科技创新的策源地、引领前沿技术创新的制高点、开创产业发展的新方向。

（2）培育高端产业集群，提升关键环节控制力。

基于长三角高质量一体化国家战略，上海需要充分发挥产业价值链的中枢作用，集中优势资源、聚焦关键技术、完善标准体系，培育高端产业集群与相关成长型企业,实现战略新兴产业的长期发展与持续发力,引领战略新兴产业链固链强链,提升产业的战略前瞻性与关键环节控制力。

(3)加强高级要素赋能,提高产业价值链连通效率。

上海立足于国内大循环中心节点与国内国际双循环战略链接的定位,需要依托长三角研发与生产网络,把握物流、人流、技术、信息、资金等关键要素的流通通道,实现技术赋能与要素赋能,提升产业价值链连通效率与影响力,提高全球价值链管控水平。

2. 金融创新与国际化战略

作为国际金融中心之一,为了应对当前加速演变的全球经济金融格局与国内"双循环"战略发展格局,上海应当进一步加强金融创新,加快推进人民币国际化进程,打造更加开放的金融市场环境,提升金融服务水平和国际影响力。

(1)配合人民币国际化,打造国际化金融中心。

第一,促进人民币双向跨境流动,推动人民币的跨境使用与境外人民币的投资回流,使上海成为人民币等主要货币全球双向流动的主要枢纽。第二,在上海建立覆盖全球的人民币资产多级托管体系,强化人民币的基本功能,构建大型跨国公司和企业集团的人民币全球司库中心及资金管理中心。第三,深化国际化金融要素市场功能,推动建设多种复合型产品金融市场,增强多层次金融市场服务功能,同时加快金融市场产品和工具创新,不断提高全球金融治理能力。

(2)优化金融机构能级,提升综合服务能力。

第一,建设融合多态的跨国金融机构,并持续吸引国际金融机构入驻,提升资产管理的国际竞争力与行业影响力。第二,培育高水平本土资本与财富管理机构,构建线上线下相结合的多维度服务平台,实现从代销服务提供者向资产管理集成商的转型。

(3)推进金融科技创新,构建数字化新金融中心。

第一,探索新型金融服务体系和产品创新,创造与科技创新、绿色发展以及实体经济发展相适应的国际化金融产品及服务。第二,构建创新型互联网新金融中心,鼓励信息机构与金融机构融合,建立开放、包容、创新的金融科技创新生态系统。

(4)紧密对接国际高标准,提供政策与指标体系保障。

第一,基于国家制度框架,在投资贸易协定、服务业开放、资本自由兑换、跨境金融服务等领域持续发力,优化和完善商品通关政策、跨境支付政策、外汇管理制度、人才政策等,提供宽松、便利且强有力的政策保障。第二,建立完善的指标评价体系,以及相应的跟踪机制与调整机制等,对接国际化标准,实现全过程的服务保障。

3. 文化创意产业发展战略

文化是城市建设的灵魂和根基,是提升城市吸引力、竞争力、影响力和软实力的核心要素。文化创意产业是国民经济和社会发展的重要支柱产业,是推动上海创新驱动发展、经济转型升级的重要动力。文化创意产业发展,是实现上海文化内涵深化整合、外延融合带动的发展新路,助力建设上海为国际文化大都市。

首先,加大对文化创意产业的支持力度,培育更多具有国际竞争力的文化企业和品牌。优化文化创意产业结构布局,通过重点领域的跨越式发展,以及整合文化、创意、科技、资本、制造等要素,巩固提升上海文化创意优势产业,重点发展创新先导型、内容主导型、智力密集型、资本密集型产业类型,着力提供传统性、大众化、多样性的文化创意内容和服务,助推文化创意产业全面发展。

其次,加强文化创意产业与科技创新、城市规划等领域的融合,打造具有独特魅力和创意活力的城市形象。把握文化创意产业与实体经济的深度融合趋势,加快文化科技、文化金融融合创新,加快培育旅游、传媒、体育等融合业态,推动先进制造业、现代服务业和战略性新兴产业发展,体现国际文化大都市魅力,打造现代文化创意产业体系。

4. 城市规划与可持续发展战略

建设全球城市区域,是新时代中国强化区域协同发展、增强国际竞争力的重要方向。基于全球城市核心功能共建"卓越的全球城市区域"目标愿景,上海着力于促进城市规划与可持续发展相结合,推动城市绿色发展,优化全球互联区域,以将上海打造成为更具竞争力、更可持续、更加融合的大都市圈。

(1) 充分发挥中心城市作用,构建区域共建共治新模式。

在"一带一路"建设、长江经济带建设中发挥上海中心城市作用,推进上海与苏州、无锡、南通、宁波、嘉兴、舟山等周边城市协同发展,实现区域交通一体化,打造具有全球影响力的世界级城市群。创新区域的合作模式与治理模式,加强基础设施的统筹,促进区域文化共融共通,构建区域系统发展新机制,实现交通互联、文化共融、生态共保、区域共治。

(2) 优化市域空间格局,打造人与自然和谐的宜居城市。

构建"一主、两轴、四翼;多廊、多核、多圈"的空间结构,引导核心功能集聚,在建设全球城市核心区域的同时,控制中心城周边区域蔓延,打造区域开放格局,发挥新城、新市镇县人口带动地区发展的作用,实现区域协同、空间优化与城乡统筹。

同样,与市域空间格局相适应,建设由"主城区-新城-新市镇-乡村"组成的市域城乡规划体系。城市空间布局建设以提升全球城市功能和满足市民多元活动为宗旨,在中心主城区综合发展金融服务、总部经济、商务办公、文化娱乐、创新创意、旅游观光等全球城市核心功能,在城市副中心发展面向长三角和市域的综合服务中心,兼顾全球城市部分核心功能,地区中心和社区中心则主要承担所在区域的公共服务。

（3）推动绿色产业发展,建设可持续城市。

第一,促进发展方式向绿色转型,降低碳排放,提高资源利用效率,推动经济与生态环境协调发展,需要加大对新能源、节能环保等领域的支持力度,推动绿色产业的增长。第二,努力改善环境质量,保护生态环境,实现城市的可持续发展;通过推广清洁能源、减少污染排放、加强垃圾分类等举措,提高城市的生态环境品质。第三,积极推进城市绿化,兴建公园绿地,增加城市的绿色覆盖率,创造宜人的生态环境。第四,提高城市水资源和能源供应的安全性,增强城市抵御自然灾害的能力,完善城市的防灾减灾体系,确保城市的安全运行。

（4）构建未来城市发展框架,呈现全球互联规划视野。

互联网技术的飞速发展正在深刻改变全球城市的面貌,"上海2035"规划致力于打造更加开放协调的城市发展模式,展现"全球互联、区域协同"的规划眼界。新一代信息技术,尤其是互联网技术将对上海的城市生活、生产和治理方式产生巨大影响,因此需要在空间布局和功能设计方面做出积极响应,以更广阔的视野、更高的定位来构建上海未来城市发展的战略框架,努力打造"网络化、多中心、组团式、集约型"的城市空间体系。

1.3.3　机遇与挑战

当前,中国经济正处于波浪式发展、曲折式前进状态,国际形势仍然错综复杂,百年变局持续演进,但经济发展长期积累的基础和韧性、庞大市场蕴含的潜力、深化改革即将释放的活力,以及亿万人民持续不断的创造力,都是城市发展的支撑。为实现习近平总书记对上海的明确期望,加快建设具有世界影响力的社会主义现代化国际大都市,在推动中国式现代化进程中充分发挥龙头带动和示范引领的作用,上海需要深刻认识其城市发展所面临的时代和形势,坚定发展信心,抓住战略机遇,保持坚定的战略定力。

1. 把握发展机遇,探索发展新路径

目前,上海正处于重大战略机遇期。习近平总书记在上海考察期间,对上海

"五个中心"建设和长三角一体化发展等做出了系统部署,并从国家战略的角度提出了一系列新的定位、论断、要求和任务。习近平总书记的更高要求为上海的城市发展建设提供了根本遵循和行动指南,同时详细指明了探索、突破和提升的重要方向,为上海的发展提供了强劲动力,开拓了更广阔的发展空间。上海要善于发现机遇、创造机遇、把握与利用机遇,持续提升城市能级与核心竞争力。

(1)城市综合实力强劲,经济基础扎实。

经济方面,上海具备扎实的基础、韧性和潜力,2023年上海全市生产总值达到4.72亿元新高,2025年GDP预期目标为5%,可见经济回升的良好态势持续稳固,转型升级的趋势日益加强。同时也需要关注在经济总量增长背后的结构升级、技术进步、效率提升、城市治理等多方面的进步,这也是上海经济进入高质量发展阶段后所需要把握住的新要求。目前上海已进入新旧动能的转换期,只有充分利用新旧交替所带来的潜力,才能继续延续上海经济的韧性与活力。

(2)重大战略"试验田",充分利用发展红利。

"五个中心"建设的加速推进以及多项国家战略在上海的交汇叠加,为上海的未来打开了广阔的前景。例如,《浦东新区综合改革试点实施方案(2023—2027年)》提出了一系列重大举措,旨在推动高水平开放与制度型开放,汇聚科技创新、人才、数据等高端生产要素,特别是在制度型开放方面,与国际接轨,加速了高标准市场规则体系改革,更好地为建设更高水平的开放型经济新体制提供了示范和引领,势必为上海带来新一轮高水平改革开放的新机遇。此外,临港新片区、科创板和长三角一体化发展的"三大任务"也正在上海深入推进,这些重大国家战略的推动将持续助力上海形成新的发展优势和动能。

(3)变动倒逼转型,发掘潜在增长点。

外部环境的剧烈波动往往意味着产业格局的重塑和优势的再次建立,这将进一步推进深化改革、扩大开放和加速创新。当前,一些产业,比如电子信息和汽车等,受到各种原因的冲击,但通过深入挖掘、掌握产业背后的逻辑,也能找到符合未来趋势甚至引领创新的因素,通过有效的转型升级培育新的增长点,能将短板转变为优势,发现潜在的机遇,抓住并转化机遇,从而在危机中寻找机遇,成功化解危机。

(4)深化推进对外开放,把握国际合作机遇。

上海作为对外开放的桥头堡,受益于对外开放政策,能够吸引国际企业和机构进行合作,促进经济、文化和科技的交流互动。同时,通过鼓励优质的现代服务业企业走出国门,参与全球资源配置,探索加入区域化贸易新框架的路径,与周边国家形成稳定牢固的贸易与合作关系,积极促进打破藩篱,扩大开放和改革面。

2. 直面复杂挑战,勇于突破攻坚

勇于成为开拓者、领航者,勇于冲破难关,是上海的责任所在。在特殊挑战下,作为中国式现代化建设的"开拓者",上海必须在解决难题中体现价值,在应对挑战中表现出实力。当今世界正经历百年未有之大变局,科技和产业革命不断深化,国际政治经济格局发生深刻变化,而上海面临着深化高水平改革开放、推动高质量发展的新形势,其战略任务也在不断演进。内外环境的重塑和剧烈波动使得上海所面临的挑战更为复杂和全面。

(1)外部国际形势错综复杂,竞争与风险并重。

目前,上海在建设"五个中心"的过程中,面临着来自国际外部环境的三大挑战。首先,在中美贸易摩擦的大背景下,一些供应链正在减少对中国的依赖,这势必会对上海的发展产生一定影响。其次,上海与国际最新规则相比,甚至与国内目前的经贸规则相比,存在一定差距,因此需要做出相应的调整和适应。最后,东京、新加坡、纽约等城市正在积极开拓新领域、采取新措施以提升自身竞争力,这既是挑战也是机遇,对上海而言具有重要意义。

(2)城市建设面临多重问题,城市治理体系亟待完善。

经济高质量发展的进程中,上海在基础设施建设、人口管理、生态环保、社会治理等方面都面临各种挑战。第一,上海的基础设施建设需要进一步完善,包括交通、环保、民生服务等;第二,人口的大量涌入为上海的房地产市场与城市规划带来了巨大压力,同时上海还面临严峻的人口老龄化问题,亟待建立更完善的社保系统;第三,上海的环境问题也引发了广泛关注,城市化进程带来了环境污染和资源紧张问题,因此需要加大环保力度,推动绿色发展和资源循环利用;第四,随着城市发展,社会分配不均和城乡差距等问题凸显,上海需要进一步加强社会公平政策建设,确保城市发展的包容性和可持续性。

第 2 章
具有世界影响力的现代化国际大都市

2.1　概念界定

2.1.1　国际大都市

在全球化的浪潮中,国际大都市如同汇聚着时代脉动的巨大引擎,不仅推动着世界经济的发展,也成为文化交流、政治议程和科技创新的前沿阵地(舒庆,2024)。这些城市,以其独特的魅力及其所面对的复杂挑战,展现了新世纪全球化社会的缩影和未来的发展方向。在全球化的纵深脉动中,国际大都市以其独特的地位和影响力,成为时代进步的显著标志。这些城市,不仅是国家经济发展的引擎,更是文化融合、科技创新和政治互动的交汇点。从纽约的繁华街道到上海的霓虹灯光,从伦敦的历史积淀到上海的新兴闪耀,国际大都市展现了一个多元、复杂且不断演变的全球面貌。探索国际大都市的核心概念,分析其在全球化进程中的角色和影响,并审视面临的挑战与未来的发展趋势具有重要的现实意义。

在全球化的背景下,国际大都市作为全球经济、文化和政治交流的关键节点,发挥着越来越重要的作用。它们促进了国际贸易和投资,加速了文化的交流和融合,也成了全球政治决策的重要平台。国际大都市的内涵概念是一个多元且复杂的话题,涉及城市规模、经济活动、文化影响力、国际地位等多个维度。接下来的内容将探讨国际大都市的定义、特点、形成过程以及其在全球化背景下的作用和所面临的挑战,以期全面理解国际大都市的内涵。

首先,经济实力方面,国际大都市通常是各国的经济中心,拥有强大的经济实力和高度发达的服务业。它们是国际贸易和金融交易的重要枢纽,聚集了大量的跨国公司总部、国际银行和金融机构。许多跨国公司和国际金融机构选择在这些城市设立总部或重要分支机构。国际大都市具有高度市场化和国际化的经济结构，因此吸引了全球投资。其次，人口与文化多样性方面，这些城市通常人口众多，具有高度的文化多样性，吸引了来自世界各地的移民，形成了融合多种文化、语言和宗教的社会结构。国际大都市还是艺术和创意产业的中心，拥有丰富的艺术展览、文化活动和创意产业。同时，这些城市通常拥有高质量的教育资源，包括世界级的大学和研究机构。再次，国际影响力方面，国际大都市在政治、经济、文化等领域拥有重要的国际影响力。它们常常是国际组织的所在地，举办各种国际会议和活动。国际大都市在全球政治舞台上具有重要的话语权和影响力。最后，基础设施与技术方面，这些城市拥有先进的基础设施，包括高效的交通系统、先进的通信网络以及高质量的公共服务。它们使用最先进的技术和通信设施，是信息技术和通信的重要节点（周振华，2012；邓涛涛，2018）。

国际大都市的形成通常是一个长期而复杂的过程。其中不仅包括了经济发展、工业化、城市化、全球化等多个阶段，城市的地理位置、历史背景、政策支持和外部环境也对其发展起到了关键作用。

同时，国际大都市是一个综合体，对于其内涵而言，主要体现在以下五个方面：

第一，国际大都市是全球化的微缩模型。它是全球化的缩影，展现了经济全球化、文化交流和国际合作的特点。这不仅体现了城市内部的经济发展、居民生活和财富积累等，而且反映了大都市与其他城市间的连接和交流。更进一步地，作为城市地位的象征，国际大都市的赋能会不断提升其自身价值和外在作用。

第二，国际大都市是创新与发展的前沿。这些城市是科技创新、文化创意和社会发展的前沿，不断推动着人类社会的进步。创新是技术进步和经济发展的核心动力，推动创新发展是国际大都市不断前进的"垫脚石"。加快创新并引领科技前沿成为国际大都市的首要竞争力。

第三，国际大都市面临城市治理的挑战。经济发达和产业完善的同时也会带来一系列问题，例如人口密集、资源分配、环境保护等，进而会给国际大都市在城市治理方面带来巨大挑战。城市治理是城市发展过程中不可避免的问题，面对相关治理问题，国际大都市的经济政策、空间规划和社会服务等在全球都成效显著。

第四，国际大都市需应对社会问题。在国际大都市中，贫富差距往往显著。富裕阶层和贫困阶层之间的差距可能表现在收入水平、受教育机会、就业机会等方面。这种不平等不仅会导致社会不稳定，还可能增加犯罪率、降低社会凝聚力，导致社会分裂。大都市中的住房问题主要表现为房价高昂、租金负担重、住房供给不足等方面。这使得中低收入群体难以负担居住成本，最终可能导致人口流失、贫困地区扩大,甚至影响到青年的生活选择和家庭建设。大都市通常是国际性的人口聚集地,吸引了大量的移民。然而,移民融合问题可能涉及文化差异、社会认同、就业机会等方面。如果移民群体无法有效融入主流社会,就可能产生社会隔阂、文化冲突和身份认同问题。在国际大都市中,贫富差距、住房问题、移民融合等社会问题相互交织,形成一个复杂的社会挑战网络。解决这些问题需要全社会的共同努力,包括政府、企业、非营利组织和普通市民,还需要采取一些关键措施,例如制定公平的政策、提供平等的机会、推动社会融合和发展可持续的城市规划等。只有通过多方合作,才能建设更加公正、包容和繁荣的国际大都市。

第五,保护环境和实现可持续发展是国际大都市面临的重要课题。经济增长通常伴随着资源利用的增加、能源消耗的上升以及大量废弃物和污染物的产生。这种发展模式可能会对自然环境造成破坏,威胁生态系统的稳定性,进而影响人类的健康和居住环境。而可持续发展旨在满足当前世代的需求,同时确保不损害未来世代。这包括在经济、社会和环境三个方面取得平衡,以实现长期的繁荣。可持续发展要求在经济增长的基础上,考虑资源的有效利用、环境的保护和社会的公正。

国际大都市致力于推动绿色技术和创新,以减少对环境的不利影响。通过采用清洁能源、发展循环经济、推动能效改进等措施,城市可以实现更加环保的生产和消费模式,从而减轻对自然资源的压力。积极的城市规划是实现可持续发展的关键。这包括合理布局城市空间、提供高效交通系统、保护自然生态系统等。通过规划合理的绿地、湿地保护和城市农业,城市可以维护生态平衡,维持健康的居住环境。国际大都市面临的环境挑战通常超越了国界。因此,国际合作和知识共享变得至关重要,可以通过参与国际环保协议、分享环保技术和最佳实践,共同应对全球性的环境问题,共同推动可持续发展。综合而言,要在维持经济增长的同时保护环境并实现可持续发展的目标,就需要国际大都市制定综合性的政策、推动科技创新、改善城市规划,并积极参与国际合作。只有在多方共同努力的基础上,国际大都市才能找到经济繁荣和环境保护的平衡点,为未来的可持续发展奠定坚实的基础。

尽管国际大都市在全球化中扮演着重要角色,但它们也面临着众多挑战。城市扩张带来环境问题,如空气污染、水资源短缺等。经济加速增长和城镇化扩容带来社会不平等问题等,如贫富差距、住房问题等。城市发展带来的内部治理和外部衔接问题不容小觑。随着城市规模的扩大,城市治理变得更加复杂,需要有效的政策和管理来应对,同时,需要城市间协作创造内外共赢的发展格局和姿态。

2.1.2　现代化国际大都市

现代化国际大都市不仅体现在城市规模的扩大和人口的增长,同时也代表着经济、文化、技术和社会等方面的综合发展。现代化国际大都市是指在经济、文化、科技、环境和社会等多个方面都取得显著进步,具备高度国际化和现代化特征的城市。基于此,本部分将从定义、内涵和特征三个方面对现代化国际大都市展开详细的分析。

首先,现代化国际大都市的定义主要包含了经济、文化、科技、环境和社会五个领域的现代化:

第一,经济现代化。国际大都市的经济基础通常非常强大和多元化,这包括高效的基础产业结构、先进的科技创新水平,以及全球化程度较高的商业和金融体系。而在发展现代化国际大都市的过程中,经济现代化使城市成为国际贸易和投资的重要中心,拥有世界级的企业和金融机构。在经济的国际化和市场化过程中,政府是支持其发展的核心角色。政治体系和治理结构的现代化是经济现代化的磐石,要突出政治作用,发挥法治、民主和公众参与在经济现代化中的动力。

第二,文化现代化。在现代化国际大都市的体系中,文化现代化举足轻重。文化是城市发展的持续性记忆和活力,文化的融合与创新主要体现为城市具有丰富多样的文化生活,包括艺术、音乐、电影、文学等领域的繁荣。博物馆、艺术馆、音乐厅等文化设施是现代化国际大都市必须拥有的核心内容,也是国际性的文化交流和创新中心。同时,城市中不同文化的融合也是文化现代化的一部分,着重强调文化的开放性和包容性。文化现代化是赓续古老文明的现代化,而不是消灭古老文明的现代化;是跨越国界的多样化文化,不是照搬照抄其他国家的文化内容;是城市在国际化浪潮中不断演化的现代化,是国际大都市深入贯彻现代化理念的产物。

第三,科技现代化。科技是城市的内核动力,在城市管理、交通、通信等领域应用广泛。城市科技的更新迭代离不开源源不断的创新能力,能够充分彰显其全球地位。现代化国际大都市在科技领域具有显著的创新能力。高科技产业和信息技术在城市发展迅猛,数字化和智能化水平较高。城市的基础设施一般采用最新的科技成果,包括智能交通系统、绿色建筑、智能城市管理等;高科技推动服务业的发展,促进经济结构的转型。

第四,环境现代化。对环境的关注是现代化国际大都市的一项重要内容,城市通常采取可持续的城市规划和发展模式,注重环境保护和资源利用的可持续性,推动绿色能源、低碳交通等环保措施的实施,促进智慧城市和可持续发展的实现,进而达到经济发展和生态平衡的统一。经济加速发展过程中,全社会各界对城市可持续发展的重视不断增强,发展可持续经济成为全球共同目标。当代城市环境离不开现代化环保技术,结合实际情况,应着力规划生态友好型城市建设,落实可持续环保技术的应用。

第五,社会现代化。社会方面的现代化表现为城市中人们的生活水平普遍较高,受教育水平提高,配套社会服务设施完备,公共服务覆盖全面,人们享有高质量的教育、医疗和福利服务,生活质量和社会福利提高,最终实现人民安居乐业,居民生活多姿多彩。社会多元化也是现代化国际大都市的显著特征,吸引了来自不同文化背景的人群。在打造社会多元化的同时,要注重社会结构的多样化和复杂化,调节社会均衡发展,同步社会和现代化城市发展。综合而言,现代化国际大都市是在多个方面取得显著进步的城市,具备高度国际化和现代化特征。这些特征既包括经济、社会、文化、科技等方面的进步,也体现为在全球舞台上的引领地位和对国际事务的积极参与。

其次,在打造现代化国际大都市时,城市发展需要注重布局谋略:

第一,突出城市发展与规划的战略性地位。现代化国际大都市在城市规划方面要重视人本原则和可持续发展,这不仅体现在以人民为主的发展内核,也体现在城市发展要惠及所有环节的方针。与此同时,通过科学规划实现城市空间的合理利用,强调生态保护和城市绿化,增强科技应用性和可持续内涵,协调城市经济与环境,发展绿色经济,提升城市的可持续发展能力,实现城市发展与环境保护的平衡。

第二,抓住转型机遇和创新优势。例如"泰晤士河畔"的再开发涉及政府、开发商和社区居民之间的复杂互动,虽然项目效果提升了城市的经济和视觉形象,但是也引发了关于贫困居民被排挤和社区身份丧失的争议。因此,现代化国际大都市要突破自身内部要素,更要抓住外部机遇,迎合国际化潮流和全球化趋势。经济的现代化不仅体现在产业结构的升级,还包括在全球经济中的角色定位和竞争策略的明确,以在竞争中创造出创新驱动的经济发展模式,强调知识经济和科技创新。

第三,提高社会福利和公平性。完善的社会福利和社会公平性是现代化国际大都市发展的"稳定剂",提高居民生活水平,有效落实国家及地方政策,强化解决住房、医疗、教育等社会问题的能力,关注社会公平和包容性,减少贫富差距,这些是现代化国际大都市亟须突破的重要问题。

　　第四,注重文化交流与多样化融合发展。文化是城市发展的纽带,国际大都市要不断促进国际文化交流,提升城市文化影响力。现代化国际大都市通常具有极高的文化多样性,吸引来自世界各地的移民,是艺术、时尚、娱乐和文化交流的中心。在传播和推进本地文化的同时,要尊重和保护多元文化,促进文化的共存和融合。科技是文化交融的伟大产物,其在城市管理、服务、交通等方面的应用,可以提高城市运行的效率和便捷性,支撑经济发展和社会进步。

　　第五,就现代化国际大都市的特征而言,其经济结构多元化,包括金融、科技、服务业、创意产业等,在国内有着卓越的地位,我们不仅要着眼于经济、文化和科技等视角,而且要综合考虑政治内涵。现代化国际大都市不仅仅是规模和人口的扩张,更是经济、文化、技术和社会发展的综合体现。现代化国际大都市在发展过程中,展现了其在国际化和全球化局势中的显著特征,在全球化背景下展现出独特的魅力和挑战。这些城市是全球或区域经济的中心、全球贸易和国际投资的枢纽,吸引着大量的外国直接投资,并拥有众多跨国公司总部,具有强大的经济实力,成为当代世界变革和进步的重要舞台。这表现为城市在国际政治、经济、文化等领域的参与度高,吸引国际性的会议、展览和大型活动,成为全球化的重要节点。同时,作为现代化科技创新的示范,现代化国际大都市汇聚了世界级的大学和研究机构,已经成为科技创新和学术研究的重要中心。在现实中,现代化的技术应用和规划帮助不断完善基础设施和社会保障,现代化国际大都市在城市规划、建筑设计和环境保护方面采用了先进技术和可持续设备,目前已经拥有先进的交通和通信网络(邓涛涛,2018)。最重要的是,现代化国际大都市彰显自身政治与国际关系的重要性,很多国际大都市是国家的政治中心或具有重要的政治影响力,它们是国际外交和全球议题讨论的平台。由此,现代化国际大都市在经济、社会、文化、科技、教育和国际关系等方面具有举足轻重的国家或者区域性特征。

2.1.3　具有世界影响力的现代化国际大都市

　　具有世界影响力的现代化国际大都市不仅是其国家的中心,更是在全球范围内发挥着重要作用的城市。这些城市通常具有一系列显著的特征和深刻的内涵,其现代化本质和特色反映了全球化、技术进步和文化交融的趋势。具有世界影响力的国际大都市是全球化时代的产物,它们不仅是经济发展的引擎,也是文化交流和国际合作的平台。

　　从国际大都市到具有世界影响力的现代化国际大都市,是一种跨越式的替换。

如纽约、伦敦、东京和香港等，其首要特征就是它们的经济影响力。具有世界影响力的现代化国际大都市已经是全球财经的枢纽，拥有强大的经济基础和高度发达的金融市场，其经济结构和金融系统处于世界领先水平。它们也是国际贸易、金融交易和商业活动的中心，影响着全球经济走势。这些城市不仅在经济、金融和商业领域拥有丰富资源和先进技术，还是国际贸易、金融交易和商业活动的中心。它们汇聚了全球最优秀的企业、金融机构、专业人才和创新科技，形成了高度发达的商业生态系统和创新创业环境。这些大都市的经济活动对全球经济走势具有重要影响，它们的发展状况和经济表现常常被视为全球经济健康状况的"晴雨表"。通过吸引跨国公司、各类投资、国际人才和创新资源，这些国际大都市不仅促进了本地经济的发展，也为全球经济的繁荣做出了重要贡献。因此，国际大都市在塑造全球经济格局、推动国际合作与发展、促进贸易和投资自由化方面发挥着不可替代的作用。

其次，具有世界影响力的现代化国际大都市的文化具有多样性与创新性。这些城市往往是文化的"熔炉"，因为它们吸引了来自世界各地的人口和文化元素。这些大都市是多元文化的代表，人口构成包括了不同国籍、种族、宗教和语言背景的群体。由于这种多元文化的融合，国际大都市成了文化交流与交融的平台。它们因其开放包容的氛围，接纳了大量移民和留学生群体，也接纳了相应的语言、宗教、风俗习惯和生活方式，丰富了城市的文化。这些不同文化之间的交流与互动，推动了文化的创新和发展。同时，它们通常拥有丰富的文化资源和设施，如博物馆、艺术画廊、音乐厅、剧院、国际美食餐厅等。这些文化场所吸引了来自世界各地的艺术家、表演者、作家和文化从业者，为城市的文化生活注入了新的活力和动力。另外，这些城市也是文化产业和创意产业的重要基地，涵盖了影视制作、广告传媒、设计创意、时尚设计等领域（Albrow，2008）。这些产业不仅为城市创造了经济价值，也促进了文化产品和创意作品的国际交流与传播。

除此之外，在技术创新领域，具有世界影响力的现代化国际大都市一直是科技创新的领先者（陆铭，2016）。这些城市拥有世界级的研究机构、高等教育机构和科研中心，吸引了全球顶尖的科学家、工程师和创新者。在这些机构的支持下，大都市不断推动科技的前沿探索和应用创新。首先，这些大都市在科技研究领域拥有丰富的资源和人才储备。各类研究机构和高校设施齐备，提供了优越的科研条件和技术支持，为科学家和研究人员提供了充分的创新空间。同时，大都市吸引了大量国际性的科研项目和合作机会，促进了不同学科领域之间的交叉合作和知识共享。其次，大都市是高科技产业的集聚地。这些城市孕育了众多科技创新企业和初创公司,涵盖了信息技术、生物技术、人工智能、新能源等领域。这些企业在科研成果转化、技术应用和产品推广方面发挥着重要作用,推动了城市经济的增长和转型。此外,科技的应用和创新在大都市的各个方面都有所体现。例如,在城市交通领域,大都市通过引入智能交通系统、共享出行平台和自动驾驶技术,提高了交通效率和安全性;在城市管理方面,利用大数据分析、智慧城市技术和物联网技术,优化了城市资源配置和公共服务提供;在医疗健康领域,利用生物医学工程、远程医疗和基因编辑技术,提升了医疗诊疗水平和健康管理效率,极大地提高了社会健康水平和生活质量。显而易见的现象是,这些城市在现代化的推进过程中,越来越注重可持续性和环境保护,可持续发展理念和环境意识持续贯穿城市发展的每个领域,可持续技术应用和大数据技术普及促进了第一产业到第三产业的低碳可持续生产(陈诗一,2009)。这些城市采取措施应对气候变化,推动绿色能源和可持续交通系统的发展。

在国际政治舞台上,许多具有世界影响力的现代化国际大都市不仅是经济和文化的中心,而且是政治决策的重要场所。这些城市承载着世界各国政府、国际组织和跨国公司的总部或分支机构,因此成为国际政治活动和重大决策制定的中心。同时,作为国际政治、经济会议和峰会的举办地,以及国际关系和政策制定的中心,它们对全球政治格局和国际关系的发展具有重要影响,是国际事务和全球治理的重要支柱。首先,这些大都市通常是国际政治、经济会议和峰会的举办地。例如,联合国总部设在纽约,世界贸易组织总部设在日内瓦,国际货币基金组织和世界银行总部设在华盛顿特区,这些城市定期举办各种国际会议和高级别政治峰会,聚集了全球政治领袖、商界精英和国际知名学者,就重大国际政治、经济议题展开讨论和协商。其次,这些大都市在国际关系和政策制定方面具有重要影响力。由于地位和资源优势,它们在全球政治舞台上拥有较大的发言权和影响力,能够通过政治、经济和文化手段影响国际事务的发展和演变。例如,通过与国际组织、外交使团和国际社区的合作,这些城市可以推动国际合作、促进全球治理并维护国际秩序的稳定与和平。而且,这些大都市也是国际政治家、外交官和国际政策专家的聚集地。各国政府和国际组织常常在这些城市设立驻外代表机构,以便更好地与其他国家和国际机构进行交流与合作,推动国际事务的发展、解决全球性挑战。

经济多极化浪潮下,具有世界影响力的现代化国际大都市发展具有其核心内涵,这主要体现在城市的全球化地位、社会现状、技术水平和政治治理上。第一,这些城市通常都是全球化的核心。具有世界影响力的现代化国际大都市是全球化进程中的重要节点,其发展和变化不仅影响着城市本身,也反映了全球经济和文化的趋势。这些城市作为全球化的中心,扮演着连接不同国家和地区的重要角色,并在全球网络中占据着核心地位。作为国际经济、金融和贸易的中心,它们成为全球化的重要节点。在这些城市,跨国公司、国际金融机构和全球性企业集聚,形成了庞大的商业网络和金融体系,成为全球贸易和投资的重要枢纽,推动着跨国合作和经济交流。它们的发展和变化反映了全球经济和文化的趋势。随着全球化进程的推进,这些城市吸引了大量国际移民和外国投资,形成了多元文化的社会结构和国际化的生活方式。正是在这种多元文化的背景下,不同文化和价值观念相互交融,促进了创新和文化的交流。同时,它们拥有先进的交通和通信设施、便利的商业环境和优越的城市基础设施,成为国际交流和信息传播的重要节点。通过国际航运、航空运输、互联网和电子支付等手段,这些城市连接着世界各地,促进了全球合作和文化交流,推动着全球化进程向前发展,为世界各地的人们带来了更多的机遇和可能性。第二,城市内部具有社会多元化和包容性。这些城市的社会结构高度多元化,包容不同的文化、种族和社会群体,推动了不同文化和社会观念的交流与融合。第三,这些城市为技术创新提供驱动力。大都市是科技发展的重要推动力,科技创新不仅改变了经济和工业,也影响着生活方式和社会结构。第四,这些城市是全球议题的前沿阵地。具有世界影响力的现代化国际大都市在处理全球性问题(如气候变化、国际安全、移民问题等)中扮演着关键角色,它们是全球政策讨论和决策的重要场所。综上所述,具有世界影响力的现代化国际大都市是全球化、文化融合、技术革新和社会发展的缩影,它们在推动经济增长、文化交流、技术创新和环境保护方面发挥着关键作用,同时也面临着由此带来的挑战和责任。

2.2　现代化国际大都市相关理论

2.2.1　全球化理论

全球化理论是一个涉及经济、文化、政治和社会领域的复杂概念,旨在解释和理解全球范围内日益增长的相互联系和依赖性(Albrow, 2008)。在发展具有世界影响力的现代化国际大都市过程中,全球化理论是发展的理论基石。

首先,经济全球化。这指的是世界各地的市场和生产活动日益整合成一个巨大的全球市场,包括贸易自由化、资本流动自由化和生产活动全球布局。全球化促使各国之间的贸易壁垒逐渐降低,贸易关系更加开放和自由化,这意味着国家间的商品、服务和资本可以更自由地流动，贸易规模和范围不断扩大。贸易自由化通过降低关税、取消贸易限制和促进国际贸易协定的签订，推动了全球市场的融合和互联互通。同时，随着金融市场的开放和发展，资本可以更容易地跨越国界进行投资和融资活动，投资者可以在全球范围内寻找最佳投资机会。资本流动自由化加速了国际资本市场的一体化和国际金融体系的建立，促进了全球资本的配置效率。在全球化发展进程中，中国的经济崛起是最典型的例子。中国自改革开放以来，已经成为全球制造业中心，制造业全球价值链不断攀升，生产总值规模占比居世界前列。在出口领域，中国不仅是全球最大的出口国之一，也是世界上最大的外国直接投资目的地之一，中国的经济增长模式体现了全球供应链的重要性和经济全球化的实际效果。

其次，文化全球化。文化产品和信息的全球流通促进了跨文化交流。通过电影、音乐、艺术等文化产品的传播，不同国家和地区的人们可以更加轻松地了解和体验其他文化，拓展视野，增进相互理解和尊重。同时，信息的全球流通也促进了国际交流与合作，推动了文化多样性的发展和文明的交融。然而，文化产品和信息的全球流通也引发了一些争议。其中一个主要争议是文化同质化。一些人认为，随着文化产品和信息在全球范围内的传播，越来越多的国家和地区开始接受类似的文化产品和价值观，导致多样性减少，进而导致文化的同质化。他们担心这种趋势会削弱各国特有的文化传统和身份认同。另一个争议关于文化帝国主义。一些人认为，发达国家通过文化产品和信息的全球传播，试图强加自己的文化价值观和利益，影响其他国家和地区的文化并加以控制。他们认为这种行为是一种文化霸权主义，削弱了文化多样性和民族文化独立性。好莱坞是全球电影的朝圣之地，是全球影视剧文化的"金字塔"。好莱坞电影在全球范围内广泛传播，影响了全球观众的文化消费和审美标准。然而，这也引发了关于文化多样性受损和美国文化霸权的争议，这说明了在全球化理论下，发展文化全球化要注重文化的包容性和多样性，促进文化传播交融良性发展。

再次，政治全球化。政府间组织和非政府组织在国际法、全球治理和跨国政治运动中发挥着重要作用。政府间组织在全球事务中起着协调、合作和监督的作用。例如，联合国作为最具权威性的政府间组织，致力于维护国际和平与安全、促进经济发展与合作、推动人权保障与可持续发展等全球议题。联合国是全球政治合作的一个重要平台，处理从冲突解决到气候变化等全球问题，它展示了国家之间合作的必要性，以及在全球化时代国际组织的重要性。其他政府间组织，如世界贸易组织、国际货币基金组织等，也在全球经济和贸易体系中发挥着重要作用。非政府组织在全球事务中扮演着监督、倡导和服务的角色,它们通常由民间社会组织、跨国企业和其他利益相关者组成,代表着各种利益和价值观。它们通过开展调查研究、发表报告、组织活动等方式,向政府和国际社会提供信息和建议,推动全球议程的制定和实施,监督政府和国际组织的行为,发挥着舆论监督和社会服务的作用。

最后,社会全球化。随着全球化进程的推进,人们进行跨越国界移动的频率增加,形成了跨国移民和流动人口。这些移民群体不仅影响了目的地国家的社会结构和文化格局,也塑造了自身的跨文化身份和社群认同。全球移民的涌现带来了跨文化交流和多元文化融合的现象,同时也引发了移民政策、社会融合和文化认同等方面的讨论和挑战。并且,通过社交网络,个人和社群可以轻松地与全球各地的人们进行交流和互动,分享自己的生活经历和观点,参与到全球性的话题和运动中。这种全球范围内的信息传播和社交互动加深了人们之间的联系和理解,推动了全球意识形态的传播和共享。最重要的是政治思想、宗教信仰和社会价值,它们在跨国传播和交流中发挥着作用,影响着不同国家和地区的社会发展和文化变迁。这种全球意识形态的传播不但促进了文化多样性和思想碰撞,而且带来了价值观念的冲突和融合,成为推动社会全球化的重要力量。

事实表明,现代化国际大都市是全球经济体系的关键节点。全球化理论为学界探讨提供了一个框架,用以理解现代化国际大都市在全球经济体系中作为关键节点的原因。第一,经济全球化的中心坐落于现代化国际大都市,而后者作为全球贸易与投资的枢纽,通常是国际贸易和投资的中心,这些城市拥有发达的金融市场、大型港口和国际机场,促进了全球资本的流动和商品交易,吸引了许多全球性的跨国公司选择在此设立总部,因为这些城市提供了必要的基础设施、专业服务和人才资源,进而产生了经济创新和多样化的热点,孕育了新兴产业和高技术企业,推动了全球经济的发展。第二,现代化国际大都市往往成为社会和文化的融合点。作为文化多样性的中心,现代化国际大都市促进了不同文化之间的交流和融合,这些城市的艺术、音乐、电影和文学等领域常常引领全球文化潮流。同时,在文化交流和融合方面,现代化国际大都市吸引了来自世界各地的移民,形成了多元化的社会结构。这些移民不仅带来了不同的文化背景,也为城市经济注入了活力。第三,现代化国际大都市在政治全球化中扮演了关键角色。许多国际组织和政府机构选择在全球性现代化国际大都市设立总部或分支机构,这使得这些城市成为国际政治活动和决策的中心。现代化国际大都市常常是处理全球性议题(如气候变化、国际安全、移民和经济发展等议题)的重要地点。第四,现代化国际大都市通常是科技和创新的前沿。现代化国际大都市汇集了众多研究机构、大学和高科技企业,这些城市在全球知识经济中发挥着关键作用。城市信息技术的枢纽、高度发展的通信网络和信息技术基础设施使得现代化国际大都市成为信息流动的中心,加速了全球化进程。

总体上看,具有世界影响力的现代化国际大都市作为全球经济体系的关键节点,是全球化理论的一个重要实践范例。这些城市通过其在经济、文化、政治和科技方面的重要作用,促进了全球互联互通,成为连接不同国家和地区的桥梁。随着全球化的深入发展,这些大都市的角色和功能可能会继续增强,从而进一步影响全球经济和文化格局。

2.2.2　城市流理论

城市流理论(urban flow theory)是一个关注城市中人、信息、资源和服务流动的理论。这个理论基于的观点是,城市是一个动态系统,各种元素在其中不断地流动和交互,这种流动和交互对城市的功能、结构和居民的生活有着重要影响(Castells,2000)。

城市发展与人密切相关,城市流理论强调了人的流动性对城市生活的影响。例如,通勤者每天从郊区流向城市中心的办公楼,学生从家流动到学校,或者旅游者流入一个城市。这种流动影响了交通系统的设计、城市规划和公共服务的布局。结合城市流理论分析人的流动性对具有世界影响力的现代化国际大都市的影响,我们可以从以下几个方面进行探讨:第一,经济发展。人的流动性是推动国际大都市经济发展的关键因素,劳动力的流入为城市的各种行业提供了必要的人力资源,尤其是在服务业、金融业、科技行业等领域。例如,伦敦、纽约和东京等城市的经济活力很大程度上得益于其国内外劳动力的汇集。第二,文化多样性。人的流动性也带来了文化的多样性,世界各地的人们带着各自的文化背景汇聚到国际大都市,促进了文化的交流和融合。这种文化多样性使得城市(如巴黎和罗马)成为全球文化中心,便于开展丰富的艺术、音乐、餐饮和节庆活动。第三,城市规划与基础设施。人口的流动对城市规划和基础设施建设提出了挑战,国际大都市需要有效地规划交通系统、住房、公共空间等,以应对日益增长的人口需求。例如,东京通过高效的公共交通系统和精心规划的城市布局应对大量的人口流动。第四,社会结构及相关问题。人口的流动还可能带来社会结构的变化和一些社会问题,快速的人口增长可能导致住房紧张、生活成本上升,进而加剧社会不平等。同时,不同背景的人口融合也可能带来社会融合相关的挑战。第五,政策与治理。国际大都市需要制定有效的政策来管理人口流动的影响,这包括移民政策、劳动市场调控政策、住房和城市规划政策等。政府的政策决策对于平衡经济发展、社会稳定和文化多样性至关重要。例如,新加坡作为一个国际大都市,通过有效的政策规划和管理,不仅在经济上取得了显著成就,同时也保持了社会稳定和文化多样性。城市流理论清楚地梳理了这些复杂的动态过程,以及它们如何塑造国际大都市的面貌和未来发展。

信息传递和资源利用是城市经济生产活动的链条。城市流理论同样关注信息和资源如何在城市中流动,这包括数据、资金、商品和服务。城市中的金融流动影响着经济活动,而信息技术的发展又改变了人们获取和分享信息的方式。城市流理论在分析信息和资源流动对具有世界影响力的现代化国际大都市的影响时,重点在于理解这些流动如何塑造城市的经济、社会结构和日常生活。

城市流在具有世界影响力的现代化国际大都市中最明显的表现就是经济全球化与金融流动,其中,纽约、伦敦和香港等都市作为世界金融中心,其金融市场的动态不仅影响着本地经济,还对全球经济产生了重要影响。资本的流入和流出推动了这些城市的经济增长和创新,同时也使它们面临金融波动的风险。但是,流动也带来一系列问题,比如虽然伦敦的金融业为城市带来了财富,但同时也导致了住房成本的上升和社会不平等的加剧。其次是技术与创新的流动。信息流动在技术创新和知识传播方面起着关键作用,美国硅谷的成功部分归因于高科技信息和创新观念的高度集中与流动,这种信息流动促进了新技术的开发,吸引了全球的投资和人才。投资和人才都是城市发展的重要资源,除此之外,水、能源和食品等资源对城市的可持续发展至关重要。东京通过高效的资源管理和城市规划,成为一个支持庞大人口而又相对可持续的城市。这包括精心设计的公共交通系统、能源利用和废物处理设施。最后是文化与信息交流。信息的流动也对城市的文化景观产生了深远影响,上海、伦敦和巴黎作为文化和艺术的中心,其博物馆、画廊、时装和美食文化受到全球信息和文化流动的影响,吸引着世界各地的游客。城市关注文化元素(如语言、艺术、习俗、价值观)如何在全球范围内传播,这种传播往往是通过媒体、旅行和国际交流等方式实现的。当不同文化相遇时,它们会互相影响和融合,产生新的文化形式。这种融合可以是创造性的,也可能引发文化冲突,因为文化流动不总是平等的——某些文化(特别是西方文化)可能在全球范围内占据主导地位,这可能导致文化霸权,但同时也可能激发对本土文化的保护和复兴。文化是城市内核,既要根植本土,又要融合创新。

社会发展和空间布局与公共交通、医疗和教育等服务紧密相关,城市中的公共服务和私人服务的流动也是城市流理论关注的重点。服务流动主要指的是各种公共服务和私人服务在城市空间内的分布和可及性,这些服务包括但不限于医疗保健、教育、交通、娱乐和零售服务。结合城市流理论分析服务流动对具有世界影响力的现代化国际大都市发挥的作用时,可以从多个方面进行考量。其中,公共服务流动的优化,在这些大都市中,对于提高居民生活质量和城市的运行效率至关重要。

公共交通设施:北京、新加坡和柏林的公共交通系统被全球公认为高效且便利,通过精心规划的地铁和公交网络,确保居民和游客能够方便快捷地在城市内部移动。

医疗服务:医疗服务的流动和分布对于确保城市居民获得必要的医疗照护至关重要。东京和纽约的医疗系统以其高效率和高质量服务而闻名,城市内分布着多家世界级医院,提供先进的医疗技术和高水平的病人护理。

教育资源:国际大都市通常是教育资源的汇集点,伦敦拥有多所世界知名大学和研究机构,吸引了来自全球的学生和学者,这些教育资源的集中不仅促进了学术交流,也为城市带来了经济和文化上的益处。同时,教育机构促进了国内外学者、学生和艺术家之间的交流,加深了对不同城市的理解和欣赏。

娱乐和零售服务的多样性:具有世界影响力的现代化国际大都市的娱乐和零售服务往往极为丰富多样,反映出城市的文化多元性。餐饮、购物和娱乐选择体现了其作为一个"熔炉"城市的特点,比如意大利披萨、日本寿司、墨西哥玉米卷,各种饮食娱乐背景的居民和游客都能在这里找到他们喜爱的服务。

服务流动还会对城市空间和结构产生影响。例如,迪拜以其豪华酒店和购物中心闻名,这些服务的分布和流动对城市的空间布局和发展方向有着重要影响,吸引了大量国际游客和投资。

综合来看,服务流动在塑造具有世界影响力的现代化国际大都市方面发挥着关键作用。这些城市通过优化服务流动来提高居民的生活质量,促进经济和社会发展,并加强其在全球舞台上的地位。

综上所述,都市能作为文化交流的中心,其原因在于其经济的全球化、人口的多样性和流动性、媒体与技术的集中以及教育和研究机构的集聚。这些因素共同作用,使得都市成为文化流动的热点,促进了文化的交流、融合和创新。通过这种交流,都市不断地重塑自己的文化特色和身份,同时也影响着全球文化格局的发展。

2.2.3 全球城市网络理论

全球城市网络理论是一种研究方法,它着重于分析和理解世界各大城市之间的联系和网络,以及这些联系如何影响全球经济、政治、社会和文化。这个理论的关键观点是,全球化并不是均匀地影响全球,而是在特定的"全球城市"或"世界城市"中更加集中。这些城市处于全球网络中的重要地位,对全球事务有着重大影响(马学广和李贵才,2011)。

首先,经济连接。全球城市网络理论特别强调经济方面的连接,尤其是金融服务、专业服务(如法律、会计、咨询)和企业总部。城市间的经济合作有助于实现区域平衡发展,尤其是通过促进经济互补和共建基础设施项目,进一步促进城市间的社会和谐、文化繁荣和政治交流等。结合全球城市网络理论,我们可以深入分析经济连接对具有世界影响力的现代化国际大都市的影响。这些经济连接主要体现在全球金融、商业、专业服务和企业总部等方面的互动和联络。第一,全球金融中心的作用。如纽约、伦敦和东京,作为世界主要的金融中心,对全球金融市场有着深远的影响。纽约的华尔街不仅是美国的金融中枢,也是全球最重要的金融交易区之一,在这里发生的金融活动和决策不仅影响美国经济,还对全球股市、债市和其他金融市场产生影响。第二,国际商业活动。全球城市是国际商业活动的热点,比如香港作为一个国际贸易中心,其港口和贸易设施服务于全球商业,香港的商业环境和政策对国际贸易和投资产生重要影响,吸引了世界各地的企业和投资者。第三,专业服务网络。都市通常是专业服务(如法律、会计、咨询)的聚集地,纽约、上海、北京和纽约不仅是金融中心,也是全球领先的法律和会计服务中心,这些专业服务支持着跨国企业的运作,对国际商业活动至关重要。另外,在经济政策和创新层面,具有世界影响力的现代化国际大都市也是经济政策制定和经济创新的中心。其中,硅谷作为全球技术创新的核心区域,其发展对全球科技行业趋势产生了深远影响,在这里孕育的科技创新和商业模式正在重塑全球经济。

全球城市网络理论中,跨国公司和国际金融机构这两种机构的业务决策和运作对全球经济有着重要影响。由于其经济实力能够对国际贸易政策和投资规则产生影响,它们与政府的互动在形成经济政策和法规方面起着重要作用。许多具有全球影响力的跨国公司选择在全球城市设立总部,成为全球经济的推动者;通过其全球供应链、生产网络和销售渠道,促进全球经济的整合;在创造就业、技术转移和促进国际贸易方面发挥着关键作用,已经成为技术和创新的传播者;作为技术创新的先锋,通常在研发和推广新技术方面投入巨大;通过在不同国家设立研发中心,促进技术的全球传播和应用。除了经济领域的影响,跨国公司在推广品牌和消费文化方面发挥着重要作用,其营销策略和全球品牌常常影响着消费者的生活方式和文化偏好。

国际金融机构,如世界银行、国际货币基金组织和各国央行,不仅是全球经济整合的主要驱动力,也是技术创新、文化交流和全球政策制定的关键参与者。它们是全球资本流动的中介,充分展示了全球化的复杂性和动态性,管理和监督全球资本流动,它们在维持国际金融稳定和促进全球经济增长方面起着关键作用。而且,这些金融机构提供信贷和其他金融服务,促进国际投资,对发展中国家和过渡经济体的经济发展尤为重要。经济政策的制定离不开国际金融机构的作用,它们通过与政府机构互动,在地方和国际政策制定中发挥着影响力。国际金融机构在制定全球经济政策和提出经济改革建议方面也发挥着重要作用,它们通过提供经济援助和技术支持,影响着全球经济治理。具有世界影响力的现代化国际大都市通常是国际金融机构的集中地,这些城市提供了必要的商业和法律基础设施,促进了这些实体的全球运营。同时,这些城市能够有效治理金融风险,在全球金融危机中,国际金融机构扮演着管理者和协调者的角色,它们通过提供紧急资金援助和制定救助方案,帮助国家应对经济困难,避免全球经济波动。

其次,信息和技术的传输。全球城市之间的信息和技术流动是这个网络的另一个重要方面。柏林和纽约作为高科技和创新中心,其发展和产出对全球科技产业的发展方向有着深远的影响。结合全球城市网络理论,我们可以深入探讨信息和技术传输对具有世界影响力的现代化国际大都市的影响。这些影响体现在创新促进、经济发展、文化交流以及社会变革等多个方面。全球城市作为信息和技术的集散地,促进了创新和科技的发展。北京中关村作为全球科技创新的象征之一,其集聚的高科技企业、创新实验室和顶尖大学促成了无数创新技术的诞生。这些技术不仅改变了硅谷,也对全球科技产业产生了深远影响。

信息和技术的流动是经济全球化的重要驱动力。全球城市,如纽约、伦敦和东京,在全球知识经济中扮演关键角色,通过高科技、金融服务和专业服务等行业连接全球市场。例如,东京和加州的技术创新和先进制造业对全球汽车、电子和机器人技术的发展具有重要影响。信息技术的传播还促进了文化的全球交流和社会的变革。全球城市常常是新文化潮流和社会运动的发源地。巴黎和加州好莱坞作为多元文化的融合中心,其艺术、音乐和时尚领域的创新常常通过网络传播到全球各地。信息和技术的发展还对城市治理和公共服务产生影响。上海、新加坡和香港利用高科技手段实现智慧城市管理,改善交通、环境监测和公共服务,提升城市运行的效率和居民生活的质量。全球城市通常也是教育和人才培养的中心。这些城市的高等教育机构和研究中心吸引了全球的学生和学者,促进了知识的传播和创新思想的交流。例如,波士顿和伦敦凭借其大量的顶尖学府和研究机构,为全球科技和医疗行业培养了大量人才。

再次,文化和社会联系。这些城市也是文化和社会交流的重要中心。全球城市网络理论在分析文化和社会联系对具有世界影响力的现代化国际大都市的影响时,关注的是这些联系如何促进文化多样性、社会变革、全球意识形态的形成以及文化产业的发展。全球城市作为不同文化和社会背景人群的汇聚地,推动了文化的多样性和融合。纽约因其多元文化而闻名,这里的居民来自世界各地,带来了不同的风俗、艺术、语言和美食。这种文化的交融不仅丰富了城市的文化生活,也促进了不同文化之间的理解和尊重。全球城市在形成和传播全球意识形态方面扮演着重要角色。这些城市常常是新的社会运动和思想的发源地。例如,巴黎历史上一直是各种社会和政治运动的中心,这些运动在全球范围内产生了影响。又如,巴黎和纽约以其艺术、时尚和文化方面的领先地位成为全球文化趋势的引领者,而伦敦以其丰富的剧院、博物馆、画廊和音乐场所而闻名。这些文化机构不仅是本地文化生活的重要组成部分,也对全球艺术和文化产业产生了影响。全球城市是全球媒体和信息流动的重要节点,相关影视作品在全球范围内被广泛观看和讨论,对全球文化产生了深远的影响。

最后,政治影响力。全球城市网络中的城市往往在国际政治中扮演重要角色。例如,华盛顿和北京作为各自国家的政治中心,它们的决策和政治活动对全球政治格局有着深刻影响。结合全球城市网络理论,我们可以探讨政治影响力如何作用于具有世界影响力的现代化国际大都市,并通过这些城市对全球政治格局产生影响。这些影响体现在国际政策的制定、政治议程的设置、国际组织的作用以及全球政治经济的互动等方面。全球城市往往是国际政策制定和全球议程设置的舞台。比如,纽约作为联合国总部所在地,是全球政治议程和国际政策讨论的中心之一,在这里举行的联合国大会和各种高级别会议对国际关系和全球问题的讨论产生了重要影响。并且,全球城市常常是重要国际组织和机构的所在地,这些组织在全球治理中扮演关键角色。例如,华盛顿不仅是美国的政治中心,也是世界银行和国际货币基金组织的总部,这些机构在全球经济政策和金融稳定方面具有重要影响。同时,全球城市作为外交活动的中心,对国际关系产生着深远的影响;其中,北京和巴黎作为两个超级大国的首都,它们的政治活动和决策影响着全球政治格局和国际关系。全球城市还在全球政治经济中扮演关键角色。香港、纽约和伦敦作为世界最大的金融中心之一,其金融市场的动态不仅影响各自国家的经济,也对全球经济产生重要影响。

可持续发展已经成为世界各个国家的关注焦点。全球城市由于其规模和影响力,对环境问题(如气候变化、可持续发展)的态度和行动对全球环境政策有着重要影响。全球环境治理领先的哥本哈根和阿姆斯特丹在推动可持续城市发展方面的领导作用,对全球其他城市产生了模范效应;同时,国际诸多环境气候大型会议在两地的成功举办,对全球可持续治理发挥了显著的宣传效应。综合全球城市网络理论,本节在分析自然环境问题对具有世界影响力的现代化国际大都市的影响时,可以从气候变化的应对、环境政策的制定和实施、可持续发展的推动以及全球环境议程的影响等方面进行考量。

具有世界影响力的现代化国际大都市作为人口密集和经济活动集中的地区,面临着气候变化带来的诸多挑战,临海大都市在面对气温升高、海平面上升的威胁时,采取了一系列措施,包括建设防洪设施、改善排水系统和推广绿色屋顶,以增强城市的适应能力。并且,它们在制定和实施环境政策方面起着关键作用。比如,东京实施了严格的温室气体排放标准和能源效率要求,通过这些措施,东京成为全球领先的可持续城市之一。全球城市网络中的城市通常是可持续发展实践的先锋。哥本哈根就致力于成为世界上第一个碳中和的首都,它通过推广自行车出行、增加绿色空间和提升能源效率等措施,展示了可持续城市发展的可能性。此外,都市在形塑和推动全球环境议程方面发挥着重要作用。最有名的《巴黎协定》,其签署城市就是全球城市网络中的重要城市——巴黎,这一协定对全球气候政策产生了深远的影响。全球城市网络还促进了城市间在环境问题上的合作。城市间的规划和发展政策如何制定,以及这些政策如何反映不同利益群体的需求和优先事项都成了全球环境治理的共识。C40 城市集团、G50 全球智慧城市等是由世界各大城市组成的网络,旨在共同应对气候变化,这些网络促进了城市间在气候策略和解决方案上的交流和合作。

全球城市网络理论提供了一个框架,帮助我们理解全球化如何通过特定的城市网络进行,并且这些城市如何通过经济、文化、政治和社会的互动影响全球趋势。这个理论为研究全球化过程中城市的角色和影响提供了深刻的见解。全球城市网络理论揭示了这些城市在全球政治影响力方面的重要作用。它们不仅是政治决策和国际关系的关键节点,也是全球治理、外交活动和文化外交的重要舞台。通过其政治活动和影响,全球城市网络在塑造全球政治格局和推动国际关系发展方面发挥着至关重要的作用。全球城市网络理论揭示了自然环境问题对全球城市的影响及其在全球环境治理中的作用。这些城市不仅是环境挑战的前沿,也是环境政策创新和可持续发展实践的领导者。通过在环境问题上的行动和合作,全球城市网络在推动全球环境可持续发展方面发挥着重要作用。

2.3 具有世界影响力的现代化国际大都市的特征

在城市经济学的视角下,国际大都市的发展关键在于城市产业的演变、基础设施的建设以及商务区的转型。城市产业在全球制造业变革中扮演着核心角色,从工业革命到亚洲制造业的崛起,城市工业的演变直接塑造了国际竞争格局。这不仅对城市经济增长、就业机会和基础设施投资产生深远影响,而且在全球供应链中占据着关键位置。城市基础设施,特别是交通基础设施,被视为城市经济增长的关键支持。地铁等现代交通工具的推广不仅提高了城市内部的连接性,而且通过空间溢出效应,推动了周边地区的发展。然而,基础设施对经济增长的实际贡献存在一定争议,需要更深入的研究来理解其空间效应。中央商务区的演变也是城市经济学中的一个重要议题。从传统商务区向现代中央活动区的发展转变,突显了城市在迎接全球化挑战时的灵活性。现代中央活动区注重以人为本,强调多元化和复合功能,以适应全球城市网络平台的构建。这种演变使得城市更具吸引力,推动了城市的国际化发展。综上所述,城市产业、基础设施和商务区的协同发展是城市成功的关键,需要科学规划和综合考虑各个方面的因素,以实现可持续的经济增长和全球竞争力。

2.3.1 城市"硬支撑"

1. 城市产业

工业革命之后,城市发展进入加速阶段。随着工业经济时代的到来,大规模的制造业发展需要更大规模的集聚经济。随着城市的扩张,中心城区逐渐向郊区扩散,形成更大范围扩散和大范围集聚并存的模式。城市竞争发生极大转变,并逐渐转向对要素集聚的争夺以及对市场的竞争。随着进一步发展,城市要素高度集中,从而形成更大范围的集聚与扩散,并将竞争从周边城市扩展到更远距离的城市,形成城市间的广域竞争。而城市发展过程中,具有世界影响力的现代化国际大都市具有更强的区位优势和竞争能力,能通过城市网络进一步促进城市之间的竞争与合作。

全球制造业在 20 世纪 50 年代开始向发达国家转移,主要集中在美国、欧洲和日本等地,这些地区具有相对稳定的政治环境、先进的基础设施和较强的技术实力。然而,到了 70 年代,亚洲地区因其低廉劳动力成本、宽松的环境法规和政府支持,并在发达国家企业寻求降低生产成本等因素的推动下,吸引了大量外国直接投资,使得中国、韩国、新加坡等国崛起为制造业强国。到了 90 年代末和 21 世纪初,中国成为全球制造业的重要中心。其庞大的劳动力资源、低制造成本和对外国投资的开放政策吸引了许多企业将生产基地转移到中国。中国加入世界贸易组织也促使了更多的国际贸易和投资发生。随着中国劳动力成本的上升和其他因素的变化,2000 年后,一些企业开始将生产基地转移到东南亚国家,如越南、印度、马来西亚等,凭借更低的劳动力成本、逐渐发展的基础设施和对外商投资的便利条件,东南亚和其他新兴市场逐步崛起。

对于国际大都市而言,城市工业的重要性是多方面的。首先,它在经济增长方面做出了重要贡献,创造了就业机会,促进了繁荣。制造业活动的涌入吸引了各种类型的工人,包括各个行业的熟练和非熟练工人,带来了城市化和人口增长。这反过来促进了对商品和服务的需求,支持了零售、房地产和服务等多个领域。其次,建立工业基地提升了城市的基础设施。为支持制造业运营,城市投资于交通、能源和通信网络,从而提高了整体连接性。这种发展不仅延伸到工业部门,还惠及整个城市景观,使城市更具吸引力,适合商业活动和居民生活。此外,繁荣的城市工业将一个大都市提升为全球经济中心。随着制造业中心吸引国际投资,它们成为全球供应链中的节点。这不仅提升了城市的经济地位,还通过知识传递和创新增强了其技术能力。

总的来说,国际大都市中城市工业的演变反映了全球制造业趋势的动态性。从最初集中在发达国家到亚洲制造业巨头的崛起,再到向东南亚市场的转变,这些变化对经济发展、城市化和国际竞争力产生了深远影响。强大的城市工业不仅对城市的经济福祉至关重要,而且在塑造其整体增长和全球影响力方面发挥着关键作用。

随着信息技术的快速发展,除产业自身转型升级外,地区间的产业分工逐渐与传统部门分工产生差异,从部门间分工转向部门内分工,并逐步向产业链分工的方向发展,逐渐形成新型区域分工格局。在此分工模式下,产业结构逐步趋同,并且,区域产业分工和专业化程度也在不断深化。当然,这并不意味着区域产业分工弱化,而是表明产业结构趋同与区域分工深化可以并存。特别是大城市,其经营管理职能在不断加强。当不同地区在较低水平上反复建设、竞相发展同一产业,甚至同一产品时,可能导致过度竞争的局面。这种恶性竞争所带来的产业结构趋同现象也可能导致区际分工的削弱和资源配置效率的降低(中国社会科学院工业经济研究所课题组,2021)。为了应对这种趋同现象,需要采取相应措施预防并妥善解决。除了实施市场准入控制外,更为重要的是运用冲突管理手段,引导在大都市区范围内形成一体化的产业链分工体系。这种全新的产业分工体系有助于较好地解决结构趋同与分工深化之间的矛盾。

新一轮技术革命的最显著特征之一是推动了数字产业化和产业数字化,将数据作为一种崭新的生产要素。在国际大都市的发展背景下,这一趋势对产业链和供应链的现代化具有特殊的重要性。产业数字化和数字产业化的推进有助于缩短上下游企业之间的信息距离,促进生产要素投入与市场需求的精准对接,从而实现产销一体化。数字化的推动使得人、设备和系统等要素更紧密地连接在一起,形成全新的企业价值创造链。这不仅加速了企业的数字化转型,还引导企业广泛应用大数据、云计算、区块链、人工智能等信息技术,将大量隐性知识显性化,从而压缩了企业间技术和知识交流的时空距离。在国际大都市的背景下,这种数字化趋势不仅提升了企业的竞争力,也为城市的产业结构优化和经济创新提供了全新的动力。通过数字产业化,大都市将更好地融入全球价值链,推动产业链的智能化发展,为城市经济的可持续增长打下坚实基础。

2. 基础设施——交通

交通基础设施是促进城市经济增长的重要"硬支撑"。除了步行之外,交通主要依赖自行车、电动车、摩托车、轿车等私人交通工具,以及公交车、地铁、轻轨、火车等公共交通工具。随着经济发展以及私人交通工具的便捷性提升,私家车数量不断增加,生活便利的同时也增加了交通拥堵的可能性,特别是在通勤的"早高峰"和"晚高峰"时。此时,道路规划的合理性以及公共交通的重要性进一步凸显。

交通工具的优劣一般通过以下几条特征判定:舒适度、耗时长短、空间占用、费用、活动半径、安全与否、对环境的影响等。对一个规模很大、人口密度很大的城市,公共汽车毫无疑问将是一种重要的选择。但不幸的是城市里公共汽车的配置远远满足不了需求,以至于公共汽车往往非常拥挤。地铁类交通工具的快捷、便利、畅通、定点、定时、准点的特性使其成为现代城市不可或缺的交通工具,往往承担大城市 50% 以上的交通。上海地铁,即上海轨道交通,是服务于上海和上海大都市圈的城市轨道交通系统,也是世界范围内线路总长度最长的城市轨道交通系统。《2023 年上海交通运行年度报告(交通发展篇)》显示,上海地铁 2023 年日均客流量约为 1 000 万人次,最高可达近 1 300 万人次。巴黎地铁日均运送 300 万人次,它在高峰期是 35 秒一辆;东京地铁日均运送 400 万人次;纽约地铁日均运送 425 万人次。

城市地铁建设一般需要大量投资、大量劳动力、较高科技支撑,且通常建设周期很长,但持续使用寿命较久。其建设不仅是公共交通需求的体现,也推动了内需,带动了相关产业的发展,提高了通勤及旅游效率。中国是全球最大的地铁交通市场之一,投资数千亿元,推动了无数相关行业发展。与高速公路相比,政府对地铁和城市轨道交通的投资带来的社会经济效益通常更加显著,投入产出比可达大约 7 倍,对拉动当地经济增长和提升国家综合实力有重要影响。国内外过往研究表明,轨道交通上的投入每增加 1 个单位,GDP 将平均增加 10 个单位的收益。在中国,北京、上海、广州、深圳、长沙等城市的经济发展也再次证明轨道交通对经济的促进作用。地铁项目本身具有项目内部收益较低、外部收益较高及规模效益的特点。

20 世纪 40 年代,经济学家罗森斯坦・罗丹(Rosenstein Rodan)、罗格纳・纳克斯(Ragnar Nurkse)和沃而特・罗斯托(Walt Rostow)提出的有关基础设施与经济增长关系的理论,被广泛应用于发展中国家。罗丹强调交通等基础设施是社会先行资本,需要优先发展;罗斯托认为基础设施建设是实现"经济起飞"的重要前提。纳克斯进一步指出,基础设施投资应由政府承担,因为私人企业对具有强外部性特征的基础设施缺乏动力进行投资。然而,这些理论在发展中国家的实践中并未取得预期效果。虽然基础设施被认为是社会先行资本,但对经济发展的带动作用并不如预期。阿绍尔(Aschauer)的研究指出,交通等基础设施对经济增长有重要作用,但博纳格利亚(Bonaglia)等对此提出了质疑,认为时间序列数据可能存在问题,部分研究甚至认为交通基础设施对经济增长影响不显著(张学良,2012)。

传统经济学理论认为,生产要素流动是瞬间完成的,因此,作出生产要素运输零成本假设。在此假设条件下,交通基础设施没有空间溢出效应。然而,实际观察经验表明,生产要素与商品运输成本不为零,交通基础设施同时存在网络性与外部性,所以,交通基础设施不仅影响其经过的地方,且会产生溢出效应,影响相邻地区。交通基础设施除了一般外部性,还有区域外部性,具有如下影响机制:首先,交通基础设施的网络属性可以降低运输成本,增强各区域之间的网络通达性,降低运输成本,通过正溢出效应带动相邻区域发展。其次,交通基础设施可以提升地区可达性与吸引力,通过提升生产要素流动效率,提升该地区的区位优势。但是,它同时会提升地区间竞争强度,可能产生负溢出效应,导致其他较不发达地区的经济衰退。在分析其对区域经济增长总效应时,需考虑空间溢出效应,否则可能无法正确估计其影响效应。交通基础设施具有区域外部性,与生产要素在不同地区的聚集与扩散密切相关。在要素的空间聚集与扩散中,交通基础设施是优势区域空间聚集的前提,也是其空间扩散的条件,合理规划的交通基础设施网络是吸引各地区要素流动与产业梯度转移的重要设施基础(张学良,2012)。依赖完善的交通基础设施网络,一方面,生产要素可以从落后地区向发达地区聚集,从而对那些较为落后地区产生负向空间溢出效应,影响经济增长;另一方面,生产要素可以通过交通网络向落后地区流动和转移,产生空间扩散,从而对落后地区产生正向空间溢出效应。

3. 基础设施——中央商务区及中央活动区

在大城市的中心城区,通常都会形成一个或若干个集中了大量金融、商业、贸易、信息以及中介服务机构,拥有大量办公楼、酒店、公寓等配套设备,具备完善的市政交通与通信条件,便于现代商务活动的区域或场所,即中央商务区(central business district,CBD)。在经济发达国家,中央商务区的建设已经比较成熟,纽约、巴黎、东京、法兰克福、多伦多、悉尼、新加坡等大都市已经在20世纪后半叶基本形成了中央商务区,如纽约的曼哈顿商务区、巴黎的拉德芳斯商务区和东京的新宿商务区等。由于中央商务区是一个城市经济的密集区,一般位于城市的黄金地带,有大量的公司、金融机构、企业财团在这一区域展开各种商务活动,所以无论在世界哪个地方,成熟的中央商务区都是一个国际大都市的重要地标,拥有强劲的跨区甚至跨国的经济辐射力,是城市发展的重要引擎。

城市发展初期,商业活动中心的单一化发展使城市中心出现白天"钟摆式通勤"和夜晚、周末的"死城"现象,导致城市中心区零售商业急剧下降,传统商业区陷入衰退。同时,中央商务区居民流失严重,出现"有商无民"和衰退的趋势。随着电子商务和现代通信手段的普及推动了远程办公和通勤的兴起,商务活动呈现"去中心化"趋势。面对这一变革,中央商务区的建设理念也发生了显著变化。中央商务区从以企业为中心的传统建设模式,转向以人的需求为出发点、强调"以人为本"的现代中央活动区(central activities zone,CAZ)建设模式,通过内城功能和空间布局的调整,适应全球城市网络平台的构建和流量扩展。拓展中央活动区的用途,使其产业功能更为综合,用途更加多元,最终将中央活动区建设成为一个具有活力的且多元化的复合功能核心区,既是展现城市文化的国际化商务区,也是高度通达、便利舒适、便于信息交流和发布的面对面功能区。创造企业和居民的参与机会,创造地区风格,让在该地通勤的居民和游客都能安心舒适地工作和生活,实现低碳社会。

目前,部分城市正在推动传统中央商务区向中央活动区的转变。例如,伦敦作为全球金融及商务中心,由于面临来自世界各地游客或居民在理念和文化上的冲撞与融合,日益增长的文化旅游需求,以及环境保护和发展不平等等方面的社会问题,于 2008 年发布新版"大伦敦规划",即《大伦敦空间发展战略》,提出伦敦中央活动区的新式发展战略,使其承载包括中央政府办事处、总部和大使馆、金融及商业服务业和贸易办事处,以及专业团体、机构、协会、通信出版、广告和媒体、购物、旅游、文化娱乐等活动的综合创意型活动区。

交通基础设施在塑造国际大都市方面发挥着关键作用。中央商务区对于集中金融、商业和信息服务等经济活动至关重要,因此是一个城市的经济"心脏"。从传统中央商务区到中央活动区的演变反映了向更以人为本、多样化和可持续的城市发展模式的转变。基础设施,特别是交通设施,通过提高城市地区的连通性、可达性和宜居性来促进这一转型。它支持中央活动区内不同功能的整合,促进经济活力、文化交流和环境可持续性。因此,在建设国际大都市的过程中,交通基础设施的战略发展对于培育充满活力、包容性和韧性的城市经济至关重要。

2.3.2　城市"软实力"

崛起的具有世界影响力的现代化国际大都市除了需要支柱产业、基础设施、交通通信之外,更重要的是需要配套的服务业、文化创造力、创新能力等方面的"软实力"。如果缺乏相应的软环境支撑,大城市也无法有效地运作和成长。

1. 服务经济发展及转型

国际经验显示,大多全球城市的形成和发展经历了产业基础转型过程,最终确立了以服务经济为主导的产业基础。随着经济发展和居民生活水平提高,大都市服务产品需求显著增长。新兴服务产品(包括金融创新、社会服务和个人福利服务)相对于制造业产品具有更大的收入弹性。此外,农业和制造业产品价格的相对下降也促使整体服务需求上升。随着收入水平、生活水平的提高和寿命的延长,居民逐渐将重心转向服务消费,对各种服务的需求迅速膨胀。过往研究表明,人均国内生产总值在 5 000—8 000 美元之间时,居民在交通通信、医疗保健、教育文化等方面的消费支出比重约增加 2%—4%。近年来,上海人均 GDP 稳步上升,逐渐增长至 12 000 美元以上,预计未来上海居民的各类服务消费需求将进一步增长。国际统计资料显示,部分经济合作与发展组织(OECD)国家在 1971—1992 年,社区及个人服务在国民生产总值中的比重从低于 7% 增加至近 10%,服务业在国民生产总值中的占比也增加了近 4%。其中,各种新式服务部门及服务形式相继涌现,包括各种外卖、配菜上门、代驾、整理收纳、婴儿旅馆、专业咨询等服务,甚至出现了教导年轻的父母如何与孩子沟通交流和做游戏的服务形式。

生产者服务与其他经济部门关联密切,包括制造业和内部服务。这种联系带来两个效应:首先,产品生产增长驱动生产者服务需求增长,产生多重效应;其次,生产者服务作为新的增值运载工具,降低生产成本,促进产品改善和新产品发展。现代制造业呈现出向"服务化"转变的新趋势,从产品制造转移至服务供给,其中服务附加值比例逐渐增大。在上海服务经济的发展中,对中间服务投入的潜在需求将极大推动服务领域的发展。

另一方面,都市从工业化向后工业化过渡的阶段会增大制造业对服务的需求。产业部门服务活动的外部化受到市场竞争压力和交易成本的双重影响。市场竞争日益激烈和商业运作复杂性增加促使制造企业调整业务结构,外包非核心业务,并依赖专业服务企业整合技术和服务平台以强化核心业务。交易成本在服务活动内部化和外部化之间发挥关键作用。高于自我服务成本的外购服务交易成本会导致服务活动内部化,反之则推动外部化。这两方面因素共同作用,前者形成了促进服务活动外部化的重要推动力,后者形成了促进服务活动外部化的强有力的吸引力,二者共同决定了服务活动内外部化的转变。例如,日本在高速发展阶段(1970—1980 年),制造业对服务业的中间需求年均增长率超过 13%,远高于对制造业本身的需求增长率。

现代服务业专业化水平提高,适应市场需求和信息通信成本降低。服务业增长伴随着提供更细分中间服务的专业化公司的出现。当前,随着中国市场化改革深化,产品供大于求,企业预算受限,这对非核心业务的外置有促进作用。然而,在某些情况下,企业仍可能保持服务活动内部化,尤其是在预算较宽松或受行政性保护的情况下。

高交易成本是服务外购的主要问题。服务供给不齐全、服务体系不完善、服务水平低下和不良市场秩序等因素导致服务交易成本居高。这反映了市场化程度低下、竞争不充分的制度原因。解决这些问题需要提高市场化程度、增强竞争、完善服务体系,以推动服务外部化并促进服务业的健康发展。随着中国工业化进程的加速,产业链不断延伸,中间服务投入的增加将加强服务需求。

随着信息浪潮席卷全球,现代服务的供给模式正经历根本性变革,信息技术发展及其基础设施升级大幅度提升了服务经济供给的能力。全球信息化成熟阶段中,信息技术的广泛应用减少了货物和服务的时间和空间障碍,现代电信和传输技术改变了服务的不可储存性和运输特性,使得许多服务可以实现远程生产销售。比如,线上课程、远程金融服务、数字专辑、游戏程序、医疗问诊等服务可以互联网为基础,在远程实现,做到生产与消费的地理意义分离。信息革命大大提高了服务的可贸易性,同时克服了个性化服务的局限,将规模化服务与个性化服务巧妙结合。现代信息技术及其网络被广泛运用于服务业,强化了服务功能,扩展了服务范围,呈现出"非中介服务"和"虚拟化服务"的新特征。电子商务的兴起使交易更为便捷,大幅降低了交易成本。这一趋势正推动着服务经济的进一步发展。

2. 城市创新能力与文化创造力

城市创新覆盖了经济社会各方面的发展,贯穿于城市发展的各项内容之中。在现代城市发展中,文化力量越来越居于主导性,城市日益创新的能力与文化创造力结合在一起,以带动城市各方面发展,成为全球城市崛起之灵魂。

在全球城市的崛起过程中,全球化、信息化等外部力量的推动固然是十分重要的,否则就不存在"崛起"的前提和基础。但能否对外部环境条件作出积极反应,及时抓住"崛起"的发展机遇,则在于其内部的反射能力及调整适应能力。在此背景下,对于发展中的全球城市而言,促进城市全面转型的关键在于激发城市的创新活力,打造创新型城市。

在互联网信息革命浪潮下,大城市间的竞争与合作将更加泛化与深化,生活环境的质量、文化服务的层次、知识与信息的可得性等因素将在区位要素中占据更加重要的地位。城市创新过程固然要考虑历史发展历程、当前发展阶段等现实因素,但更要把握现代城市的发展趋势,突出鲜明的时代特征,即科技与文化艺术的相辅相成,以互联网信息技术为城市发展的物质基础,附加相关服务业作为支撑。在全球化与信息化背景下,这种以文化及技术创新为核心内容的创新城市,在当前城市经济研究中被称为"新经济空间",并逐步成为新的研究焦点。

除土地价格、空间可达性等传统的区位要素外,文化、创新等定性化的城市"软实力"要素的重要性逐渐增强。在此过程中,城市将拥有更多元的机会发挥城市自身的主动性、培育自身风险应对能力,通过创造更有竞争力的区位环境提升自身在城市网络的地位中心度。但过往研究普遍未将城市文化与信息技术进行有机结合,无法以此作为创新城市的核心内容,而是将关注集中于信息技术和高精尖产业密集区。这种单纯强调新技术及其相关产业的观点未能充分把握信息网络革命下城市发展的主要问题,缺少对信息通信技术在城市经济和管理中的影响的研究,未能充分认识到信息革命不仅仅是信息基础产业本身的革命,而是信息化、数字化、网络化在城市的渗透对人们生活方式和观点的根本性变革。在全球城市崛起过程中,政策制定的范围必然要从强调信息技术逐步扩展到经济增长和社会发展中更广泛的数字化应用方式,城市发展的战略重点将集中在城市如何最大限度地利用信息技术发展经济和社会,并通过与文化艺术的结合来获取全球竞争力。

在信息化与全球化的浪潮下,具有世界影响力的现代化国际大都市不仅是经济、政治的中心,同时也逐步转变为现代文化传承、传播和融合的中心。随着市民文化水平的不断提升,以及对更美好舒适生活的追求,时代发展潮流与历史文化、当地特色进行融合、传播和创新,形成一种新的文化力量,形成了城市文化重要力量,不仅逐渐成为全球文化的重要组成部分,并且不断取代过往单一的物质生产和科技进步,在城市经济发展中的比重日益增加。

城市发展过程中,城市居住格局是单元住房的形式,与农村有较大差异,虽然保护了个人空间,保证了私密性,但是相比村镇居民,这导致城市居民之间的往来减少。但是人类是群居的群体,人有一种本性,即"人往人处走",居民之间有交流的愿望和需求,人群会吸引更多的人加入,人是善于并且乐于观察的,喜欢往人多的地方聚集。当然人偶尔会更喜欢独处,或是找地方安静一下。但是"人往人处走",找"人气"具有更大的普遍性,人有一种看他人行为活动的愿望,或是寻找跟他有共同爱好的群体,或是寻找某些信息,或者只是简单享受人群的氛围。当城市空间严格地建立起来之后,他们就要寻找其他的场合去交际,这就有了对公共空间的要求。

现代化国际大都市的城市文化通过城市历史事迹、建筑古迹、社会结构等反映居民社会交往、文化交流、生活环境设置的方方面面,并进一步作用于城市居民,形成正向循环。公众将对文化的感知和记忆结合起来,形成了该城市的特色文化。结合该城市特色文化,现代化国际大都市可以打造具有城市特色的舒适居住环境和城市娱乐场所。

打造创新活动的共同参与和有效组织的环境条件也是全球城市"软实力"的重要组成部分。创新城市的内在动力来自鼓励城市内部个体与社会群体的创新思想,激励城市的文化意识和独立性,致力于让每个城市居民有打造创新城市与文化城市的参与感和责任感,并进一步激发群体创新思想和充分合理利用各种资源。在此过程中,人才在城市"软实力"发展中具有重要影响。

全球趋势显示,人才趋向于向现代化国际大都市的经济中心集中。一般物质可能从高密集地区流向低密集地区,但人才永远倾向于涌向人才密集的地方。这表明未来人才流动将持续聚焦在全球城市的中心地带。程序设计、创新型产业、艺术、金融等领域的大多数人才仍然会选择在现代化大都市的中心城区工作。因为此类人才密集型企业需要与客户和团队建立信任,构建事业和社交网络,并在与各类人交往中交流信息、碰撞思想,这些需求均需要面对面交流。中心城区的人才密集度越高,进行面对面交流的成本越低,知识溢出更容易惠及周边人才。科技越发达,对于高密度人才和思想的集中需求越迫切,国际大都市"地理位置"中心性的重要性愈发凸显。在居住方面,对从事"创造型"产业的人才来说,生活质量的提升不仅关注基本生活便利需求,闲暇舒适程度也在就业和居住选择中占据较大比重。居住于中心城区不仅可以省去大量通勤时间,还可以为他们提供更多的休闲时光。一项美国调查显示,在选择工作时,近五分之一的高科技工作者将通勤时间损耗列为住宅选择的最重要因素之一,远高于升迁机会和薪资奖金的占比。居住在中心城区意味着能够感受到持续变化的氛围,包括最新的思潮、最奇异的事物、最大胆的创新等,享受到各种文化影响的融合,例如来自世界各地的美食、前卫与古典的音乐、多元人群等,这将激发他们开放地思考问题,勇于尝试新事物。

正是这种共同参与,使聚集在一起的行为主体或者各界人才之间注重集体共享资源建设,有机会相互交流经验类知识,产生交叉的学习和知识溢出,促进信息、知识的流动和碰撞,催化新思想、新创造的产生。与此同时,从个人到机构的各层面和群体,均需培养综合集成的实践技能,寻求机会将一些大胆的创新想法付诸实践。这也意味着要把创新元素和城市文化个性贯穿到城市建设规划的各个过程、各个群体机构以及经济、社会、文化的各领域。这种有效组织的机制及其能力是城市保持生机和活力的关键能力,也是创新城市的基本能力要求。

2.3.3　全球城市区域

全球城市区域是指跨越国家边界的城市及其周边地区,这些城市区域在全球范围内具有重要的经济、文化、政治或社会影响。这些城市区域通常拥有发达的金融机构、商业区和产业园区,吸引着国际企业和投资,甚至包括博物馆、艺术机构、大学和研究中心,还包括国际机场、港口等交通网络,具有多元化的社会和文化环境,拥有高科技企业、研究机构和孵化器,是国际性的经济中心、文化和教育中心、创新和科技中心,以及交通和商业中心。总的来说,全球城市区域在经济、文化、科技等多个领域具有显著的国际影响力,是全球发展的引领者。

1. 全球城市区域发展

全球城市区域是对全球城市及全球化城市概念在理论及实践上的延伸。随着全球化与信息化浪潮，全球化城市之间及与其毗邻的腹地形成了密切的内在联系，全球城市通过城市区域网络全面融入区域、国家和全球的各个经济组织，达成更高的产业集聚和经济规模，参与全球城市群网络构建(方创琳，2014)。全球化和信息化的时代背景推动了城市"流动空间"的构建，塑造了以城市为中心的城市区域空间结构(周振华，2008)。

在全球化高度发展的条件下，全球城市区域是由全球城市及其经济实力雄厚的次级大中城市在经济联系的基础上扩展联合而成的独特空间现象。上海要建设成为全球城市，就需要依赖于长三角地区众多国际化城市的广泛对外经济联系。它依托于该区域内外经济流量的大规模交互，充当连接国内经济与世界经济的桥梁，逐步发挥全球性协调功能，建立在网络平台及流量扩展的基础上。

在全球经济中，一些大都市具有核心地位，成为世界经济中心地区的代表。在工业革命时期，世界经济中心主要集中在欧洲，英国伦敦崭露头角，成为当时的全球城市。随着二战后世界经济中心转移至北美，美国纽约取而代之成为全球城市。因此，世界经济中心的转移以及这些城市所属国家的因素在全球经济中愈加凸显，是这些城市崛起的充分条件(周振华，2012)。

在 20 世纪后期，世界经济增长的中心逐渐从西欧向北美转移，美国开始迈入经济社会快速发展的阶段。城市经历了中心集聚发展阶段后，开始呈现出分散化蔓延的发展趋势(顾朝林，2011)。随后，大城市内的人口开始向郊区迁移，形成了功能相当集中的中心商业区和以居民为主的郊区。此后，第三产业和高新技术在大城市外围集中发展，在远郊区形成了新的就业中心和具有综合功能的城市节点。这些节点与原有大城市一同构成了一种新型的城市地域空间，即大都市区(顾朝林，2011)。纽约在纽约大都市圈占据 61.6% 的人口和 60.3% 的 GDP，是周边地区总和的 1.2 倍以上。东京的人口比重虽较低，但 2022 年，其在东京大都市圈的 GDP 占比高达 54.9%，第三产业占 60.8%。因此，20 世纪 70 年代至 80 年代出现的全球城市，如纽约、伦敦等，在城市关联性上表现为"鹤立鸡群"，呈现"外强内弱"的特征，即拥有强大的全球联系，但与周边城市及国内城市的联系相对较弱。

1949 年，美国人口普查局(United States Census Bureau)对大都市区进行了定义，即一个较大的人口中心以及与其具有高度社会经济联系的邻接地区的组合，通常以县作为基本单元。在后续的发展中，美国在 20 世纪 50 年代、20 世纪 60 年代、20 世纪 70 年代、20 世纪 80 年代和 20 世纪 90 年代分别建立了标准都市区

(standard metropolitan area)、标准都市统计区(standard metropolitan statistical area)、都市统计区(metropolitan statistical area)和都市区(metropolitan areas)的界定指标体系。2000 年,美国人口普查局更新了原有的指标体系,定义了基于中央核的统计区域(core-based statistic area, CBSA)的新界定指标体系。根据该标准,每个 CBSA 至少包含一个美国人口普查局定义的人口不少于 5 万的城市化地区或者人口不少于 1 万的城市集群。这一标准定义了两类 CBSA——大都市统计区(metropolitan statistical area)和小都市统计区(micropolitan statistical area)(顾朝林,2011)。

2. 城市体系结构

所谓城市体系,就是一定区域内具有紧密联系的不同规模、种类、职能城市所构成的城市群系统。《现代地理学辞典》认为,城市体系是一定地域范围内,相互关联、起各种职能作用的不同等级城镇的空间布局总况。此概念形成于 20 世纪 20—60 年代,由于世界城市化发展到较高程度,城市间的相互影响增强,故它们间的联系和协调发展成为重要的研究内容,以便有效地按地域系统组织生产和行政管理,获取最大经济效益和最佳社会效果。城市体系是衡量一个国家发达程度的重要标志。

在全球城市区域的发展中,城市间的合作行动至关重要。在全球城市网络中,各城市相互协同,起到互补的作用,竞争主要体现在全球市场中的企业之间,而非城市之间。竞争之外,合作成为关键运作;唯有通过合作运作,才能形成网络关系,实现网络中的经济流量大规模扩展。企业的经济活动是促进区域经济一体化和城市网络关系的核心要素,企业在区域合作中扮演着重要的角色。对城市政府而言,促进区域合作应围绕企业在市场竞争中的区位选择展开,着重营造公平充分的竞争环境,为企业跨地区网络式空间分布提供便利条件。

城市体系结构包括职能结构、规模结构和地域结构,其研究的中心内容是城市与区域的关系。不同类型区域对城市体系建设有不同要求。例如,在大城市行政区,其主城建设既要在全国或大区域城市职能分工的基础上,充分发挥中心城市的作用,又要采取控制其人口规模的布局措施,有计划地建设卫星城和发展周围其他城镇,适当分散主城的职能。在综合经济区,要根据国家或全区劳动地域分工,使其中心城市与区内其他中小城镇共同构成既有专业化特点又相对完整、能独立存在的生产基地体系。

一般城市体系结构具有以下特点:整体性、动态性、开放性、层次性。城市体系是由城市、联系区域、联系通道、联系流等多种要素按一定规律组合而成的有机整体。城市体系形成之后并不是固定不变的,组成要素和外界环境的变化都会通过交互作用和反馈使其形态、规模和结构发生变化。它也不是一个封闭的组织体系,而是一个频繁与外界进行物质、能量、信息交换的开放系统。城市体系有大有小,根据所在经济区的规模和层次而定;城市体系内部的城市有大有小,大的城市成为城市体系的核心,小的城市充当城市体系的基层,并且具有重叠性——一个城市可以成为不同层级城市体系的成员,并充当不同的角色(周振华,2008)。

3. 全球经济的基本空间结构

全球城市区域的形成是经济发展和产业布局的客观反映。经济全球化和数字信息全球化浪潮的交互作用令大多数城市主动或被动地卷入全球化进程之中,凸显了城市区位优势,加速了全球城市网络构建,使城市个体地方空间转变为城市网络流动空间,推动了世界城市体系的变革。全球城市区域逐步取代城市本身,转变为当代全球经济网络的基本空间单位。

要深入理解全球城市区域,首先需要解读与其相关的"城市区域"概念。城市区域并非新概念,而是城市化发展后期的产物。城市区域可分为单一型和复合型两类,前者指城市本身的扩展,后者指多个城市相互联结形成的区域。城市区域的形成主要基于经济联系而非传统的地域联系,是城市功能升级和经济空间联系不断加强的产物。

然而,全球城市区域的概念形成与城市区域不同,它是经济全球化与信息化互动的直接产物。全球城市区域是以区域内全球化城市相互联结为基础的地域空间,其中的城市都参与到经济全球化的进程中。这种区域内部的内在联系不同于一般城市区域的国内地方联系,而是表现为超国家关系。全球城市区域的兴起与发展使得它们成为处理和协调现代经济和生活的中心区域,为全球化提供了可能性和推动力。

全球城市区域的发展是全球化与信息化的两个不同侧面。全球化推动城市区域的经济与世界市场的深度联系,进而促进经济增长和产业专业化。全球城市区域是全球经济的驱动力之一,与全球化导向的产业集群紧密相连。高度集聚的全球化导向的产业集群成为全球城市区域的显著特征,促使当地经济活动融入全球网络,形成密集的生产者集群。

在全球城市区域中,许多全球化城市具有超国家的空间联结关系,作为全球城市网络的节点,发挥不同的功能。相比于单一核心的城市区域,全球城市区域通常呈现出多核心的城市扩展联合的空间结构。关于这种"多中心"的结构形态,存在争议,但 Hall(1997)认为,全球城市区域应该呈现多中心的圈层空间结构,包括中央商务区、新商业中心区、内部边缘城市、外部边缘城市和"边缘城镇复合体"等。

中央商务区是核心,周围是新商业中心区,然后是内部边缘城市,再往外是外部边缘城市,最外圈是"边缘城镇复合体",其中包括一些中心市区企业的研发部门。这些圈层内部有专业化的联系,提供不同服务,如教育、娱乐、商务会展等。此外,专业化的次等级中心在最外圈为中心区及为其他圈层提供各种服务,如体育场、圆形剧场、会议和展览中心、主题公园。

尽管关于"多中心"的空间结构形态存在争议,但明确的是,这种结构不同于传统的单一中心城市,而是创造了新的多中心城市形态。这些中心位于各个节点,形成基于专业化的内在联系,既相互合作又相互竞争,共同构建了一个独特的城市区域。因此,全球城市区域的圈层形成与圈层的专业化转变同步进行。

在全球化和信息化进程深化的背景下,越来越多的城市和地区受到全球竞争的压力。发达国家(如欧洲国家)已倡导多中心和平衡的空间发展战略,强调以城市之间的协同发展来更有效地应对全球化带来的竞争压力。这种全球城市区域的城市体系调整与重构趋势正在跨国延伸,例如欧洲五边形城市的合作。

在中国,外部转移的全球性生产活动主要集聚在长江三角洲、珠江三角洲和环渤海湾地区。这些地区成为全球商品链向发展中国家延伸的平台,显示了全球化和信息化对城市和地区产生的重大影响。发展中国家,如中国和印度,通过承接国际产业转移,成为全球经济一体化进程中的重要参与者。

4. 全球城市区域的空间逻辑

全球城市区域作为全球化的空间形式,是全球经济的基本空间单位。尽管全球化强调了世界各地的相互联系和地域的淡化,现代技术手段(如交通和通信技术)的进步,也有助于消除空间障碍,但全球城市区域却作为一个独特的空间现象而显著出现,强调了区域的重要性。那么,如何统一全球化和城市区域的中心作用这似乎相互矛盾的两方面呢?

Scott(2006)通过网络结构以及相关的相互交易来解释全球城市区域的空间逻辑。他认为这种网络结构构成了经济组织和社会生活的基本框架,具有内在的两重性:首先,作为一个实体的状态,它有明确的空间结构标志,表现为交易必然带来地域依赖的费用或成本,即空间交易成本;其次,作为一个社会组织的状态,它有明确的结合与相互联系的方式,往往产生强烈的协同效应。根据这一网络结构的内在两重性,我们可以在理论上设想两种简单的极端情况:一种是空间交易成本很高,而组织合约很简单,导致交易活动向都市及区域的扩展相当有限;另一种情况是在虚拟的世界里,空间交易成本为零,忽略组织合约的复杂程度,交易活动在一个国家地域中变得随意。

然而,在现实世界中,经济和社会关系在空间上的广泛分布将导致空间交易成本高昂。同时,空间交易成本不同,而且通常是一个很大的变数,有时非常高(如各种面对面的信息交流),有时非常低(如国际货币流通),这完全取决于生产活动的类型。基于上述假设,我们可以分析两种具有代表性的生产活动类型及其空间交易成本:一种是高度常规化的生产活动,依赖于规章化的知识形式和机械工艺,表现为重复行动的模式。这类生产活动的空间交易成本较低,即使生产者之间有很大的空间隔离,也不会影响交易的效率。在这种情况下,相关企业间的联系对其区位选择的影响有限,因此更倾向于选择土地价格较低、与相关公司距离较远的地区。另一类经济活动具有巨大的不确定性,彼此之间的互动性强,对生产者的能力有特殊的要求。例如,在高科技产业中,生产者面临技术迅速变化和客户需求多变的情况。在这种情况下,空间交易成本将随着距离的扩大而增加,生产者的地域空间分散化将导致效率的迅速下降。因此,这类生产活动中的重要经济环节依赖于互相接近,比如面对面交谈。

进一步观察发现,发展中国家的全球城市区域不仅限于发达国家的大都市及区域发展的过程。在这些地区,全球城市区域的形成和发展是在全球范围内普遍发生的。这些地区可能有着高度集聚的常规化生产活动,特别是制造业,但随着融入全球化进程,这些活动逐渐成为全球商品链的一部分。这种发展趋势在全球范围内都存在,包括一些发展中国家的城市,如曼谷、布宜诺斯艾利斯、开罗、雅加达等。在这些地区,虽然非常规化的互动性较强的经济活动尚未占据主导地位,但也集中了大量的常规化生产活动。尽管这些地区的全球城市空间逻辑与发达国家不同,他们依然体现了全球市场竞争中企业或公司网络的集中性,并逐渐具备成为全球市场竞争平台的潜力。随着全球化的继续扩大国际市场,这些区域的经济也在不断增长。

5. 全球城市区域发展与产业链

在全球化进程中,发展中国家融入全球商品链的关键驱动力之一是全球商品链向这些国家的拓展与延伸。这一趋势既在国家和地区网络中根植,也在城市网络中存在。然而,由于全球商品链不同环节的空间取向不同,其外部嵌入的空间分布主要由承接全球商品链的环节决定。通常,发展中国家在全球商品链中主要承接"低端"加工制造环节,其特征是低工资、低技术、低利润,以及高度常规化的生产。这种生产环节的区位选择通常与低成本、低技术劳动力相一致,有时远离大城市。

　　然而,这些"低端"加工制造活动也伴随着生产配套、规模经济、运输仓储等服务平台共享、信息与知识互补的问题。生产者服务的需要形成了产业集群效应,促进了经济系统的整体效益提升。在这些集群中,公司通过紧密连接和空间集中降低交易成本,增加生产灵活性和信息效应。这不仅提高了工作效率,还强化了经济活动中的学习、创意和创新。全球商品链"低端"环节的空间分布呈现离散性与相对集中的"悖论"现象。这种分布影响了区域的产业结构,例如中国的外商直接投资和开发区主要集中在长三角、珠三角和环渤海湾地区。这推动了这些地区的对外经济联系发展,使许多城市融入全球化进程。

　　同时,随着全球产业链管理和控制的外部嵌入,一些生产者服务也开始进入发展中国家。这包括研发、设计、技术咨询等服务,吸引了全球商品链的"中端"乃至"高端"环节。这些服务活动与"低端"加工制造不同,更加非规模化,依赖于高层次的信息接触,形成了错综复杂的网络。这些活动往往集中在中心城市,成为生产者服务部门的集中地。

　　总体而言,全球商品链在发展中国家形成了"低端"与"高端"环节的空间分布,推动了这些国家融入全球经济体系。这种分布的背后既有离散性又有集中性,反映了全球商品链空间分布的复杂性和多样性。

　　首先,"高端"和"低端"环节存在时空差异性。市场力量的演变、进入壁垒和链条管制等因素都会影响它们的发展方向。这两个过程的发展方向在历史上一直是向集中和分散两个方向发展的。此外,所谓的"高端"和"低端"并非单一过程,而是一个混合过程。一个区域中的"高端生产区"可能包含一些"低端"过程,而"低端生产区"也可能引入一些"高端"过程。

　　在城市层级体系中,全球商品链的空间分布通常与之高度吻合。中心城市成为"高端"过程主导的节点,对应于"高端生产区"。然而,中心城市内部也存在"低端"过程,表现为社会极化效应。相比之下,中小城市则成为低端过程主导的节点,对应于"低端生产区"。

　　总体而言,全球商品链的延伸使得发展中国家的城市都有可能融入其中。即使是普通城市,在全球商品链中可能仅处于外围,也已经与世界经济建立了联系。主要城市成为全球商品链延伸的关键节点,通过提供生产者服务,支撑着城市网络的连接。因此,"高端""中端""低端"生产区的空间结构是由全球商品链形成和维系的,同时通过全球城市网络的互动来实现。在这一过程中,主要城市扮演着特定而关键的角色,成为全球商品链与城市网络之间的交汇点。

　　综上所述,从路径依赖的角度可将崛起中的全球城市描述为:在全球商品链向发展中国家延伸,且集中于某些区域的条件下,借助于该区域城市全球化基础上的广泛对外经济联系,依托于该区域形成的内外交互的大规模经济流量,并在其中发挥连接国内经济与世界经济的桥梁作用,发挥经济、金融、贸易、航运中心的功能,进而演化为全球城市网络的主要节点城市。也就是说,发展中国家的全球城市崛起,是基于区域的城市全球化,寓于全球城市区域发展之中。

2.4　打造人与自然和谐共生的现代化国际大都市

2.4.1　都市化带来的问题和挑战

资本主义经济认为,城市发展的规律意味着坚决无情地扫清日常生活中能提高人类情操,给人以美好愉快的一切自然景色和特点。江河可以变成滔滔的污水沟,滨水地区甚至使游人无法走近,为了提高行车速度,古老的树木可以砍掉,历史悠久的古建筑可以拆除。这是都市化过程的代价,这意味着都市化过程除推动产业结构转型升级、改善民众生活水平和提高便利程度外,也引发了一些新的问题和挑战。

城市化重塑了经济、环境和社会结构。然而经济转型需要长期的适应时间,传统产业面临淘汰,而新兴技术驱动型行业需要大量融资。城市功能不断演变,迫使城市从制造业基地向创新和文化中心过渡。可持续发展变得至关重要,平衡增长与环境保护迫在眉睫。城市化还会引发结构性失业、财政失衡和社会分裂等社会问题,侵蚀地方身份和社区凝聚力。此外,城市居民面临着生活质量问题,如拥堵和污染,与小城市的状况形成鲜明对比。应对多方面的挑战需要创新、包容的城市规划和政策改革,重点关注可持续性、复原力,并提高城市宜居性。

全球城市的崛起过程更是其内部与外部关系产生颠覆性改变的过程。在此过程中,城市不仅会承受来自各方面的多重问题,还要遭遇各种问题间可能的摩擦,比如经济结构重大调整、城市功能性转变、城市发展路径转换等问题,同时也会面临一系列的危机,比如结构性失业、财政不平衡、社会分化、心态失衡和地方归属感消失等。

首先,经济结构调整可能会带来产业的重大变革。随着科技的不断发展,全球城市在逐步实现产业升级和技术创新方面面临着压力。传统产业面临淘汰风险,而新兴产业则需要更多的支持和投资。例如,传统制造业在面对自动化和智能化的冲击时,可能需要进行深刻的改革和重组,而新兴产业,如人工智能、生物技术等,则需要城市提供更为灵活的政策支持和研发基础设施。这一调整过程不仅关系到城市经济的稳定性,还关系到大量劳动力的就业和社会福利的提升。

其次,城市的功能性转变是全球城市可能面临的另一个关键问题。随着产业结构的变革,城市功能需要得到重新定义和定位。这意味着城市不再只是生产和制造的中心,更需要成为创新、文化、科技等多元领域的聚集地。例如,过去以制造业为主导的城市,需要在功能上实现多元化,发展服务业、文化产业等,提升城市的整体竞争力。这对城市规划者和管理者提出了更高的要求,需要通过智慧城市的建设、绿色交通系统的推动等手段,实现城市功能的全面升级。

同时,城市发展路径的转换也是一个不可忽视的问题。过去城市的发展可能以资源的消耗和经济增长为导向,但在全球可持续发展的背景下,城市需要调整发展路径,实现经济增长与环境保护的良性循环。这需要城市在能源利用、环境保护、碳排放等方面进行创新,推动城市朝着更加绿色、可持续的方向发展。例如,城市可以通过建设更多的绿色建筑、推广清洁能源和低碳交通工具等方式,降低对环境的影响,促使城市朝着生态友好型方向发展。

然而,这一过程中城市也面临一系列的危机,其中,结构性失业是一个严峻的问题。经济结构调整可能导致一些传统产业的衰退,从而引发大量劳动力的失业。城市需要通过灵活的就业培训和转岗机制,帮助失业人员更好地适应新的产业结构,减轻社会的就业压力。同时,城市财政不平衡也是一个潜在的风险,因为在产业调整的过程中,一些城市可能面临财政收入下降的问题,需要通过创新税收政策、吸引外部投资等方式解决财政困境。

社会分化和心态失衡是城市面临的另一组问题。在经济结构调整的过程中,城市内部可能会出现富裕与贫困的差距扩大、社会分层现象明显等问题。这可能导致社会的不稳定,城市需要通过社会政策的优化,加强对弱势群体的支持,实现社会的共享发展。同时,心态失衡问题也不容忽视,一些人可能在城市发展的过程中感到焦虑和失落,城市需要通过心理健康服务、文化建设等方面的措施,帮助居民形成积极的心态,共同参与城市建设。

最后,地方归属感的消失可能是城市发展面临的一大隐忧。在全球化的浪潮下,城市的发展可能会使一些居民失去对本地文化和社区的认同感。城市需要通过弘扬地方文化、建设社区共建共享机制等手段,培养居民对城市的认同感,防止地方归属感消失。这不仅有助于社会的和谐发展,也有助于城市在全球竞争中保持独特性。

在大城市居住或工作的代价是显而易见的,尤其是对于大城市居民而言。他们必须面对长途通勤、交通拥挤、环境污染以及心理压力等问题。相比之下,在小城市生活的人们则很少有类似困扰。大城市面临的这些问题,本质上是"城市病"的表现,是城市发展过程中由于人口过度集中、资源分配不均以及城市规划不合理等多重因素导致的。这种现象也是大城市向国际化大都市发展过程中必然需要解决的问题。

从城市经济学的视角来看,一个城市如果拥有高收入和良好的公共服务,通常会吸引大量人口流入,从而导致住房需求增加、土地价格上涨,进而引发高房价、交通拥堵等"城市病"。在一个国家内部,如果一个大城市拥有高收入,但却没有相对小城市更为严重的高房价和交通拥堵等问题,那么这种高收入和良好的公共服务,往往伴随着其他形式的"城市病",如公共服务资源的过度拥挤或社会不平等加剧。事实上,这种现象也是地区间生活质量平衡的现实反映(陆铭,2016)。

综合而言,全球城市在崛起的过程中,还需要应对城市功能的转变、发展路径的转换、环境成本、可持续发展等一系列问题。城市管理者需要制定综合性的发展战略,通过创新和合作,实现城市的可持续发展,为全球城市的未来发展打下坚实基础。

2.4.2　推动发展方式绿色低碳转型

有人普遍对大城市表达厌恶,主要体现在认为城市拥挤、工作时间过长,甚至认为大城市不宜居的观点上。然而,我们需要提出一个问题:如果大城市真的因为这些问题而不宜居,那么为什么仍然有如此多的人愿意选择在大城市生活,而且迁往大城市的人口还在不断增加呢?

这引发了一个关键问题,即推动城市绿色低碳转型的重要性。城市的宜居性不仅关乎个体舒适感,更涉及整体环境的可持续性。通过实施绿色低碳转型,大城市可以改善空气质量、增加绿化覆盖,减少拥挤和长时间通勤所带来的负面影响。这不仅使城市更具吸引力,也为居民提供了更健康、宜居的生活环境。

因此,理解城市绿色低碳转型对于塑造宜居城市的重要性至关重要。这有助于缓解人们对于拥挤和通勤时间过长的不满,同时创造更为可持续、宜居的城市环境,吸引更多人选择在大城市生活和工作。

一座城市如果能够通过增加基础设施和投入人力资本来放大正外部性,将可以向更为有效的大规模发展。同样地,一座城市如果能够通过技术进步和政府管理措施来减少负外部性,运转也将更加高效。随着人类技术的不断进步,建筑物的高度不断刷新,交通基础设施也会因技术的进步而得到改善。传统的马车逐渐演变为汽车和地铁等新型交通工具,这些新工具的不断发展有助于缓解交通拥堵。在"城市病"治理中,管理的改善也显得尤为重要,例如通过在街道上安装摄像头来治理犯罪,将显著降低犯罪率。因此,政府可以通过技术和有效的管理手段来增加正外部性和减少负外部性(陆铭,2016)。

在 2005 年的"十一五"规划中,中国政府就已提出单位 GDP 二氧化碳减排目标,并在 2009 年进一步规定,到 2020 年,单位 GDP 二氧化碳排放应比 2005 年下降 40%至 45%。这一目标在 2009 年哥本哈根会议上得到了中国政府的单方面重申。随后,2011 年"十二五"规划要求单位 GDP 能源消耗降低 16%,单位 GDP 二氧化碳排放下降 17%。

城市发展中的产业结构变化对单位 GDP 的减排也起到了积极作用。随着服务业的发展,耗能相对较少的产业增加,尤其是在经济发展水平较高的城市。因此,经济和人口的集中有助于通过提高服务业比重来降低单位 GDP 的排污量。欧美许多城市的环境治理经验表明,城市功能的变化是关键因素。

污染水平受多个因素影响,经济发展是其中一个主要因素。关于"环境库兹涅茨(Kuznets)曲线"的研究表明,环境污染与经济发展可能呈现"倒 U 型"关系,即随着经济增长,污染先上升后下降。产业结构、贸易、政治自由度、腐败等因素也影响环境与经济的关系。产业结构的变化直接影响污染强度,贸易可能带来污染的"规模效应""技术效应""构成效应"。自由贸易对环境可能产生不同效应,政治自由和腐败水平也直接影响环境标准和政策。虽然"环境库兹涅茨曲线"研究存在争议,但仍然有许多共识因素影响污染水平,包括国际污染产业转移、政治自由和腐败等。

1. 工业污染

工业排污在中国环境污染中扮演着重要角色。改革开放以来,中国企业特别是大城市中的企业快速发展,特别是以高排放、高能耗为特征的工业企业增速高达 10%以上。然而,这些粗放型工业企业的增长引致大量的资源消耗和环境污染,对都市环境造成极大压力。据研究测算,自改革开放以来,工业企业对 GDP 的贡献占 2/5,能耗占全国总能耗量的 68%,在二氧化碳排放中占比超过 4/5(陈诗一,2009)。2009 年工业化学需氧量(COD)排放占全国总排放的 34.42%,工业烟尘排放占 71.30%,工业二氧化硫(SO_2)排放占 84.26%。因此,工业减排成为实现减排目标的关键,也是研究的重点(陆铭、冯皓,2014)。制造业向大城市周围集中也有利于减少污染排放和治理污染。污染物的排放本身存在规模经济,诸如固体废弃物、能源、运输设备、机器和道路照明等都可通过生产活动的空间集聚来降低单位 GDP 的污染。

《全国主体功能区规划》中指出:"相对于小规模、分散式布局,经济的集中布局和人口的集中居住将大大有利于污染治理水平的提高。"生产的相对集中有助于降低环境监管成本。其他治理手段也是如此,例如集中处理污染物排放前的净化处理,可以通过设备的共享和提高利用率来节省成本,无论是垃圾回收利用还是污水处理。

污染减排政策和减排目标的关系需要进行细致区分。如果减排政策仅仅采用行政手段来规制所有地区的污染水平,企业为了减少高污染地区的排放,可能就会选择向低污染地区分散。这类减排政策实际上可以分散力量的空间分布。然而,污染减排目标本身有可能通过集聚来实现。假设政府对污染的规制强度已确定,工业污染排放则主要取决于生产技术、治理污染的努力程度以及公众和政府的监督成本。这三个机制可能具有规模经济性质。首先,集聚可以减少因重复建设而引起的固定污染成本,同时污染物质的边际排放可能随着工业规模增加而递减。其次,治理污染的单位成本可能更低,治理污染的技术可能具有规模收益递增的性质。再次,公众和政府监督集中的污染源需要的单位成本更低。因此,人口和生产活动向大城市集聚可能对总体上单位 GDP 的工业污染减排起到积极作用。

此外,环境规制及工业发展方式转变对绿色全要素生产率关系具有促进作用,环境全要素生产率已成为中国工业高速增长、污染减少的核心动力。

2. 交通

集聚对交通产生的污染起缓解作用。拥挤所带来的不便之处,比如高房价,往往容易引起人们的注意,然而拥挤所带来的好处却常常被忽视。作家亦舒曾言:"香港是最便利的城市之一。"这一说法毫不夸张。在这个全球人口密度最高的城市中,市中心的购物和餐饮集中度极高,同时,地铁和小巴士通达城市的各个角落。在市中心的高楼大厦之间,常见地道和空中连廊相连,以至于下雨时都无需打伞。拥挤是香港、纽约等城市的显著特征,它意味着人口密度高,从而降低了人均修建城市基础设施的成本,避免了因花费巨资建设维护却无人使用的尴尬。更为重要的是,由高人口密度支持的密集地铁网是所有大城市的共性。结果是,在大城市,特别是市区,出门不再需要开车,因为地铁四通八达。这形成了一个有趣的"悖论"——人多、地铁密,出行反而更为便捷。

　　未来,若城市的地铁发展更为先进、班次更为密集、地铁和地面交通更为衔接,同时在地铁末端建设更多大型停车场,那么首先减少私家车出行的将可能是北京、上海这样的大城市。就如同纽约、东京和香港一样,这些城市的居民很少开车。高人口密度的城市反而更具环保性,这是一个反常识的事实(陆铭,2016)。

　　经济集聚和节能减排在中国经济转型中扮演着重要推动力和目标函数的角色,二者之间存在密切的内在联系。中国城市群经济兴起以及区域发展战略的实施可能通过经济要素再配置引发集聚效应,对节能减排产生双重影响。集聚过程伴随正外部性,促进技术进步和要素利用效率,对节能减排具有积极作用;然而,经济集聚也可能加速能源消耗和碳排放,为节能减排目标带来不利影响。在中国区域经济发展中,经济集聚现象对于实现当今世界经济发展的节能减排要求的作用,是一个需要深入研究的重要问题。

　　推动国际大都市向绿色低碳转型,需采取综合措施,包括优化城市规划、发展可再生能源、促进绿色经济成长、加强环境治理、提升公众环保意识及加强国际合作。通过集约化利用土地、发展绿色基础设施,城市可以提高土地使用效率并改善生态环境。在城市产业绿色转型过程中要进行能源转型,特别是提升能效并发展清洁能源,减少对化石能源的依赖至关重要。绿色产业的发展和绿色金融的支持能够为经济增长提供新动力,同时严格的环境标准和有效的环境治理机制能够确保可持续发展。此外,提高公众参与和意识,以及与国际社会进行技术和经验的交流,对于实现低碳目标同样重要。综上所述,这些措施相互支持,共同推进国际大都市的绿色低碳转型,促进经济的可持续发展,同时提高居民的生活质量。

第3章
具有世界影响力的现代化国际大都市：
国际经验与案例借鉴

3.1 提升基础设施能级

城市基础设施投资对于优化产业结构、提高城市现代化水平、加快建设现代化国际大都市的步伐、促进可持续发展、提高人民生活水平具有十分重要的意义。中国的基础设施建设经过多年快速的发展，已经初步形成了一定规模，但与世界发达国家的城市相比仍然存在差距。

在此背景下，上海虽在基础设施建设方面取得了显著的成就，但仍有借鉴其他国际大都市成功经验的空间，以进一步提升基础设施水平。深入研究和借鉴其他国际大都市的基础设施建设模式，可以为上海提供宝贵的经验和启示。

3.1.1 传统基础设施建设

本部分将以蒙特利尔地下城为例，通过梳理其发展历程，分析不同阶段特点，剖析其地下步行空间的发展契机，得出有利于上海开发利用地下空间的策略建议。

蒙特利尔是加拿大历史最悠久的城市，以其深厚的文化底蕴和发达的产业基础闻名。由于当地寒冷的气候条件，城市建设中不断暴露出各类问题，如何构建更适合居住的空间便成为地下城发展的契机，地下步行空间则是其中重要的建设环节。根据文献资料梳理，蒙特利尔地下城的开发过程可以简单概括为"诞生-萌芽-扩展-快速发展-巩固-再发展"六个阶段，具体发展历程见表3.1。

表 3.1　蒙特利尔地下城发展演变

时　间	阶　段	发展契机	特　点
19 世纪末期	诞　生	加拿大建立国家铁路总部	地下城建设的起源
20 世纪 60 年代前	萌　芽	商业开放	地下城主要由店铺、广场构成,布置少量的地下步行通道
20 世纪 60 年代	扩　展	建设地铁、筹备 1967 年世界博览会	通过地下步行空间将周边建筑与地铁站相连
20 世纪 70 年代	快速发展	地产开发商试图在新建筑和地铁相连的建筑间建立联系	地下城的概念开始出现,扩张明显,地下网络逐步成型
20 世纪 80 年代	巩　固	通过商业走廊连接车站	形态扩张减弱,形成了东西向的地下走廊,总长度大幅增加
20 世纪 90 年代	再发展	多功能城市中心区的概念的提出	植入了更多城市功能,各步行空间之间开始连通

资料来源:《国外地下步行空间开发对我国城市建设的启示》,《地下空间与工程学报》2023 年第 19(S1)期。

　　空间形态上,蒙特利尔地下城受地形因素约束较小,经历了"点状开发-多核心开发-沿西、东、北三条轴线发展-组团内部扩展-形成网络系统"的空间演变过程,地下步行空间在此过程中也不断发展完善,从最初地下通道的形态逐渐演变为连通地下城主要功能空间的步行网络系统。竖向维度设置了多达 116 个出入口,减少步行距离,使地下城与地上交通网以及城市基面之间保持着密切的联系,进而打破了地下空间封闭、压抑、连通性差等刻板印象,提高了地上地下空间的连通性和活力。"规划与无规划结合"是蒙特利尔地下城规划的特色:没有指定的发展中心,空间呈多功能、广分布式自由发展,通过步行空间将交通、生活、商业、文化等空间衔接,形成四通八达且完整的生活性空间。

　　地下城的建设进一步强化了市中心的地位。其功能业态的发展得益于地铁对于人流和业态强大的吸引力以及政府的引导和激励。20 世纪 90 年代,借由"再城市化"的发展契机,蒙特利尔将城市发展定位转变为以设计产业为代表的全国文化产业中心,通过地下步行空间将地铁站与涂鸦艺术馆、电影院、剧院、展馆以及艺术长廊连通,展示当地历史文化,为居民提供更丰富多彩、更安全舒适的生活娱乐空间,进一步多元化地下城功能。

　　除此之外,蒙特利尔地下城的步行空间景观设计以下沉广场为节点,构建了由地下向地上空间过渡的"自然桥梁";保留了中世纪装饰元素——拱廊,增加了地下空间的自然采光,同时可以将其作为步行空间中的缓冲节点。二者都为居民创造了更亲近自然的步行和休憩空间,提高了地下城的空间品质,并通过便捷的信息指示系统进一步为居民指明行进方向,减少寻路时间。

目前,中国进入轨道交通建设和城市空间立体化拓展的快速发展时期,未来城市发展应更加重视以轨道交通站点为中心的高效、网络化的地下步行空间建设。结合上述案例经验,针对上海发展实际情况,本节总结出以下三点启示:

(1)完善规范制度体系。地下空间建设自身存在各种制约因素,所以其开发建设时序存在一定的不确定性;且地下空间的建设是一个多主体参与的过程,如何协调政府、地铁公司、开发商以及民众意见,均衡各主体利益,推进城市地下步行空间以及城市交通系统的建设是一大难点。上海可在参考国外城市地下步行空间建设的经验之上,结合城市发展的实际状况,制定地下步行空间开发建设的规范和技术标准;进一步探索、细化针对不同主要职能的城市区域的地下步行空间建设的全生命周期管理制度。

(2)建设以使用者需求为出发点的功能复合、立体高效的地下步行空间网络。结合城市立体化趋势,注重地下步行空间与轨道交通的衔接方式以及在竖向维度与城市其他基面的衔接,保证通行效率,打造立体高效的地下步行空间网络,串联城市地下空间不同功能区,形成完备的区域网络系统,在一定范围内满足居民出行、购物、娱乐、交流等多种生活需求,有助于"公共交通+步行+自行车"绿色出行方式的推行,是对"双碳"目标的积极响应,能更有效地推动人与人、人与站点、人与城市之间的互动与交流,从而打造更有活力、更具层次化的城市空间。

(3)充分考虑不同开发时序对地下步行空间建设的影响。必须充分考虑地下步行空间的开发与轨道交通建设不同步问题,规划建设时需要针对实际情况进行。在新建区内,以轨交站点为核心向周边拓展一定范围的地下步行空间作为衔接,满足居民出行的"最后一公里"需求,并预留"弹性空间",避免城市空间无序扩张,后续根据城市或区域发展,构建高效的地下交通网络空间。在老城区或改造区内,拓展地下步行空间的同时需多加考虑其对于原有城市空间形态和界面的影响,减少对景观和保护区的破坏;运用新兴技术进行预评价,综合考虑地下综合管廊对地下步行空间建设的影响,施工时避免破坏管线。

(4)重视自然灾害的预防与响应机制。地下空间可以作为某些自然灾害发生时的临时避难场所。近年来,频发的灾害也为地下空间建设敲响了警钟,尤其是以轨交站点为核心建设的地下步行空间汇集了大量的人流和重要设施,火灾、暴雨洪水、地震等自然灾害会对人身安全和国家财产安全造成威胁。

推进地上地下一体化的城市防灾体系建设是未来城市地下空间发展和韧性城

市构建的重要课题。从防灾和经营的双视角出发，对地下空间的连通做出限制和要求；利用地理信息系统（GIS）、信息与通信技术（ICT）以及移动电话全球定位系统（GPS）等开放数据，建设地下空间信息智能化管理系统与信息共享机制，确保在灾害发生时为相关部门做出最优的疏散和救援方案提供依据。同时，也需加强平时的管理与维护，确保在突发事件来临时各种设备能正常使用。

（5）提升地下步行空间品质。进一步完善地下步行空间中的环境设施和交通设施。遵循人性化原则，充分考虑人的生理和心理需求，通过增加下沉广场、采光井、室内通高等多种方法打破地下空间的封闭感，引入自然光、空间、水体、绿植等自然要素，打造安全舒适的地下步行环境；适当增加地下步行空间中的休憩设施、无障碍设施、文化要素、指示引导等基础设施，提高使用者的参与感；与其他业态联动，为地下空间注入更多活力和生机。

3.1.2　数字基础设施建设

当前，世界经济进入数字化时代。世界各国都在寻求数字经济发展以推进工业化进程，优化国内产业结构，摆脱"中等收入陷阱"，实现经济跨越式增长。其中，数字基础设施对数字经济发展起着积极的促进作用，被视为数字经济发展的根基。可以说，在加速到来的数字时代抢占技术和产业优势的关键在于数字基础设施的建设。

从产业变革历程来看，几乎每一次的产业变革都由该时代下的科技革命来推动，科技于产业的运用促进了生产力飞速发展。21 世纪以来，以信息与通信技术等为核心的新技术的出现引发了新一轮的产业革命，也使得继传统农业经济、工业经济和信息经济之后，数字经济作为一种新型经济形态蓬勃兴起，成为一股无法逆转的经济浪潮，推动人类社会进行第四次工业革命和产业变革，进而推动全球经济社会进一步发展。通常认为，数字化对经济增长具有明显的促进作用，据世界经济论坛（World Economic Forum）发布的《2012 年全球信息技术报告》（The Global Information Technology Report 2012）数据显示，一般来说，数字化程度每提高10％，将带动 0.5％—0.6％的人均 GDP 增长。此外，数字经济还具有增进社会福祉、改善民生的作用。世界经济论坛研究表明，每提高 10％的数字化程度，将促使经合组织幸福指数上升约 1.3％。在全球经济增长乏力的当下，数字经济成为世界各国实现高质量增长的重要抓手。

在新加坡，政府主导治理模式颇为盛行，政府机构在管理、建设智慧城市过程中始终处于中心地位，这也就衍生出了新加坡的"一核多元"智慧城市治理模式，即政府相关部门在城市中成立对应组织展开治理模式。大体来讲,新加坡智慧城市建设与公共治理模式是相当注重"一核多元"的,就是说当地特别重视城市的基础性设施建设,也构建了协同公共服务治理体系。首先说智慧城市中的基础性设施建设,新加坡智慧城市的基本战略选择就是打造"智慧岛",即建立并完善信息数字化信息基础设施,例如社会中学校与家庭、企业与企业之间的互联互通机制,形成全面智慧网络等,这其中就涉及电子身份识别、安全服务以及智能化支付服务等技术。这些智能化的城市治理模式在改造新加坡人民基本生活条件方面发挥了重大作用,确保城市能够直接连接国家、连通世界。

其次看智慧城市中的协同公共服务治理体系建设,新加坡所打造的是智慧城市电子政务系统,它围绕城市的财政部、信息通信发展局(IDA),以及国家信息通信技术联合小组、审计小组、国家公共服务工作小组等展开。在全新的管理机制协同辅助下,有效保障智慧城市中各个机构有效构建与相互配合。为此,新加坡也为城市专门设立综合政府委员会,配合国家电信局协同展开智慧城市建设,不断强化电子政务系统,争取为城市使命提供更好的、更"聪明"的城市公共服务内容。

新加坡数字基础设施建设的启示主要有如下几方面:

(1)优化数字基础设施顶层设计。数字基础设施建设的理论与战略选择的关键都是优化顶层设计,其中涵盖了城市的政务、交通、医疗、教育等关键内容模块。在制定数字基础设施顶层设计方案过程中,一定要强调城市建设多样性,做好相关规约,避免盲目、重复建设进而导致的资源大量浪费。

(2)构建数字基础设施互联互通机制。对于数字基础设施建设理论而言,还应当追求对于信息孤岛效应的有效破除,强调建立数字基础设施中的互联互通机制,如此对于实现城市中数据互联互通、建设覆盖整个城市网络的信息数据共享与利用系统非常有利。简言之,就是要打造城市数据和信息中心,做到数字基础设施发展建设机制真正落地,真正为政务管理工作服务,提高城市居民整体生活水平。

(3)注重智慧城市建设以人为本。城市建设还应当遵循人本理念,因为大量电子政务、公共服务基础设施、生活设施都是人为建设的,所以智慧城市必须在建设发展过程中满足城市居民的实际需求。目前新型智慧城市在建设战略选择上追求提升民众体验,强调满足民众需求,将更多信息技术广泛应用于民生领域中,让城市更智慧且更具人情味,这种人性化的设计规划非常有利于促进城市发展,能持续提升民众的幸福感,是智慧城市建设的正确选择。

(4)建设数字基础设施多元化公共服务渠道。最后就是要建设数字基础设施的多元化公共服务渠道,大力推动电子政务工作形式发展。政府信息传播系统的智能化建设就能满足上述要求，在不断扩展信息传播空间基础上更强调对电子政务的现代电子网络化优化，实现政府行政方式的有效创新。而在这一过程中，更要建立专门的政府智慧化网站平台，为城市社会发展提供丰富的公共服务，主动面向社会公开某些非保密政府信息，如此才能保证民众知情权，使得数字基础设施建设水平进一步提升。

3.1.3　基础设施投融资

改革开放以来，中国城市基础设施投融资改革已经取得了显著的成果，而随着经济的发展和人民生活水平的提高，中国城市基础设施建设投资的资金缺口将越来越大。虽然政府是城市基础设施建设投资的主体，但从目前的情况看，财政预算收入的增长速度远远低于城市基础设施建设的增长速度。要求通过快速增加财政支出来满足城市基础设施建设的资金需求在中国是不可能的，因此应该借鉴国外城市基础设施建设投融资经验，完善中国城市基础设施建设投融资体制。中国可统计的三种基础设施投资模式包括：（1）政府直接投资模式（城投）。由地方政府按照"全额投资、垄断经营、财政补亏"原则进行基础设施项目投资建设，其建设资金全部来源于财政预算。（2）专项债模式。对于准经营性和经营性城市基础设施建设项目，可由地方政府发行专项债券来解决项目资本金和融资问题，并通过项目自身产生的经营性收入偿还专项债本息。（3）政府和社会资本合作（PPP）模式。这一模式既能解决财政预算资金不足和政府隐性债务风险问题，又能发挥社会投资人在自有资本金和债务融资方面的优势，同时也受到政府相关职能部门监管，迅速成为城市基础设施建设常用的投融资模式。但目前这三种主流方式并不能完全覆盖基础设施的总体投资。

20 世纪 50 年代以来，法国城市化进程加快，随着经济发展和技术创新，社会对公共工程，特别是基础设施的需求不断增加，市民对基础设施的服务质量和环境保护的要求也越来越高，所有这些都带动了城市基础设施的高度发展。地方政府既要满足用户的需要，又要管理好各项设施，提高服务质量，因此面临公共财力不足的困难。为了解决这个困难，法国政府通过长期实践，在保证安全、行使控制权的情况下，在城市基础设施领域推行"委托管理"并取得成效，如今这已成为一种管理模式。所谓"委托管理"就是依照法定程序，通过竞争选定一家公共企业或者私营企业，对城市基础设施进行建设和管理，其经营管理过程受政府部门的监督。政府与企业之间的关系是一种严格意义上的合作关系。对委托管理确立的原则是：行政部门(经营权出租方)将城市基础设施经营权交给国营机构和私营机构(经营权承租方)、自然人或法人,由其通过对用户征收租金等手段以及其他有利条件,对承租的城市基础设施进行开发建设和管理,自负盈亏并承担各种风险。地方政府负责对城市基础设施的控制、核实、监督,以及承担其他所规定的技术、财务等方面运作的责任与权利。

从国外公共基础设施的发展看,无论是自由放任型市场经济国家,还是有计划调节型市场经济国家,都积极倡导民间资本进入公共基础设施领域,公共基础设施投融资和经营活动由政府垄断逐步转变为向国内外企业、个人和社会机构开放,有效地解决了基础设施建设资金短缺和建设低效问题。为推行公私合作制,须主要做好以下几个方面工作:一是运用项目区分理论对城市基础设施进行分类,重新界定城市基础设施的投资主体,使纯经营性项目、准经营性项目和非经营性项目在一定条件下相互转化;二是变革财政预算投资城市基础设施的方式,提高预算资金的使用率,尽可能多地采取间接方式投资城市基础设施建设,提高财政预算资金的使用率。

各国基础设施投融资实践证明,单靠政府投资极易造成项目建设和经营管理的效率低下。因此,应当建立政府主导,民间、外商多元化投资主体和经营主体共同参与的高效市场化运营模式。对非经营性项目,主要采取政府投资、政府经营的模式,授权国有资产投资经营公司管理。对经营性的基础设施项目,必须更新观念,采取市场化运作模式。各国运用得比较成功且切合中国实际的模式主要有以下几种:政府和民间合作、民间经营模式;建设经营转让模式(BOT);租赁开发模式等。

此外,国外城市在基础设施的建设过程中往往遵循"制度先于建设"的原则,通过制定明确具体的法律法规及政策措施,规范建设过程,防范和解决过程中可能出现的问题。与国外相比,中国城市基础设施建设在相关法制建设方面还存在较大欠缺,制约了城市基础设施投融资体制的改革和发展。

专栏 3.1   英国城市基础设施建设投融资体制构建

第二次世界大战以后,尤其是20世纪70年代以后,英国经济急剧衰退,政府经济管理乏力,国家财政日益枯竭。为了维持繁荣、推动经济发展、提高管理效率并减轻财政负担,政府创造种种优惠条件,在基础设施建设领域推行私人融资投资政策,推行基础设施建设投融资体制改革,由传统模式向现行模式过渡。

英国基础设施投融资的传统模式是财政预算出资，私人工程公司建设，公共管理部门经营管理。具体操作是，政府向社会招标，由政府和私人企业签订建设合同，建成后移交公共管理部门。由于传统模式存在财政负担重、工程造价难以控制、建筑商对建设项目效益部分不负责任等问题，英国政府不得不寻求改革，改善投融资政策。

英国政府因此制定了一系列政策法规，利用私人资本投融资功能，建立了政府监督管理下私人资本对基础设施建设的"融资-设计-建设-经营-移交"一体化的管理模式：

（1）自由竞争方式。一般基础设施项目，经过征地招投标签约后，由私人企业出资建设和运营管理，建成后通过向社会收取服务费来回收投资，政府不参与投资和管理。

（2）补贴方式。私人公司投资建设，为社会提供市政服务设施。投资主要通过服务性收费回收，政府适当给予财政补贴。政府在项目建设和运营管理的不同时期实施不同的补贴政策，这样可提高建设和服务质量。

（3）购买服务方式。纯粹为社会服务的建设项目，如不宜通过收费回收投资的项目，虽然由私人公司投资建设和运营管理，但政府需要出钱向投资者购买服务。政府根据购买的数量和质量区别付费，如按年流量对高速公路付费。建设项目在政府签订购买服务合同时即明确服务期限和付费标准，保证私人公司收回投资。

3.2 增强经济发展动能

一般地，GDP是衡量一个国家（或地区）经济增长速度的重要指标，它是指按市场价格计算的一个国家（或地区）所有常驻单位在一定时期内生产活动的最终成果。GDP一般有三种计算方法：支出法、收入法和生产法。其中，支出法是从最终使用的角度去反映一个国家（或地区）一定时期内生产活动最终成果的一种方法，包括最终消费支出、资本形成总额及货物和服务净支出三部分。而这三部分——消费、投资、进出口——就是俗称的拉动经济增长的"三驾马车"。

这三个因素相互作用，共同推动一个国家或地区的经济发展。为了增强经济发展动能，着眼于更好、更快地发展"三驾马车"成为当下需要关注的重点。通过深入研究其他国家在促进消费、投资和出口方面的成功经验，我们可以得出一系列旨在增强经济发展动能的战略。这个过程不仅是一次对成功经验的总结，更是对创新和协同的探索，为经济的可持续繁荣打下坚实基础。

3.2.1　促进消费升级

一般来说,较小的居民收入差距对于促进消费升级是十分有利的。有关资料显示,多年来日本的基尼系数一直维持在 0.25 左右,居民收入分配较为平均,被誉为中产阶级社会。究其原因,主要在于长期以来,日本重视完善收入分配制度和社会保障体系,努力增加居民收入和缩小收入差距,提高居民消费能力和稳定居民消费预期。具体做法包括:

努力缩小居民间初次分配差距。以终身雇佣为基础的政府与企业分配制度强调收入均衡,通过压低经理报酬、限制分红的股利分配、完善津贴福利分配、实行年功序列工资制度等建立了平等的工资体系,将政府和企业内部管理层与普通员工的工资差距控制在 10 倍以内;随着经济的发展,不断提高最低工资标准,努力缩小收入差距;运用价格手段保护农民利益,通过核算农业劳动力成本,规定远高于国际市场的生产者粮价,增加农业劳动者收入。

积极完善财税政策调节收入再分配。通过推行全体国民年金和保险体制、老龄年金的物价补贴和老年公费医疗等制度以及出台针对低收入者和失业者的基本生活、教育、医疗等七项社会救助专项措施,不断拓展、完善社会保障计划,逐步形成贫困阶层由国家救济、低收入阶层有社会福利、一般阶层靠社会保障解决的"社会安全网";通过构建以直接税为主的税制结构,改革个人所得税,完善遗产税、赠与税、消费税、奢侈品税等措施,全方位调节个人收入存量、增量,缩小居民收入差距;通过制定增加就业岗位专项计划、推行强制性失业保险制度以及发放毕业生就业补贴金、夕阳产业就业安定金、职业转换补助金和职业训练补助金等措施,增加就业岗位、促进就业;通过给予农业生产者土地税、遗产税、所得税、继承税、赠与税等税收优惠和高额的农业补贴,努力增加农业生产者收入。

大力提高产品质量实现生产、消费的良性循环。早在 20 世纪 50 年代以前,日本以低廉劣质产品为主,产品质量差,价格自然也上不去,但进入 50 年代后,日本企业引入戴明质量管理法,加强质量管理,并通过加强技术引进、消化和吸收,努力提高产品质量,最终使日本产品质量不断提高,进而使工人工资也跟着提高;工人有能力消费了,自然进一步带动生产增长,从而形成生产与消费的良性循环,整个居民收入水平也随之提高。

此外,在危机时期,为刺激即期消费,日本还通过对特定群体发放购物券和给予定额补助的方式,增强其消费能力。如 1997 年亚洲金融危机爆发后,日本曾出台过所得税特殊减税措施等一系列减税制度，但由于大量减负部分被用于储蓄，特殊减税刺激居民消费的作用十分有限，于是在 2008 年应对国际金融危机时，日本改变做法，鼓励财政状况较好的地方政府向所辖居民发放购物券，以刺激居民消费。

从日本促进消费的成功做法中，可以获得如下启示：

（1）国民收入初次分配向个人倾斜且居民收入差距要适度。

在市场经济发达国家，个人收入是国民收入初次分配的主要形式，一般来说，发达国家劳动者报酬占 GDP 的 50％以上。较高的个人收入比重有利于居民消费能力的提升，有利于居民消费及生产热情的调动，有利于解决效率问题。

此外，在初次分配中居民间收入差距也不能过大，如日本规定，企业内管理层与普通员工的工资差距控制在 10 倍以内；许多国家都建立了最低工资制度，并且随着经济发展和物价上涨，其最低工资标准不断提高，以此缩小劳动者之间的收入差距；为提高某些行业从业者的收入水平，可运用价格手段，通过提高产品价格增加从业者收入。

（2）运用税收、财政等手段加大国民收入再分配力度。

虽然在市场经济条件下，初次分配极易使居民之间收入差距拉大，但许多发达国家都通过税收、转移支付等再分配手段，使其居民收入差距缩小。具体表现在以下方面：

通过直接税来调节居民间收入分配差距。多数发达国家都以直接税为主，个人所得税、房产税等在一国财政收入中占据较大比重，此外，还有遗产税、赠与税等税种，可以全方位调节个人收入存量、增量，缩小居民收入差距。

建立适度的社会福利制度。通过建立最低生活保障制度、完善社会福利与救济制度以及失业保险制度，充分运用转移支付等再分配手段，使每一个低收入群体都能够享受到最基本的生活保障，从而获得稳定的消费预期，能够大胆消费；通过建立公立学校提供免费教育，推广基本养老保险、基本医疗保险等制度，使每个人都能够拥有较为均等的教育、医疗等服务机会，免受消费的后顾之忧，调动消费积极性。欧债危机的爆发也使我们看到，过度的福利制度会给政府带来沉重的债务负担，使其难以维继，最终还是会影响到居民的消费能力。为此，社会福利制度一定要适度，要与经济发展状况及政府财政能力相匹配，要根据形势的变化不断调整，才能始终成为促进消费规模扩大与升级的有力支撑。

支持新兴产业和中小企业发展，促进生产与消费协调发展。从理论上讲，生产与消费是互相作用的关系。一方面，生产决定消费。生产为消费提供对象，生产水平决定消费水平和消费方式,同时从事生产使劳动者得到劳动报酬,使劳动者有能力消费,为消费创造动力,但如果其所生产的产品质低价廉,劳动者相应从生产中获得的劳动报酬也难以提高,其消费能力自然不强,生产水平也只能停留在低档水平。另一方面,消费对生产有重大的反作用。消费是生产的目的和动力,为生产创造出新的劳动力,并提高劳动力质量和劳动生产率,但同时,如果消费者的消费水平上不去,只能消费低价产品,企业生产出的高档产品无人购买,也会使生产高档产品的企业难以维继,进而难以推动生产水平的提升。因此,生产和消费一定要协调发展。支持新兴产业和高技术产业发展,既可以创造更多的就业机会,又可以给劳动者带来更高的收入水平,进而提高他们的消费能力;而支持中小企业发展,也可以增加就业岗位,同时,发挥中小企业创新能力强等优势,提高经济活力和竞争效率,降低大企业的收益水平,扩大中产阶层数量,增强居民消费能力。

构建广泛的消费信贷体系。从主要发达国家的实践来看,消费信贷既可以扩大居民消费需求,又可以促进消费升级。因此,主要发达国家有一套完整、便捷的消费信贷体系,个人消费的信用化程度普遍很高,能够实现从住宅、汽车到一般耐用消费品以及日常生活服务等各类部门商品和服务类型的信用消费,从而使消费者极大地摆脱了流动性约束,刺激了消费数量的增长和层次的提高。在这方面,美国最为典型——个人消费的 1/4 和 GDP 的 1/5 靠消费信贷来实现,借债消费已成为国家居民一个重要的消费选择。此外,美国的消费信贷十分完备,其参与者众多,包括银行、金融服务企业、保险公司和零售商;功能呈现多元化,其中,银行在房屋贷款、房屋次级贷款、个人信贷、汽车贷款以及信用卡等市场占据主导地位,而投资银行和投资公司则占据了消费信贷业务的次级市场。

专栏 3.2　　　　　　　　**德国降低福利、刺激私人消费**

德国在其发展历程中,为推进消费升级也曾出台过类似日本完善社会保障体系、调整收入分配、加强技术创新等的政策来促进消费,最终形成了“高工资、高福利、高税收、高支出”的市场体系。但由于德国工业化、城市化早在 20 世纪 60—70 年代就已完成,到 90 年代,德国消费已从快速发展阶段进入相对成熟的平稳阶段。在此背景下,德国为增强经济发展活力,于 1999 年出台了第二次世界大战后历史上最大规模的节约开支及税收改革方案,又于 2002 年、2003 年相继推出劳动力市场改革、社会福利制度改革方案,力图对德国的高福利制度等进行一系列调整和改革,以此刺激私人消费。

降低福利待遇，刺激私人消费。在德国，社会福利支出一般占到 GDP 的 1/3，成为政府和企业沉重的负担，严重影响经济发展活力的增强。为此，2003 年德国政府推出名为"2010 议程"的改革方案，努力削减福利支出，调动私人消费积极性。通过合并失业与社会救济金及降低支付标准与期限的方式来降低社会福利待遇；通过降低个人法定医疗保险缴费标准、取消免费看病的方式，压缩财政支出、增加私人消费；通过延长退休年龄、扩大私人养老保险规模、提高税收充实养老基金、给予养老金补贴等方式，调动人们参加养老保险的积极性。

增加财政支出，调动就业积极性。过高的失业救济金降低了德国失业人员再就业的积极性，为此，德国政府于 2002 年推出了"哈茨方案"，积极推动劳动力市场改革。具体包括：向长期安置失业人员并为其缴纳社会保险金的中小企业提供专项贷款，通过个人服务社帮助失业人员安排短期工作，政府提供补助发放组合式工资，拉平最低工资与社会救济金差距，增强工作吸引力。

以减税和发展新经济为主增强居民消费能力。通过降低个人所得税税率、提高起征点、降低企业所得税最高税率等方式，努力增加居民可支配收入，刺激就业与消费；通过支持通信、金融、服务、环保、卫生、保健以及电子信息技术等行业发展，增加就业岗位；通过"欧洲复苏计划"资金支持中小创新型企业发展，加大教育与培训投入力度，培养更多熟练技能劳动者以满足产业发展需要，增强其消费能力。

3.2.2　拉动投资增长

风险投资是一种权益投资，不同于从被投资项目中收取手续费或者赚取利息，其通过投入资金成为投资对象的股东，并参与风险公司的管理和经营，在最终投资对象上市后退出资本，实现资本的回收和利润的收获。并且，风险投资的关注点并不在于投资对象眼前的盈亏，而是在于长远利益；也不着眼于已完全成熟的企业，而是着眼于创新型的、处于成长初期的高新技术企业。

同时，风险投资是一种资金与管理相结合的投资活动。风险投资者一旦对风险公司进行投资，就成了风险企业的股东之一，参与公司的经营管理，并根据自己的专业知识和信息优势提供参考咨询，这种将资本与管理相结合的形式能有效地解决风险投资者与被投资公司之间因信息不对称而造成的损失，提高投资的成功率。

20 世纪 40 年代，美国第一家风险投资公司成立。但是由于作为一种新兴的投资方式，风险投资是一种自发的投资行为，且收回投资成本和获得利润的周期较长,再加上没有完善的体制、机构加以配套,这家公司的前期发展并不尽如人意。直到1958美国国会通过了《小企业投资法》,成立了小企业管理局,允许获得批准的小企业投资公司享受税收优惠以及政府给予的优惠贷款,才使得小企业投资公司的出现成为可能,为美国风险投资注入了新鲜的血液。而美国的成功经验主要依靠以下几点:

国家政府的大力支持。政府不断地出台各种政策和法律,并为了更好地发展风险投资而多次调整税收政策,同时也为符合要求的风险投资机构提供担保,可见美国政府为扶持风险投资业的发展做出了多方面的努力,大力支持其发展。

风投资金的获取渠道多样化。在风险投资形成初期,其资金主要来自富裕的家族集团和个人。1978年,美国政府允许养老金的5%进入风险投资市场,之后养老金在风投资金来源中的比例逐步上升,到1998年,养老金的比例已上升到了60%。

尽管养老金占了较大比重,但资本来源的种类已经从单一的个人或精英阶层扩展到了其他领域,为资本的安全性提供了有力的保障。

集中投资在高新技术产业,并与高新技术产业同步发展。美国的风险投资所选择投资的行业,无论是刚开始的计算机互联网产业还是后来投资策略调整后的医药业、生物工程、产业自动化等产业,都是当时具有较高发展潜力的高科技产业。而这些产业的研发成果转化为现实生产力的最重要一步,就是足够的资金支持。美国的风险投资者就是抓住了这样一个契机,将风险投资与高科技产业的发展有效地结合在一起。美国马萨诸塞州等地汇集了世界上许多著名的风险投资公司和高科技企业,两者相互作用,共同发展。

从美国的风险投资发展中可以获得如下启示:

(1)灵活选取行业领域。根据当年状况,选择具有较大潜力的行业,如互联网、人工智能、医疗健康等。同时,又不能不假思索地过度投资某个行业,过于追求新兴领域的投资,最终可能会竹篮打水一场空。因此,选择投资项目时,要立足传统行业,展望新兴行业。

(2)实行多元化投资分散风险。多元化投资包括行业投资多元化和阶段投资多元化。行业投资多元化可以让母公司对各行业保持关注,若某个行业发展不佳,可以适当作出调整;若某个行业发展良好,还可以追加投资,从而分散风险。阶段投资多元化,指母公司要合理调整所投资公司的融资轮次差异。企业风险投资母公司对处于种子期的创业公司进行投资,主要是为了获得新的技术和占领新的市场,其时间长、风险高。因此,如果再投资一些较为成熟的企业,就可以在相对较短的时间里获得财务回报。所以，阶段投资多元化可以为企业风险投资母公司分散风险。

（3）提高投资专业性。企业风险投资母公司如果对于创业公司所涉及的行业较为陌生，就可能会缺乏相应的管理人才和管理经验。因此，应该加大对该陌生领域的知识学习和人才培养，通过绩效挂钩的薪酬管理制度来聘请相关领域优秀人才。除此之外，企业风险投资可以和独立风险投资者或者专业的研究型机构充分合作，学习独立风险投资者丰富的投资经验和基金管理方法，在战略绩效和财务绩效上找到平衡点；和咨询公司、会计师事务所、律师事务所合作，一起对创业公司进行管理或指导，从而得到最为合适的投资策略。

（4）改善市场投资环境。包括：加强信息披露管理，即找到信息披露和保护企业风险投资公司的商业机密之间的平衡点，并完善公司信息披露制度和相关法律法规，做到有章可循。持续加大信息披露制度实施的监管力度，如中国证券投资基金业协会要加强行业自律管理，积极强化市场上投资者的长期价值投资观念。大力发展金融中介机构，即支持如投资银行、咨询公司、会计师事务所、律师事务所、信用评级机构，金融中介机构的蓬勃发展，给企业风险投资整个过程营造良好的投资环境。

（5）政府出台相关经济政策支持。可以采取减免税收等相关政策扶植。因为从社会角度出发，企业风险投资大大提高了市场活力，促进了技术和产业的创新，增加了就业和 GDP，所以，政府应该给予政策便利支持。

3.2.3　提升出口竞争力

根据贸易优势理论，一国或地区应该进行专业化分工，对其拥有绝对优势或者相对优势的产品采取出口贸易，对其拥有绝对劣势或比较劣势的产品采取进口贸易。但现实中，一国或地区为了保护本国产业或市场，会采取措施限制其劣势产品的进口，采取各种政策和措施支持优势产品的出口，对其弱势产业产品的进出口限制和（或）支持的力度更甚。国际上有很多支持本国优势农产品出口的政策和措施可供借鉴。

美国在进出口方面经过多年的发展，如今已成为世界上排名靠前的进出口大国，其进出口量占 GDP 的比重随时间持续增长，并在 2020 年达到了 23%（如图 3.1 所示。）

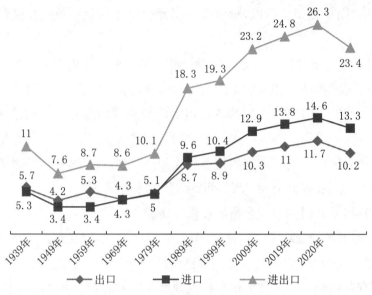

图 3.1 美国进出口额占 GDP 的比重(%)

资料来源:美国经济分析局。

其中,大豆长期居于美国出口农产品的头号位置,其出口及产业的发展离不开政府的有力支持、国际市场的旺盛需求、生产组织与市场的高效率运作以及完善的生产设施。在这些因素中,政府的政策扶持尤为关键,美国对大豆产业有各种各样的补贴方式,起到重要作用的有以下几种:

(1)营销补助贷款和贷款差价补贴。二者是美国商品贷款项目中的两种补贴方式,商品贷款项目使生产被补贴作物的农民或农场主能以生产做抵押进行贷款,如此这些生产者便能得到低利率的政府贷款。1996 年美国颁布《联邦农业促进与改革法案》,提出大豆的贷款利率为 5.26 美元/蒲氏耳(按营销贷款政策的相关规定,豆农可以凭借生产 10 000 升大豆去申请 0.15 万美元的贷款),贷款期限 9 个月。这一利率在 2002 年被下调为 5.00 美元/蒲氏耳,该贷款利率一直维持到 2008 年。营销补助贷款是当生产者面对的市场价格非常低迷时为之提供的短期融资,农民也可以用贷款差价补贴取而代之。贷款差价补贴是一种向有权利但不想贷款的农民或农场主进行直接支付的补贴方式,其项目产品在不享受优惠贷款的同时也就被免去了项目产品的义务,而当产品市场价格低于贷款利率时,就出现了项目贷款收益,生产者可取得二者差额的补偿。

(2)直接补贴和反周期补贴。2002 年美国颁布的《2002 年农场安全和农村投资安全法案》规定对大豆进行直接补贴的补贴率为 0.44 美元/蒲氏耳。反周期补贴是在大豆的市场价格低于目标价格时,对曾种植过大豆且符合补贴条件的农民给予补贴。按照 2008 年美国颁布的《食物、环境保护与能源法》，美国政府应该对大豆、小麦、玉米等商品的生产者按固定比例进行不依赖市场价格的直接支付补贴。在 2008—2013 年的六年里，美国政府对所涵盖作物进行了反循环支付补贴，支付比率是该商品的目标价格与市场中该商品实际平均价格之间的差额，再减去该年度该商品的直接支付比率。

（3）价格损失覆盖计划与农业风险覆盖计划。在美国《2014 年农业法案》中，直接支付补贴、反循环（周期）支付补贴及平均收入选择计划均被取消，取而代之的是价格损失覆盖计划与农业风险覆盖计划。该法案规定，价格损失覆盖计划覆盖小麦、饲用谷物等产品，该计划作用机理主要是在市场价格低于事先设定的参考价格时对农户进行补贴。而农业风险覆盖计划是在农户当年种植作物的收入少于最近 5 年平均水平的 14％时，政府给予农户高于近 5 年农产品收入平均水平 10％的补贴。

巴西出口的食糖在世界食糖市场占据垄断地位。除了巴西在食糖生产上拥有得天独厚的自然条件外，政府的食糖产业政策对其出口及产业发展也起到了关键的作用。其产业政策特点如下：

（1）蔗糖产业链的综合开发利用成为政府行为。政府将大量人力、物力、财力投入甘蔗种植、制糖、生产机械化以及蔗糖生产技术研发等蔗糖产业链的各个方面，甚至专门设立行业管理部门为蔗糖生产提供服务。

（2）对食糖产业进行结构升级和优化。巴西政府将甘蔗产业链中的制糖业和制乙醇结合了起来，充分体现了该产业链各个环节的价值。巴西在生产大量食糖的同时，其乙醇生产量也占了全世界总量的 27.6％，甘蔗的发电占全国发电量的 3％，生产食糖的废水也被用来浇灌甘蔗地。

（3）对食糖产业的金融与保险支持。为了支持农业发展，巴西政府规定商业银行必须将一定比例的存款贷给蔗农，而且利率远远低于一般商业贷款。同时为了防范农业巨灾风险，2004 年巴西实施了农业保险保费补贴计划，规定给予保费 50％的补贴，并据此设立巨灾保险基金。

（4）采取国内外双轨机制。巴西政府的出口支持政策主要有：出口鼓励措施，包括允许出口结汇，不再要求出口企业将出口外汇的 70％留在国内。对出口食糖实行免税，根据国内汽车市场的状况，对含水乙醇进行征税而减免无水乙醇的税收，以保障乙醇的内需以及维持国内糖价的稳定。对食糖的进口实行配额政策，并实施高关税。

从以上案例中，可以得出以下启示：

(1) 强化对优势农产品出口的政策支撑。在民生压力和国家粮食安全压力较大的情况下,对大宗进口的谷物、玉米、棉花等农产品的国内生产者给予更多关注和国内政策支持,而对出口农产品的支持却极少。借鉴国外经验,政府需要在遵循国际规则的前提下,采取增加投入、给予财政补贴等措施改善优势农产品的生产要素和环境条件,提升其国际市场竞争力,实现农业生产和贸易的可持续发展。

(2) 加强对出口优势农产品产业化扶持。出口农产品产业化程度低是中国出口农业普遍存在的问题。借鉴巴西食糖产业化发展的经验,可加强对蔬菜、水果和水产等优势农产品的产业发展政策支持,重视出口农产品的育种、耕种、加工以及综合利用的研发支持和技术推广,组建专门管理机构推动优势农产品生产、加工、销售的一体化。

(3) 加大农产品生产、价格、出口信用风险防范支持力度。中国中部地区的自然条件差异很大,自然灾害易发,主要出口农产品的产量和品质都常常受到旱涝灾害的影响。鉴于此,中国可学习巴西、美国的做法,建立和完善针对农业巨灾、价格巨大波动、出口信用变化等的风险防范机制,以保护优势农产品生产者、加工者、出口者及产业利益。

(4) 提高出口优势农产品生产机械化水平。国外蔬菜机械化发展模式分为两种模式:一种是美加模式,即以美国、加拿大、澳大利亚为代表的蔬菜机械化生产模式,其特点是,有着优越的自然条件可以实现生产布局区域化,以高度专业化的大规模农场生产为主,走资源集约化和机械化道路,生产过程趋于全程机械化、大型化、自动化、高技术、多功能。另一种是以日本、韩国为范例的海岛模式,其特点是人多地少,进行种植的主体大多数为家庭农户,种植布局呈"分散种植、集中供应",生产趋向于精致化,通过农业协同工会等组织来实现集约化和规模化的目标,机械化主要是为了降低劳动强度,提高生产效率,生产趋于设施化和小型配套机械化。

3.3 持续优化营商环境

为了更好地衡量各国(地区)小企业运营的客观环境,世界银行于 2001 年提出了"营商环境"这一概念,并将其定义为企业从事生产经营活动的全过程中所面临的外部环境状况,包括开设、经营、执行合约、贸易活动、纳税等重要环节里企业所需的时间和成本,反映了在一个国家或地区创办企业的难易程度。

通过对营商环境各个指标进行分类，营商环境可被细分为政府服务效率、硬基础设施、金融环境、税收便利和法律环境五大类。本节将主要从政府服务效率、税收便利、法律环境三方面探寻持续优化营商环境的策略。

3.3.1　政府服务效率

政府服务效率可被细分为四个一级指标。第一项为创办企业。该项指标又被细分为四项二级指标：企业办理程序、企业办理时间、企业创办费用、企业创办有限责任公司所需要的最低注册资金。第二项为办理建筑施工许可证。该项指标又被细分为四项二级指标：正式开展建筑工程施工前所有手续办理程序、正式开展建筑工程施工前所有手续办理时间、正式开展建筑工程施工前所有手续办理费用、建筑质量控制指数。第三项为产权登记。该项指标被细分为四项二级指标：产权登记所需要的程序、办理产权登记转移所需要的时间、办理产权登记转移所需要的费用、用地管控系统质量。第四项为跨境贸易。该项指标又被细分为八项二级指标：出口报关单审查的时间、出口通关的时间、出口报关单审查的费用、出口通关费用、进口报关单审查的时间、进口通关的时间、进口报关单的审查费用、进口通关费用。本节将研究新加坡提升政府服务效率的成功经验并提出发展策略建议。

政府服务效率的提升路径通常有以下几条：

（1）服务型政府助力职能转变。政府职能的每一次转变都经历了政府、市场等主体的权力政府部门的互动，来为企业减少时间成本，通过降低企业微观交易成本促进宏观经济增长。同时，为了使政府能够应对日益膨胀的政府规模和逐渐扩张的政府职能，以及激增的公共事务和多样化的民众需求，部分发达国家选择通过立法设立与政府决策部门相区别的、相对自主独立运作的法定机构，承担部分法律赋予的执行公共政策、提供公共服务的职能。

新加坡只保持数量较少的行政机构，由除国防部和外交部以外的各政府职能部门分管下设法定机构，这些法定机构根据国会法边界动态调整和平衡。简约的政府体制机构可以降低制度性交易成本，较少的政令以及法律程序是出于履行不同的专门性公共职能而设定的。包括新加坡总理办公室在内，新加坡政府总计有 16 个部委，共下辖 65 个法定机构。新加坡的法定机构在编制上隶属于政府各部，实际上保持相对独立，属于非部门性、半独立性的公共组织。其社会化的组织模式和企业化的运营方式使它们具备了政府部门所没有的灵活性和高效性。由于企业化运营的法定机构将公众作为提供服务的对象，所以这些部门必须以公众满足需要为工作目的,这在一定程度上提升了新加坡服务型政府的水平。

在财务管理方面,新加坡法定机构由于采取市场化运作模式,所以可以自行获得和处理资产并自负盈亏,除通过向政府提供服务获取代理费之外,个人或企业在使用法定机构提供的产品或服务时也要支付费用。就推动经济发展和优化营商环境而言,法定机构可以通过法律的方式被赋予多项权力,这样就更方便以企业视角推进审批事项的集成化办理。在创业和启动阶段,企业只需要与较少的部门或第三方服务机构进行互动便可以完成审批相关手续。在日常运营过程中,企业亦可以通过经济发展局、企业发展局(ESG)、企业通网站等"一站式服务"渠道获取或申请相关政策。

新加坡通过打造服务型政府推进政府职能转变,其核心要义是降低制度性交易成本。政府直接管理的事项减少而法定机构管辖事务增多,使权力的重新厘定与下放的目标得以实现。同时,相对自主运作的法定地位迫使这些法定机构必须以公众利益为行动出发点,从而根本性地提升政务服务质量与水平。类似于"企业家政府"的制度设计可以有效克服官僚制带来的低效与僵化,以"顾客满意"为基点,不仅降低了企业在政府部门办理事项的必要时间与费用,也为企业节省了大量不必要的违规灰色成本(如贿赂等)。

(2)整体性政府推进部门协同。为解决部门分散、各自为政等现实问题,部分发达国家提出了整体性政府的理念,在垂直和水平两方面共同加强沟通协调。新加坡整体性政府理念的表现之一为政府部门的改革与合并。新加坡企业发展局于2018年4月1日由标准、生产力与创新局(SPRING)同国际企业发展局(IE)合并而来,隶属于新加坡贸易与工业部(MTI)。作为一个整体性专门机构,它除延续SPRING作为国家标准和认证机构的职责,继续通过质量和标准建立对新加坡产品和服务的信任之外,还兼顾帮助新加坡企业拓展海外业务,吸纳国际企业落户新加坡,助力新加坡营商环境国际化的使命。

新加坡整体性政府理念的表现之二为政府各部门间的协同合作。同样隶属于新加坡贸易与工业部的新加坡经济发展局,与上文提到的新加坡企业发展局职能相近,二者在对企工作的诸多方面展开合作。从两部门的职能范围来看,二者各有专长:经济发展局侧重于"引进来",积极协助国际企业落户新加坡,为海外企业在新加坡设立区域总部牵线搭桥,并通过全球商业投资者计划,为有意在新加坡推动业务和投资增长并符合资格的全球投资者授予新加坡永久居民身份。企业发展局则侧重于"走出去",为本土中小企业提供拓展海外业务的一对一免费业务咨询,提供量身定做的市场评估与项目匹配指导,帮助本土中小企业快速捕捉全球增长需求并借此实现国际化发展。二者也时常通力合作。

（3）双层面视角构建政商关系。制度规章保障了政商关系中的"清"——在法律和制度层面，遵纪守法是政府和企业行为的最底线要求，任何违法行为都应得到惩处。而政商关系中的"亲"则更多依循文化理念来维系，即便拥有相似的政府部门与接近的职能设计，在以政府为主体和以企业为主体两种截然不同的理念指引下，政府与其所制定的政策也会发挥出大相径庭的功效。凭借政商关系的构建与调整，制度性交易成本得到进一步降低。在法律与制度规章方面，通过对公务员序列的严格要求，要求任何人在政府办事都享受同等待遇，促使效率提升。在文化理念方面，亲商重商的社会文化氛围也更加鼓励商业行为进行自由探索与发挥。

由上述国际经验可以得出以下启示：

（1）推动政府职能转变，坚持贯彻服务理念。就营商环境建设而言，政府部门首先应转变观念作风，彻底抛弃"官本位"的陈旧观念，设身处地站在企业角度，解企业之所难，忧企业之所忧。政府部门首先应正确认识到企业才是激发市场活力、促进经济增长的重要力量，因而需要在保障市场平稳运行的基础上，最小化对企业运营的干扰。其次是不断推动政府职能转变，对权力边界进行调整从而实现权力的重新厘定与下放，减少企业办事的时间与费用，最终降低制度性交易成本。最后应提升政务服务水平，优先考虑市场主体营商感受。当前出现部分企业仍难了解优惠政策，需要"人找政策"的情况。主要原因是政府在政策制定过程中没有充分了解企业需求，政策在宣发过程中没有全面推广到位。所以要进一步增强服务意识，加大政策宣介力度，使"人找政策"变为"政策找人"，推动惠企政策快速落地，使企业应享尽享。

（2）加强政府部门协同，建立联动长效机制。由于政府部门以职能划分机构，在条条块块的现实背景下形成了纵向各级政府和横向各个部门之间的割离，这就引发了各自为政、权力碎片化等弊端。行政部门碎片化在数字化政府建设的背景下还衍生出"信息孤岛"等新的表现形式。在横向部门之间表现为各职能部门间政务数据互不相通，迫使用户必须同时使用多个平台，造成了行政效率的低下与公众办事的繁琐；在纵向各级政府间表现为政务数据上传下达渠道不畅通。实质原因在于：第一，出于部门本位化的利益考量，本部门不愿数据被他部门免费使用。信息就意味着话语权，部门掌握专有信息意味着在政府序列中掌握更大的主动权和话事权。第二，政府职责划分中存在固有弊病。政府结构依职能划分，形成了条块分割的机构布局，从而引发职责同构、权责不清等问题，这一现状构成了数字政务服务分散甚至相互冲突的底层诱因。应以整体政府理念作为先导，持续进行行政体制改革,加强机构合并和功能整合,推动部门间的协同联动,建立合作长效机制,提供全方位、无缝隙的公共政务服务。

（3）构建"亲""清"政商关系,优化政企良性互动。"亲""清"政商关系客观反映了政治权力与资本之间的交集和界限,实际上也是对政治权力和财富积累关系的当代表述。"亲""清"政商关系的提出是促进权力与资本良性互动的"指南针"。从"政"的角度而言,关键在于优化政府职责。没有一个权责法定、执法严明、廉洁高效的政府,政商关系的"亲"和"清"就无从谈起,政府的权责边界也就无法厘清。从"商"的角度而言,需要企业家和企业家组织规范自身行为、提升行业自治能力,不断强化政府与企业制度化互动,实现从对权力的依附迈向与政府的合作治理。从二者交往互动的角度而言,首先要通过法治建设为"亲""清"新型政商关系的构建保驾护航。政府官员与私营企业主的关系必须符合法律和政策的要求,二者都必须在法律和政策的框架内活动。其次在文化理念方面,还需要健全以法治为核心的社会规范体系。通过社会伦理规范为新型政商关系的构建进行价值引导。二者应基于各自职责,既要互相尊重、密切沟通,又要清清白白、坦坦荡荡,完善出于公心、立于原则的"淡如水"政商关系。

3.3.2　税收便利

税收便利的衡量标准只含有一个一级指标:纳税。根据《2020年世界营商环境报告》,中国内地的税收便利排名为第105名,而中国香港排名为第2名,因此本节将研究香港自由贸易港的税收营商环境优化的经验并总结相应策略建议。

首先,税制简单。香港自由贸易港现在实行的税收制度体系属于分类税制,以所得税为主、行为税和财产税等为辅。利得税税率非常低,但2023—2024年度香港税收收入中,利得税占全部税收总收入的48.8%;薪俸税主要采用累进税率和标准税率,累进税率适合低收入群体,标准税率适合高收入群体。

其次,香港税率较低。在香港,法人机构与非法人机构所适用的税率有所不同,前者适用的税率是16.5%,后者适用的税率是15%。应纳税所得额不超过200万元的所有企业都享有法定税率减半征收的优惠政策。特定鼓励类行业适用特惠税率,该税率是法定税率的一半。

再次,香港征税范围窄。香港采用属地原则征税,因此只能针对产生于香港的所得征税,这就从根本上避免了双重征税。为了鼓励资本运作,吸引资本投资者来香港投资,吸引高端人才来香港工作,推动香港本土的经济发展及人员就业,香港政府比较注重资本运作,因此,针对资本利得不征税。

最后,香港的税收法律健全。香港有比较完善的税收法律体系,包括税收基本法、税收程序法、税收实体法以及其他涉税法律;香港还有可以强化政策之间联系的专门立法;其税收政策的出台和实施符合经济发展的规律,充分考虑了市场主体的需求;政府充分放权,在税收政策出台过程中自由裁量权非常有限。

中国香港的案例可以提供以下启示:

(1)政府实行简政放权,构建严密规范的税收管理体系。做好税后风险管理工作。立法明确税务人员的工作职责,尽量落实每个部门岗位的具体管理事项,避免"一事多管"或者"没人管"现象。针对纳税后的风险做好事中管理事后监督,根据每一种税的征税方式和流程,科学调整机构设置,进一步明确税务管理内部各个岗位和环节之间的职责划分,使各岗位之间相互监督和制约。

积极探索推进税收信用监管。信用等级高的纳税人可以使用绿色快捷办税通道,减少被检查次数;对信用等级较低的纳税人要加强监管,以进一步提升全社会的纳税遵从程度;对违法纳税人实施联合惩戒,为企业发展营造良好的税收营商环境的同时应不断完善税务师事务所、会计师事务所和律师事务所的监管工作。

(2)简化税制,降低税率。中国内地税收营商环境排名不太靠前的部分原因是税种多、税制复杂、税率较高。借鉴中国香港自由贸易港税收制度的特点,建议从以增值税和所得税为主的双税制简化为以所得税为主的单税制。目前内地的企业所得税基本税率是25%,相较于香港来说还是比较高的,可以适当降低,另外针对消费税可以适当缩小征税范围。

(3)培养税务法律人才。好的税收营商环境离不开对税收人才的培养。国家应该以高校为基础,重新确立相关课程的培养目标和培养模式,增加税法、税务代理、税务筹划等课程的学时,加入实操练习。而教师在授课过程中可以将理论知识与实务操作有效结合,让学生较快把握税法内容的精髓。

专栏 3.3　　　　　　　　　　新西兰优化营商税务环境之路

在世界银行的营商环境评价指标体系中,纳税这一指标可以用来衡量一个经济体营商税务环境的优劣。新西兰在普华永道和世界银行发布的《2020 年世界纳税报告》中排名第 9,在美国税务基金会发布的《2021 年全球纳税竞争力指标排名》中位列第 3(81.3 分),在此前的 2017—2020 年均位列前三。在《营商环境报告》中,新西兰的纳税指标名次自 2013 年起呈上升趋势。新西兰该指标在各报告中的优异排名与其建立税收制度审查工作组、实行严格税务管理、重视贸易关税调整等治理措施密切相关。

建立税收制度审查工作组。税收制度审查小组的建立对新西兰税收工作在国际上获得赞誉发挥了积极作用。2001年新西兰建立了第一个审查小组,该小组负责调查和审理税收制度的内容及其产生的影响,提出税收制度的改革方案,对税务局废除任何现有税收形式或引入新税收形式的工作进行监督,同时向议会、财政部长、税务部长、经济发展部长作有关税收审查和政策制定建议的报告。2009年,新西兰成立了税务工作组,工作组成员定期对现有税收制度方案进行讨论,发布有关完善和改进税收制度的工作报告。2017年,由新西兰前财政部长迈克尔·卡伦爵士担任主席,组成了新的税收制度审查工作组,其成员包括拥有专业知识技能的政府机构工作人员、律师等。在主席的领导下,工作组研究税收制度的基本结构,专注于使新西兰征税纳税更加平衡有效,增强纳税工作在促进新西兰经济可持续性增长与推动生产力发展中的作用,也使纳税公民清楚了解纳税制度所规定的义务和责任。该工作组同样向政府报告纳税制度中有关纳税人收入、资产等的规定,负责调查征税机制是否公平运行等情况。

实行严格税务管理。新西兰政府制定了严格的税务管理标准,同时通过官方网站提供在线纳税服务,使公民纳税更加便利。在税务机构管理上,税务局是中央政府所属机构,机构内部设立法规司、诉讼司、审计局、税收争议协调部、税政司等,承担各类纳税服务职能,包括管理和催缴纳税申报表、征收税款和福利基金、税务审计等。在税务局的管理下,新西兰严格执行纳税要求,纳税公民和企业都有专门的税号,纳税公民的身份由《税收征管法》确定。在新西兰,拥有公民权和居留权并不意味着就是纳税居民,只有经税务局确定为新西兰居民后才会被征税,纳税公民的国内外投资和收入都会被要求缴纳相应的税。新西兰统一施行个人"终身税号制",且每位纳税公民只能申请一个税号,纳税公民和企业需每年向税务局填报税单,并保留所有生意记录和交易单证,以便后期进行补税和退回金额等事项。地方政府进行税收工作的一个重要原则是必须对纳税公民负责,地方当局的一切重大决定必须向纳税人公开并征求其意见。为了更好地满足新西兰纳税公民的需求,税务局设立税收政策网站,由税务局下属的政策和策略部进行管理。该网站发布税收政策出版物及有关税收政策发展的最新公告,比如政府和议会对税收法案的评论意见、政府官员关于公众提交法案的报告、目前已提交议会的税收相关法案和税收协定信息等。在该网站上,公民可以在线浏览税务信息,通过详细的咨询服务进一步了解政府的税收政策、工作计划和进展。

重视贸易关税调整。新西兰是全球关税最低的国家之一,政府重视对外贸易的货物检查与关税调整,实施贸易管制措施,在进出口检查和货物审查等工作中明确规定税务局等部门的职责,形成清晰的税务管理部门组织架构。新西兰商业、创新与就业部(MBIE)负责对贸易进出口管制措施进行调查,制定贸易关税的相关政策法规,与新西兰海关签订谅解备忘录，以分享进口的统计数据和发票，为贸易救济调查提供具体数据，同时向商业和消费者事务部就有关贸易管制措施的制定与实施工作提供公众的咨询意见；海关履行检查货物、确保货物正常分类、征收关税等职能；环境部负责判定货物对环境是否有害，制定贸易补救制度。新西兰实施包括降低关税、限制进出口危险货物等贸易措施，目前已正式施行《1988 年贸易（反倾销者事务和反补贴税）法》《2014 年贸易（保障措施）法》《2018 年海关和税法等法律法规》，形成了健全的税收执法与税收监管制度体系，海关不定期地对已经颁布的法规条例进行补充和修正。新西兰政府还制定了《避免双重征税协定》，完善新西兰与包括中国在内的贸易合作伙伴间的单边救济机制，减少纳税公民和企业在其他国家和地区进行贸易和投资的税收障碍，但是协定作用的发挥受新西兰与合作伙伴国家（地区）跨境贸易和投资水平高低的影响，如果在该国家（地区）没有出现可以通过双重征税解决的问题，其税收制度中也没有相关规定，则两方的收益可能会受到限制。

3.3.3　法律环境

法律环境可被细分为三个一级指标。第一项为保护少数投资者。该项指标又被细分为六项二级指标：信息披露的指数、董事责任的指数、股东诉讼便利指数、股东权利保护指数、所有权和控制权的保护指数、企业透明度的指数。第二项为合同执行税。该项指标又被细分为三项二级指标：解决商业纠纷所需要的时间、解决商业纠纷所需要的成本、司法程序的质量指数。第三项为破产办理。该项指标又被细分为两项二级指标：回收率、破产法律框架的保护指数。新西兰作为营商环境综合排名第一的国家，其保护少数投资者指标排名为第 3 名，而该指标中国的排名为第 28 名，因此此节将通过研究新西兰的营商环境发展经验，总结出营商法治环境的发展策略建议。

一个经济体能否形成公开透明、竞争有序的营商环境，取决于其法律政策是否公平正义。世界银行的营商环境评价指标体系也重视法律法规是否完善这一角度。在该评价体系中，新西兰的营商环境法治化指标排名优势明显。具体来看，新西兰政府从建立公正立法保障、健全商业监管体系、注重知识产权保护等方面着力，为企业生存和发展提供完备的法律保障。

（1）建立公正立法保障。营造法治化营商环境的重要前提条件是公正的立法程序。新西兰设有最高法院、上诉法院、高等法院、若干地方法院，以及受理有关就业、家庭、青年事务、毛利人事务、环境等相关法律问题的专门法院，负责受理相关具体上诉案件。地方法院独立于政府之外,法官由总督任命,无需经过议会投票选举,司法部门层级明确并服从于议会的决议。一般情况下,地方政府权力的增强或减弱都要经由议会批准后才能生效。在进行立法工作时,政府需先向议会提出法案,由议会审议通过或者否决。所有重大法律的确立都需经议会审议通过,其他法律法规和条例则由议会授权的专门委员会负责制定。这种形式也被称为委托立法。新西兰还设置了议会法律顾问办公室(The Parliamentary Counsel Office, PCO),这是负责起草新西兰政府法案(税务法案除外)和一些二级立法的法定办公室,该办公室履行起草、发布和整合立法,以及根据当前修订计划完善法案等职能,对立法工作实行精细化管理。PCO 下设的立法网站向公众免费提供最新版本的法案、拟议法案、二级立法及补充单证相关文件。

(2)健全商业监管体系。严格的商业监管对企业加快业务拓展、参与市场竞争发挥着重要作用。新西兰商业、创新和商业部(MBIE)是新西兰最大的监管部门之一,同时是金融市场、消费者保护等 17 种监管体系的管理者,并对支持MBIE 工作的三个关键领域的法规进行管理。金融市场监管体系是为新西兰资本市场和金融服务提供法律框架的基础性体系,目前已发布《2022 年金融市场修正案》《2024 年金融市场服务改革》,为企业、投资者和消费者参与金融市场提供有力的法律支撑。在该监管体系中,MBIE 提供有关金融市场监管的政策建议。金融市场管理局(FMA)则负责制定监督金融市场参与者需要遵守的监管规则,通过向一些金融市场参与者发放许可证来增强公众对金融市场的信心。FMA 还与公司办公室、内政部、商务委员会、税务局等共享信息,以确保监管工作的公开性和有效性。

(3)注重知识产权保护。新西兰知识产权保护工作由 MBIE 主管,知识产权局是该部门所属的商业单位,致力于制定知识产权保护的政策规定,审查和授予专利、商标、外观设计和植物品种的专有产权,提供申请知识产权的网站,同时通过执行有关知识产权保护的法律法规,来提高初创企业中年轻企业家的知识产权保护意识,鼓励企业开展创新性研发活动。新西兰以法律严密在全球享有盛誉,其知识产权保护制度的发展历史较长,商标法最早于 1953 年制定,1955 年正式生效,此后专利制度相继出台,比如《1994 年版权法》《2002 年商标法》等。随着知识产权保护不断取得新进展,《2013 年专利法》)《2014 年专利条例》相继正式生效,为知识产权保护工作提供了相对完备的法律支撑,使企业的专利、商标和版权等得到有效的法律保护。新西兰在 2010 年成为世界上第一个拥有国家级知识产权课程教学专业资源的国家。

从新西兰的案例中，可以发现，新西兰具有严密高效的法律体系，政府为反对商业贿赂制定相应法规，在监督管理市场主体、保护消费者合法权益、打击恶性市场竞争等方面有完备的监督体系，促进形成统一开放、竞争有序的市场环境。中国在营商法治化建设过程中，应深入调查国内市场主体需求，制定符合实际的营商法律法规，建立公平公正的立法程序，满足市场主体的相关法律诉求。同时，要强化立法、执法机构人员的政治责任，将法治方式、法治思维运用到各项工作中，维护负责、透明的立法机关和服务型政府的形象。另外，各级政府应建立健全政务信息资源开放利用的相关法规体系和配套的标准体系，推动政务数据的开发和利用走上法治化、规范化轨道。同时，中国不仅应关注法律法规的出台和修订，还应致力于提升法律法规的实施效能，在履行市场监管、公共服务等职能的过程中，关注市场主体的切实需求，严格执法检查，加大对法律法规的宣传力度，站在建设高度法治化国家、建立廉洁透明政府的高度上，将营商环境法律制度建设与执法能力提升相结合，实现国家治理能力和治理体系现代化的战略目标。

3.4　坚持科技创新引领

创新是一个国家和地区繁荣昌盛的不竭泉源，而原始创新是最根本的创新，是目前全球范围内科技领域竞争的制高点。为把中国建设成科技强国，基础研究原始创新能力的提升是一个至关重要的论题。党的十九届五中全会提出，坚持创新在中国现代化建设全局中的核心地位，把科技自立自强作为国家发展的战略支撑。2021 年《政府工作报告》强调，完善国家创新体系，加快构建以国家实验室为引领的战略科技力量，打好关键核心领域技术攻坚战。此外，中国制定实施基础研究十年规划，不断实现"从 0 到 1"的突破，创造新技术发展动能。基础研究水平整体比较落后、原始创新能力不足等问题，一直困扰着中国科学技术界，因此在关键核心技术领域基础知识储备不足，在助推科技进步方面缺少重大科学发现。从国际高端科学家人才分布看，美国占据全球近 50% 的高端人才，英德占比接近 15%，中国高端基础研究人才占比仅为 4.7%。加强基础领域研究、提升原始创新能力是中国当前亟待解决的问题。美国、新加坡、日本历来重视科学技术和原始创新的发展，它们不断探索原始创新能力的提升路径，积累了丰富的经验，可提供重要的启示和经验借鉴。

3.4.1 美国的做法与经验

美国十分重视技术创新体系的顶层设计,制定了《美国创新战略》。美国于2009年首次提出"创新战略",强调加大基础创新的投入,加速国家重大优先项目的创新发展远景建设。2011年,"创新战略"进一步囊括了科研、教育和基础设施,成为三大战略支柱推动国家创新发展。2015年,美国进一步扩大"创新战略"的覆盖面,聚焦清洁能源、医疗设备、高端制造业、智慧城市等九大顶尖领域,加强基础研究创新研发方面的投入。

美国后又陆续出台《小企业创新发展法》《小企业技术转化法案》、小企业技术转移计划、小企业创新研究计划等政策法规,以此对中小企业进行精准的引导和投资,提升其创新活力。

此外,美国也十分重视科技资源的共享,出台有《信息公开法》《版权法》《信息自由法》等,其中均提到数据科技资源的共享问题。例如,《信息自由法》《版权法》明确提出,数据资源完全开放应当作为科技资源信息共享的基本政策,并强调保护技术资源所有者的权益和用户使用资源的权利。资源共享的领域包括科学文献、自然科技领域信息、高尖精仪器装备设施、资源数据等。

在共享政策方面,美国在各领域都想尽最大可能降低生产研发成本,以此提高质量和效益,因而具有较强烈的合作意愿。美国政府鼓励支持创建共享平台,针对不同领域给予不同支持,明确资源共享战略是基本的政策。在共享保障方面,美国建立强大的信息共享平台网络作为支撑,更好地为科技资源共享服务。

对美国科技创新影响较大的是《拜杜法案》。在其出台之前,创新成果实行"谁投入,谁所有、管理、获益"的模式,严重压抑科技创新人员的积极性。《拜杜法案》则着眼于保护科研主体的权益,支持研究成果流入产业界,促进科研成果产业化转化。此后,美国一些没有进行实体技术生产的公司,通过抢注、非法购买专利"空手套白狼",钻法律的空子,利用专利诉讼赚取巨额赔款或者和解费,给技术创新型企业带来了巨大的损失。为此,2013年《创新法案》出台,完善修正了专利侵权诉权程序,以此全力打压"专利蟑螂"滥用上诉的行径,构建起集诉讼审查、滥用失权、证据公示、费用承担和用户平行诉讼等于一体的法则机制,有效遏制了"专利蟑螂"蔓延发展的态势,有力保护了高新技术企业的知识产权。可见,注重知识产权保护是美国经验中的一个重要启示。

以企业为主体的创新是美国创新体系的又一个重要特色。这种主体地位有两重含义：企业不仅是科学研究的主体，而且是创新决策和投资的主体。从美国企事业研发资金投入看，联邦政府在研发方面的投入资金基本保持在较低的水平，平均占总企事业研发资金的 10%；而企业的研发投入金额占总企事业研发资金的80%，比联邦政府的八倍还多。美国企业在技术创新过程中承担了很重要的角色，接近 30% 的科研成果都是企业的功劳。同时，企业利用了美国约 70% 的研发经费。企业是美国进行创新的主体，也是创新的终端归宿。科研成果的产业化、市场化由企业实现，创新的成果和利益由企业共享。

最后，美国教育普及率高，教育环境宽松自由，着力于激发学生的创造创新潜能。美国把教育作为立国之本，在基础教育和高等教育阶段均施行不同水平的创新教育。基础教育阶段，着手培养学生的技术创新意识和能力，注重从小培养学生的企业家精神，开展自然科学、投资理财等课程，培养潜在的科学家和企业家；在校内建成会议室、实验室为一体的创客空间，学生在导师的指导下可以将自己的创意创思转化为产品，推向市场。高等教育阶段，为学生提供良好的外部创新服务环境，建设多样化的创新指导机构，有创客交流中心、科技转化孵化器等，提供创思创新实践机会、专业老师指导及仪器设备使用。美国重视鼓励本科生进行科学研究，是国际上本科生科研最广泛最深入的国家。大学成立本科生科研理事会，着力于鼓励动员本科生进行科研，为其提供指导和服务。如 1997 年，加州大学伯克利分校为本科生创设科研工作室，给予学生各种进行科学研究的机会，对学生进行点对点指导服务，并负责科研项目的申请、撰写、审核以及验收工作。

美国人才的培养不仅停留在学校教育阶段，而且存在于企业中。不少美国企业拥有共享交流平台，企业内部也会自发举办各种活动，定期进行技能交流和技能培训，定期对职员进行集中教导培养。这激发了员工的创造积极性，提高了员工的归属认同感，是一项企业和员工互利双赢的举措。例如，摩托罗拉每年会对职工进行多于 40 小时的再教育，IBM 将"教育永无止境"视为公司的信仰。

3.4.2　新加坡的做法和经验

新加坡政府搭建了分工明确、统筹全局的技术创新管理体系，包括两大块：

第一，由政府组成的科技创新管理机构，组织推行各类研发项目和创新计划。管理机构主要包含教育部、贸易与工业部、律政部，三者有着不同的分工。其中，教育部着重管理学术科研工作；贸易与工业部着重管理具体的科研目标，承担技术攻关任务;律政部是前者的保障部门,主要负责知识产权的保护工作。第二,设置理事会机构,从国家层面上重点支持引领技术创新发展。创设国家研究基金会,作为理事会的执行机构,明确国家研发导向,协调各部门的科研发展计划。

新加坡国土面积狭小,为保持经济平稳持续增长,充分开发利用人才资源成为重中之重,政府在人才培养上实施了"两条腿"走路的政策,即人才培养本地化和精英引进双管齐下。一方面,持续加大投入,教育经费在政府的财政支出中多年位居第二,为产学研创新模式做充足的人才准备;设置丰厚的奖助学金、研究补助金等,鼓励并资助优秀学生去国外留学。另一方面,采取优惠政策和良好待遇等措施吸引海外人才,设立"国际研究生奖""产业研究生计划"等一系列奖助计划,资助海内外硕博研究生来新加坡攻读学位;颁布"环球校园"计划,通过优惠政策吸引名校落地办学,如宾夕法尼亚大学、麻省理工学院、芝加哥大学等,创办分校培养人才,引进国际人才和培养本土人才共同发力,吸引大量的国际尖端人才到新发展。统计数据显示,2023 年有 8 万多名海外的高、尖、精技术人才工作于新加坡,30% 的信息技术人员来自海外,40% 的高等学校教授和讲师来自国外。

基础研究是原始创新的根本支撑,新加坡"RIE2020 计划"中预算投资 28 亿新元支持学术型科技研究。同时,创办学术研究基金会,重点关注力学生物学、量子科技、环境生命科学工程、地球观测与研究所和痛症科学五大科学研究中心的发展和建设,对标建设全球水平的研究中心。

新加坡面积狭小、发展本地市场效益微小,因此,政府制定支持中小微型企业实施"走出去"的战略,开拓利用更广阔的国际市场。自 2010 年起,每年会有 100家企业收到来自企业发展局的 1 000 万新元拨款,这些资金用来补助企业拓展国际市场所支出的费用。

新加坡重视依靠跨国公司雄厚的科技实力增强本国的科学技术研究能力,通过资金、制度、税收、环境等的优化配置,吸引跨国企业落地生根。在吸引的近7 000 家跨国公司中,超过一半在新加坡建设总部。国家研发机构对跨国公司所拥有的关键技术开展攻关研究,经引进、消化、汲取、再创新,到最终实现完全的自主型创新。

2023 年,新加坡拥有 150 多家风险投资公司、50 多个科技孵化器,它们增强了科研成果转化为产品的速度。2003 年,政府又推出了"企业促进计划",并拨出1 000 万新元鼓励并资助为科技创新提供支持和帮助的服务机构。其中,比较出名的科技服务机构是启奥生物医药园。该园区模仿西方国家园区的建设理念和科学布局,形成了一条从上游到下游研究开发的完整链条,加强了研究、开发和产业化各阶段的联系,缩短了科研成果商品化生产的周期,强化了科研成果对产业经济发展的促进作用。

3.4.3　日本的做法和经验

从科研经费的投入结构看,中小型企业是二战后日本科技研发的核心支撑。民间资本占据了研发投入比例的首位,而中小型企业是民间资本的来源,可以说中小型企业是日本研发的顶梁柱。为追求高质量高技术发展,企业不仅投入了大量科研经费,而且斥巨资吸引了高端技术型研究人才。

日本对科技人才的培养与管理从中小学生抓起。在基础教育阶段,学校会定期组织孩子们到科技馆、天文馆、创新馆等地方参观学习,提高中小学生对科学技术及创新的兴趣和亲近感;经常举办科研创新活动,激发孩子们的创意思想,并从中挖掘有潜力的学生进行重点关注和培养;邀请优秀的科研专家和企业领军人才到校举办科技创新类讲座,提高科技和创新对学生的吸引力;注重对教师的培训,鼓励他们将科研成果带入课堂,吸引培养学生对科学研究的兴趣爱好。

在高等教育阶段,政府如期组织对高校进行科研、教学质量、贡献等评估,将评估结果向外公布,并用来调整教育资源的分配以及发现大学需要改进的地方。同时,大学与众多企业间签订人才培养协议。学生进入大学后,可以根据自己的课程安排选择到企业进行长期的实习;大学也会按照企业的要求进行人才培养模式调整,对相关课程设置进行调整。

同时,日本实施“产学官”协作,企业(产)与拥有高技术、高知识的大学(学)及公立研究机构(官)合作,共同进行新产品研发和新项目建设,推动技术升级创新及研究成果转化。并且,政府相继出台《产业竞争力强化法》《加强产学研合作研究方针》《大学技术转让促进法》等一系列政策,致力于推动日本“产学官”融合发展。其中,《产业竞争力强化法》准许大学老师在企业兼职,推动所在大学和企业深入技术交流,促进创新成果顺利转移,带动民间技术向实用性发展,培养相关行业的技术人才。

“产学官”三者相互联合(见图 3.2),“学”为“产”和“官”培养人才、输送技术;“官”和“产”结合,为“学”提供资金、政策、就业等方面的支持;“产”和“学”结合,搭建高校-企业实习模式,增强教师、学生创新能力,“产学官”联合是一种新型的科研创新模式,以实践促进高校的科研发展,再将其转化为成果,有效促进了日本创新技术的变革。

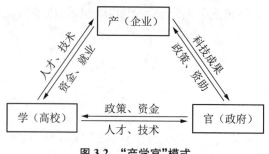

图 3.2 "产学官"模式

资料来源:《推动都市圈轨道互联互通》,《宏观经济管理》2022 年第 2 期。

日本科技评价制度的基本原则是:激励具有创新精神和科研潜力的人员的长远眼光,激发科研人员的活力。根据科研的特点和规模适当调整评价方法,防止重复评价,建立起与被评价者间的信息沟通和反馈机制。在评价进程中,注意挖掘创新型人才,特别注重对年轻人的激励,提升其创思能力,注重年轻人蕴含的科研潜力,而不仅仅看成果本身。日本的科技评价过程和评价结果会向国民实时公布。此举既是对评价本身的监督,也是为了得到社会的理解和支持。

3.4.4 发展科技创新的启示

应高度重视对创新的立法,将创新并入法律轨道,搭建完备的知识产权法律保护体系。完善科技资源共享的法律法规,将数据资源的开放视为科技资源共享的基本要求,资金资助共享数据耗费的成本。将数据共享纳入知识产权体系予以保护,重视科研数据的正式出版,规范数据溯源问题,严厉追责违规使用行为,确保资源所有者的权益和需求者购买使用资源的权利。

制定提升原始创新能力的支持政策,构造以国家实验室为核心的科技力量支撑,制定长期的基础研究规划,支持基础研究和应用基础研究,鼓励学科之间的交叉研究,打好关键核心技术攻坚战。在提升政府服务效能、减少检查评审环节、扩大部门自主权等方面采取措施,切实转变政府职能,由管理项目向抓战略、抓规划、抓政策、抓服务方面转变,为科研人员潜心科研营造良好的科研生态环境。

企业是市场中最基本最重要的供给主体,是促进科技创新的攻坚力量。应调动各类企业技术创新的积极性,真正使其在创新中发挥主体带动作用,提升创新的质量和效率。运用市场化机制鼓励企业创新,引领企业加强对基础研究的研发力度。鼓励领军企业组建创新联合体,健全科技成果产权激励机制,完善金融机构投资监管体制。加强创新创业服务中心、高校科技园等创新科技平台和科技中介服务机构的建设，推动大中小企业融通创新，为企业打造良好的创新环境。重视中小企业在创新中的地位，将研发经费更多投向中小微企业。通过税收优惠、资金补助等，激励各类企业和资本投入基础研究领域，形成研究机构、高等院校、民间企业等多元主体共同创新的模式，激活创新活力。

借鉴美国、新加坡和日本的人才培养模式，可从基础教育阶段开始，设置技术创新课程，定期组织科技探索活动，培养学生对技术创新的热爱和兴趣。高等教育阶段应调整完善课程体系设置，自然科学和社会人文教育应深入交叉融合。在必修课程设置改革和教学质量提升的基础上，增开与技术创新相关的选修课。改革传统的教学模式，适应科技拔尖人才的原始创新能力提升。借助发达的现代化信息技术，与其他高校优秀课程建立网上互助关系，鼓励学生利用线上网课灵活、自由地学习。在课堂教学中，加强对学生思维创新能力的培养，引导学生进行批判性思考。

人才的培养还应放眼国际舞台，加强国际合作，尽最大可能吸引全球优秀的科技人才、尖端科技知识、资金设备。引进科技人才应与优势学科和团队建设相结合，真正发挥科技人才带动学科进步和后备人才培养的作用。采取措施为优秀人才提供优厚待遇和科研条件，吸引出国深造人才回国发展。

借鉴日本的"产学官"发展模式，中国可以自主原始创新能力提升为中心，发挥产学研协同合作的作用，加快推进研发成果的转化。加强国内外科技交流合作，加深提高产学研合作的层次和程度。完善产学研一体化的合作机制，踊跃寻求共建共享共用核心实验室的新形式，推动高校、技术研发机构和科技型企业等共同出资出力出人建设公共研究机构；加强与国外研究开发机构的联系，共同合作筹建国际先进的实验室。

应鼓励和保护创新的思想，破除传统文化的糟粕。从基础教育阶段开始，引导学生独立思考设置编程、搭积木等游戏类课程，激发学生们的创新思维，尊重学生们的个性化发展，引导学生敢于大胆地表达自己的观点。引导学术科研活动多元化发展，鼓励"百花齐放、百家争鸣"，保障发表不同学术观点的权利，营造热爱科研、淡泊名利的社会风气。

应建立起多层次的科技评价体系，搭建与新时代创新成果相符的质量、绩效评价指标。推行以科学研究高质量发展为导向的分类评价，从源头上削减各类无关紧要的硬性考核指标，为科研人员营造集中精力工作、潜心研究的宽松环境。评价过程中应遵循质与量、评价目的与手段相统一的原则，根据不同专业、学科、行业对人才的要求，分类制定相应的动态评价标准。评价主体应深入社会实践，深入研究相关专业、学科、行业,把握人才评价标准的具体要求,研究、制定科学化的人才评价动态标准。

建立科研人员"容错机制",成立容错纠错委员会,由专家对项目内容进行评审。对聚焦中长期前沿、基础且具有颠覆性的创新成果,设定较高的容忍度;对着眼于短期利益的创新成果,容忍度控制在较低水平上。在基础研究领域建立"长期效应"机制,给予基础研究"十年磨一剑"的机会,根据不同领域的基础研究课题设置3年、5年或更长的期限,合理设置中期考核指标。

推进财政科研拨款"放管服"改革,构建以信任为基础的科研资金管理机制;优化管理,落实科研主体责任及资金运用的绩效导向;提升服务,增强科研工作者的改革获得感。

3.5　提升城市品牌效应

品牌通过一系列区别性的符号和标记来体现产品或服务对消费者物质和情感需求的回应,其实质是消费者对产品或服务的价值和利益的情感认同。而城市品牌则是市场经济发展到一定阶段的产物,是从产品品牌和企业品牌逐渐延伸出来的概念。经过长期的经验总结和理论提炼,城市品牌建设可以被认为是将一个城市的历史文化、资源禀赋、地理特征、产业结构、技术水平等一系列要素进行系统化整合,进而形成区别于其他城市的"综合特色"。

城市品牌可以提高利益相关者对城市的认同和满意度,进而增强城市的聚集效应、规模效应和辐射效应。当前,城市间的竞争力差异逐渐通过整体品牌竞争力差异体现出来,加强品牌建设对城市发展具有非常重要的意义。

品牌建设是一个系统工程,尤其是对一个城市或一个区域来说,需要对品牌的定位、设计、推广、管理、维护等一系列程序进行集中研究和把握。本节将通过研究伦敦、奥斯汀和新加坡的城市品牌建设经验得出建设城市品牌的相关启示。

3.5.1　伦敦城市品牌打造经验

伦敦能够迅速地超越纽约、巴黎、罗马等城市,跃居城市品牌第一位,与其独特的品牌传播组织结构分不开。伦敦品牌建设的组织结构遵循"形散而神不散"的原则。所谓"形散"，即伦敦品牌机构并不是一个实体，没有专门为其服务的工作人员，其所有雇员都是伦敦市政府下属机构中分管公共关系的工作人员。这些机构包括伦敦发展署(London Develop Agency)、伦敦旅游局(Visit London)、英国贸易投资总署(UK Trade & Investment)、伦敦投资局(Think London)、伦敦教育局(London Higher)、伦敦奥组委(London 2012)，以及伦敦东区、南区、西区、北区、中区发展分署等。所谓"神不散"，就是这样一个松散的机构却具有强大的力量，其权力可以渗透到伦敦政治、经济及文化活动的方方面面。伦敦品牌机构由市长办公室直接管辖，位于伦敦市政府决策的领导层，参与伦敦市政府所有对外活动的策划与实施，从而保证了伦敦的每一次公关活动都有统一的形象和声音，以建立连续一致的品牌形象。这样的体系收放自如，可以迅速集结，又可以快速解散，不仅节约管理成本，而且其工作人员的双重身份使政府机构的行政部门都能够按照市政府所确定的品牌策略去执行。

如同为产品建立品牌识别一样，有一个清晰、富有个性化的品牌识别是伦敦城市品牌化的最终目的。依据美国现代品牌营销之父戴维·阿克(David Aaker)的观点，品牌识别是品牌战略制定者试图创造或保持的一系列关联物，它代表了组织机构希望品牌所象征的内容。所以，伦敦品牌建立的第一步就是建立品牌识别系统。

伦敦城市品牌识别系统的建立分为初步分析、建立品牌核心价值、根据核心价值创建识别符号三个阶段，历时 20 周。品牌建设的专家组采用定量化的方法来进行初步分析，并阅读了大量的文件资料，比较伦敦与其他竞争城市的不同，找出伦敦的亮点进行品牌定位。然后，专家们在巴黎、纽约、汉堡、东京四个国际都市对商界及政府领袖进行了广泛的意见调查，以测试品牌定位是否符合伦敦形象。最后，经过多次头脑风暴，伦敦品牌识别系统的价值金字塔模型建立起来了。此金字塔的底座为品牌生根的土壤，即主要的品牌所涉及的行业，包括旅游、商业、体育、文化以及教育业。品牌专家从这些行业中提炼出伦敦与众不同的迷人之处作为品牌的格调。在"开放、迷人、自信和动力无限"的品牌格调的基础上，伦敦"文化多元化、无限创造性、充满机会以及无穷积极的推动力"的品牌价值也凸显了出来。这个金字塔所表现的伦敦品牌价值由表及内，层层推出，最后汇总于金字塔的顶尖，即伦敦品牌的核心价值——"不断探索"。

各部分确定后，需要用一个视觉形象来表现伦敦。经过严格的筛选与测试，最后，伦敦品牌以一个活力无限、变化无穷的万花筒形象展示在世人面前。万花筒变幻莫测的特性紧扣伦敦"不断探索"的主题特征，将伦敦经济、文化、生活等五彩斑斓的一面用平面设计的手段生动地表达了出来。

伦敦城市品牌的宣传是多元化的,渗透到伦敦生活的各个方面。首先是媒体传播。英国广播公司(BBC)这个 24 小时不间断的全球传播工具为英国文化传播以及伦敦形象传播起到了极其重要的作用。其次是活动传播。伦敦层出不穷的活动以及节日使传播成为"有源之水"。其中一些惯例化的、成功的节日活动,如摄政街(Regent Street)的点灯仪式,每年 8 月的狂欢节、皇家庆典等,已成为其特殊的"产品"。这些"产品"的知名度、认知度对提升伦敦城市形象的贡献极为重大,不仅每年吸引了大量的游客,同时随着电视的转播使数亿观众了解了伦敦。伦敦的这些知名活动已经上升为"子品牌",成为伦敦的名片。最后是政府传播。伦敦政府的每一个外事活动都是伦敦市政府不遗余力宣传伦敦的机会。伦敦市长每年都要安排出访计划,以宣传推广伦敦。

一个极具实力的城市或国家品牌是一种珍贵的财富,是一种能抵抗负面影响、树立良好声誉的保险策略。强大且极具实力的城市品牌有一个特征,那就是:人们会夸大评价那些品牌城市的实际品质。在关于环境质量的城市品牌指数中,伦敦高居第 13 位。然而在美世咨询公司于 2002 年进行的关于城市实际洁净程度的全球调研中,伦敦在 215 个城市中仅位居第 102 位。人们把伦敦想象成世界上最清洁的城市之一的事实清楚地显示了伦敦城市形象和品牌的强大力量。

3.5.2 奥斯汀打造城市品牌的做法

奥斯汀是美国得克萨斯州的首府,有"硅山"(与"硅谷"相呼应的高科技城市)"世界最宜居城市"等一系列美誉。其中,"世界现场音乐之都"之称最为知名。该市运用公私合作(Public-Private Partnerships,PPP)理念——"企业搭台、企业唱戏、政府服务、共同受益"——打造城市品牌的做法值得研究借鉴。

起初,秉持"让世界近距离了解奥斯汀音乐,让奥斯汀走向世界"的理念,1986年 10 月,西南偏南(South By Southwest,SXSW)公司成立。首届音乐节活动于1987 年 3 月举行,开幕当天注册会员由 150 名增至 700 名。之后这项活动每年都在奥斯汀举办,吸引来自世界各地的上千万音乐人和乐队报名参加。大小唱片公司及媒体纷纷派代表到场,在各大演出场所之间奔波。很多还没被签约的乐队也希望能借他们在 SXSW 的演出,吸引媒体和唱片公司的注意。SXSW 起初只是音乐节(也一直是其重要的组成部分),后来发展为包含音乐、电影、多媒体交互和科技交流的饕餮盛宴,成为世界上规模最大且唯一的"科技+音乐+电影"的盛典,还有媒体把它比喻为"戛纳（当今世界最具影响力、最顶尖的国际电影节）＋TED（Technology、Entertainment、Design）＋CES（Consumer Electronics Show，消费类电子产品展）"的混合体。从本质上讲，SXSW大会是创新创意人士拓展事业的一种工具，它将来自世界各地的人们聚集在一起，让他们得以有机会学习、分享和碰撞最新理念想法。

奥斯汀很早就认识到文化部门对其活力、宜居性和经济成功的重要性，自1969年起，通过城市资助支持艺术，并定期开展文化评估和规划。SXSW音乐节创立后，奥斯汀市政府更加认识到音乐产业发展对打造城市品牌和竞争力的重要作用，采取了一系列措施促进音乐产业发展。

市议会批准成立奥斯汀音乐委员会，负责就音乐产业发展问题向市议会提出政策建议。其职责包括：研究音乐产业发展，协助实施满足产业发展需要的项目；审查可能影响音乐产业发展的事项等。1991年，按照当时的统计数据，奥斯汀是全美人均拥有现场音乐表演场所最多的城市。因此，在音乐委员会建议下，市议会投票决定提出"Live Music Capital of the World"（世界现场音乐之都）的城市口号，于当年注册为商标并启用。

市政府经济发展局专门设立音乐与娱乐、文化艺术处。这是市政府整合相关部门职责后新设立的两个处，负责全方位管理项目、服务和资金资助，以促进奥斯汀商业性及非营利性的音乐和娱乐产业的多样化发展，加速增长；作为所有音乐产业利益相关者的中心联络人和资源平台，致力于增加就业、繁荣市民娱乐休闲生活、促进行业发展。奥斯汀会议和游客局有两名专门负责宣传音乐和电影的员工。

制定相关产业发展规划。市议会于1993年通过了《奥斯汀综合艺术规划》，设立了包括音乐在内的多项公共文化支持项目。2010年市议会通过了《创意奥斯汀文化总体规划》（Create Austin Cultural Master Plan）。这种公私合作为整个产业发展制定具体战略的目的是保持奥斯汀作为吸引艺术、文化和创造力的"磁石"。除了提炼对文化支持城市角色定位和社区执行战略的责任，规划进程还激发了社区领导人和社区之间的伙伴关系。2012年奥斯汀市议会通过的到2040年的综合性规划《畅想奥斯汀》（Imagine Austin Comprehensive Plan）中，创意经济是规划列出的8个优先发展项目之一，规划提出了支持创意经济的19条具体政策措施。

制定相关政策扶持产业发展。根据得克萨斯州税法规定，市政酒店占用税收入可用于艺术产业的激励、推广、提升和应用，包括与器乐、声乐、电影、广播、电视、录像和录音等各种艺术形式相关的演出、执行和展览。按照城市规模大小不同，各地税率不同，目前奥斯汀的消费税率为8.25％，其中，州税为6.25％，城市税为2％，这成为市财政支持文化艺术产业发展的稳定资金来源。

相关部门还设立了艺术家资助项目、娱乐服务小组和专项资金来扶持并服务音乐产业发展。例如,为留住本市原有音乐人,并吸引更多的音乐人来此发展,设立专项资金对音乐人给予补助,为他们提供医疗保险;设立一系列项目支持音乐产业发展。例如,"机场现场音乐"项目——让来自世界各地的旅客一下飞机就能感受到世界现场音乐之都的魅力;"奥斯汀市议会现场音乐"项目——市政厅市议会常务会议开始前,由精选的本地知名乐队表演开场,借助议会会议直播帮助乐队扩大影响力,市议会授予其官方证书并载入市政厅大事记;"音乐产业贷款"项目——为音乐人和音乐公司提供贷款,政府对因贷款人破产导致的损失承担一半的偿付责任;设立文化艺术基金,对乐队入住酒店的费用给予补助。

提供周到服务。奥斯汀拥有 250 多家现场音乐场馆,它们是音乐产业发展的重要载体和产业成功的重要组成部分。音乐与娱乐处专门设立娱乐服务小组,担任户外现场音乐场地督察专员,协助场馆完成城市管理法规要求的室外扩音许可程序,在允许的场地和社区团体之间达成协调协议,促进对演出场地的保护、可持续性利用和与周围邻居的和谐兼容性,找到公平双赢的解决方案,以确保充满活力和动线流畅的现场音乐和夜生活体验。例如,设立"音乐人装卸演奏装备专用道"——在特定时间段提供专用道,使音乐人免费停车,方便设备装卸;设置"电话接通前音乐"展示项目,任何时候,在打进城市电话系统等待接通前,拨话者们会欣赏到精心编排的奥斯汀音乐播放列表,政府大力推广本地音乐的用心可谓细致入微。

美国 PPP 模式起步较早,大多在基础设施、公共服务领域推行。这一理念深刻影响了政府与市场合作的方方面面。SXSW 大会是私营企业举办的,但其影响力已经远远超过企业经济利益,对丰富市民娱乐生活、树立奥斯汀市对外形象、促进经济发展作用甚大,具有重要的公共利益特征。因此,政府对音乐节活动的财政资助很容易得到市议会的投票批准。SXSW 大会期间,市政府提供的支持主要是采用免除政府收费的形式。例如,免除市公园与休闲局管理的作为 SXSW 大会活动主场馆的市会议中心场馆的租赁费、设备费、维护费、许可费等;免除市交通局负责管理收取的停车费、安检费、交通管制费、安全保证金等;免除市警察局的相关费用、市政部门的保洁等人员费用等。SXSW 公司则专注负责整个活动的策划、招商、嘉宾邀请、组织等具体事项。例如,美国前总统奥巴马等著名嘉宾的邀请都是由 SXSW 公司自己负责的,是纯粹的商业活动。

3.5.3　新加坡文化城市品牌打造经验

新加坡城市品牌塑造以文化为核心，打造以"花园城市、文化之都、美食天地"闻名的宜居的人性化特色城市。新加坡形象的国际化、特色化和人性化已成为城市名片，吸引着世界各地的游客，使其成为世界旅游目的地。文化是城市品牌的核心，是城市吸引力和影响力的抓手。

在 20 世纪 50 年代之初，新加坡还是一个贫穷的渔村，但通过短短几十年的发展，已成为享誉全球的国际大都市，究其原因，除充分利用优越地理位置发展自由贸易外，新加坡城市形象塑造的定位和发展功不可没。城市品牌战略，即在城市整体形象传播过程中，全面塑造城市品牌质量，创造城市知名度和美誉度及居民满意度的战略，如城市的企业品牌、产品品牌、服务品牌、人物品牌、文化品牌等。本节将聚焦于新加坡"文化之都"这个城市品牌的打造。

新加坡 21 世纪的发展定位是独特的全球文化艺术城市，即通过"文艺复兴城市计划"建设成一个基于一流基础设施、高宜居指数及具有独特多元文化和前瞻性特色的国际人才聚集地，一个包容、团结、拥有民族自豪感的人民的最佳居住地。

在硬件基础设施方面，投资建设多家文化艺术场所，如滨海艺术中心、亚洲文明博物馆、新加坡国家博物馆、新加坡美术馆、新加坡科学馆等。新加坡打造了富有文化底蕴的旅游网红打卡地，如牛车水唐人街、小印度、苏丹回教堂、圣安德烈教堂等，还刷新了城市新地标，如配有空中无边泳池的金沙酒店。在文化传承和推介方面，新加坡设立文化遗产节，通过挖掘其文化遗产中鲜为人知的一面，聚焦华人、印度人、马来人等聚居的不同地域和社区，通过博物馆藏巡展、地方文化产品巡展等活动，展示当地丰富的文化遗产资源。新加坡还打造了具有国际影响力的艺术节，举办国际性的文化艺术活动以供交流，形成艺术文化生态体系，为艺术内容的创造者、艺术商业及专业服务机构提供内容服务体系。如一年一度的仲夏夜空艺术节，除本地文化馆举行的夜间活动，还有来自世界各地的杂技艺术街头表演、空中戏剧表演、灯光投影和音乐互动展示等。为推进国民的社区参与度，政府为市民创造了包含文化多样性、提高用户整体体验的集聚空间，以激发文化艺术潜能。这方面主要从以下两个维度入手：将纪念馆类建筑（如图书馆、博物馆、档案馆等）集聚为一个混合学习体验空间；将艺术、商业、科技建筑等集聚为一个灵感来源。

新加坡城市文化发展已渐显规模,在文化的传承和发展方面颇具匠心,聚集了文化创意产业中心,形成了具有促成构建创意经济系统的丰富人才资源、庞大的企业网络、成熟的"创意生活圈"培育机制。这种文化创意产业延伸链旨在打造城市吸引力,也被埃比尼泽·霍华德(Ebenezer Howard)称为"磁力"。一座城市就是一个巨大"磁场",它通过"磁力线"向外放射出强烈的磁力,吸引着周围众多的人、财、物。这些人、财、物一旦被吸引到城市里来,便会被"磁化",从而与城市里原来的人、财、物一起放射出更强烈的"磁力"。

文化是旅游业发展的中坚力量。没有独特的文化基础和服务设施,就难以形成规模化的旅游业,也难以造就城市品牌影响力。由此,是什么样的特色文化吸引着世界各地的游客,使新加坡成为世界旅游目的地?首先,国际化的旅游吸引物。新加坡是娱乐和购物天堂,金沙酒店、环球影城、免税奢侈品、高科技感的娱乐项目等给游客带来耳目一新的感受。只有够新、够奇才能吸引游客,才能给城市带来影响力和传播力。其次,将本土文化特色化。新加坡在历史上隶属马来王朝,近代也曾受到英国的殖民统治,后又被日本占领,在种族上以华人、马来人和印度人居多,新加坡并没有完全摒弃这些历史文化,而是将其文化精华保存下来,成为自己文化的一部分。最后,人性化的配套设施。人性化的设施也在游客中留下良好口碑:机场、地铁、出租车和公交系统完善,能快速便捷地输送游客到达目的地;人行道设有遮阳挡雨的顶棚;娱乐设施注重打造舒适感。

综上所述,文化是城市品牌的核心,是城市吸引力和影响力的抓手。只有精准定位文化品牌,从科技创新和传扬本土文化两方面突出城市的文化特色,营造优美安全的人居环境、激发公众积极参与文化建设,才能成功造就城市品牌。

3.5.4 打造城市品牌的启示

近年来,中国在城市形象推广方面投入了大量的人力、物力和财力,使许多城市的面貌焕然一新。但效果有好有坏。通过对伦敦、奥斯汀、新加坡等国际著名城市的案例分析和研究,我们可以得到不少启示:

第一,节庆活动要与当地产业紧密结合。产业是基础,是节庆活动得以举办、发展、壮大的源泉。没有产业这个根基,生搬硬造出来的节庆和论坛活动也就是"为办会而办会",大多只是昙花一现,成为无源之水,不可能持续。节庆活动是产业发展的引领和催化剂,带来更多智力和资金支持使当地产业持续创新并壮大,二者在某种意义上是相辅相成的。产业与节庆活动恰到好处的结合才会相互促进，共同进入良性循环轨道。国内一些地区、产业之所以发展得不温不火，很大程度上就是缺少战略思维和创意思维，还缺乏资源整合平台。例如，山东省实体经济实力雄厚，工业门类齐全，有大批行业"隐形冠军"，但整体发展质量与发达省市还有差距，其关键是没有形成良好的产业生态。加快产业的集群化、高端化发展是当务之急。省新旧动能转换重点发展的"十强"产业中，可以就某一行业或行业细分领域深入探索，为其打造全国性论坛或展会，汇聚全国全球资源，整体提升产业发展水平。

第二，政府与社会资本合作进行市场化运作是各类城市活动可持续发展的保证。打造城市品牌是一项综合性、系统性工程。成功的节庆、展会、论坛等活动离不开政府与市场的共同努力。一些地方为了提高知名度或其他原因，不惜将财政资金全额投入，如此巨大的投入却收效甚微，最根本的还是偏离了市场化这个方向，缺少了企业这个主体，最终成为劳民伤财的"政绩工程""形象工程"。只有把政府掌控的资源与企业的市场机制有机结合起来，使二者同频共振，才有可能实现长远发展、可持续发展。

第三，城市品牌打造需要久久为功。品牌就是竞争力，城市品牌代表了一个城市的知名度、美誉度以及人们对它的满意度和认同度，对提升区域竞争力至关重要。成功的城市品牌会为城市带来持久的经济和社会效益，这将大大降低招商引资、招才引智等各方面的成本。奥斯汀"世界现场音乐之都"品牌的打造过程证明了这一点。城市品牌的打造需要与当地文化、产业相结合，体现自己的特色；需要系统谋划，把握其内在的规律性；需要有"功成不必在我"的精神境界和"功成必定有我"的历史担当，保持历史耐心，发扬"钉钉子"精神，一张蓝图绘到底，一任接着一任干。

第四，城市品牌建设要注重系统性。"系统性"是指城市品牌创建要有规划、系统化地进行。城市品牌创建主要包括城市品牌调研、城市品牌定位、城市品牌传播等一系列步骤，这些步骤要在专业知识的指导下由专业部门（自建专门组织或外聘营销机构）来开展。伦敦城市品牌及香港城市品牌塑造的成功无不得益于系统化的城市品牌创建过程。

第五，城市品牌定位要做到明确性。城市品牌定位是城市品牌塑造的核心，旨在依据城市现有资源，确立其自身在城市顾客（主要包括城市居民、旅游者及投资者等群体）心中的个性与特色，并对其核心价值进行提炼，使其有别于其他城市。这就要求城市要明确自身的特色，找到独一无二的定位，并且保持定位的持续性，明确而稳定的城市品牌定位是城市品牌成功的基石。

3.6 打造生态宜居城市

生态城市是一种理想的城市发展模式,从广义上讲就是一种文化观,一种发展状态,一种发展理念和建设实践,它能够为城市居民提供一个和谐、舒适、美好、幸福的生存环境和发展空间。从生态学意义上讲,生态城市是建立在自然、社会、个人关系协调发展的基础上的,是一种新型社会关系,既有效地利用了自然资源,又能够实现绿色可持续发展,为生活在城市中的居民提供一种更自然的生产生活方式,也为城市经济的发展注入动力与活力,为城市的健康可持续发展奠定基础。狭义地讲,生态城市就是使市民的聚居环境得到改善、生活工作更加轻松愉悦的城市,是一个复合多元的生态系统,既实现了与周边及世界的大循环,也能使城市内部系统实现信息、能量、经济、社会、自然等方面的和谐共生,这些内容能够实现再生利用,达到高效融合、充分发展,是一种更加科学的发展方式,也是未来城市发展的一个必然选择和方向。

本节将展示日本、德国和新加坡等国在生态城市和建设方面的优秀经验,了解这些国家推进生态建设的重要举措,领略其城市生态发展的主要特色,可便于充分借鉴先进经验,进而积极推进生态城市建设,改善城市生态环境,提升经济发展质量,提高市民幸福指数。

3.6.1 日本建设生态城市的措施

日本的温室气体排放来源主要是家庭以及办公部门。与 20 世纪的温室气体排放量相比,日本现在的排放量呈现一定程度的上升趋势,其中来自产业部门的温室气体排放量有所下降,而来自家庭以及办公部门的温室气体排放量大大增加。因此,要实现日本低碳社会的目标,其关键措施在于实现家庭与办公部门的低碳化。例如,在办公建筑的建造与装修的过程中,可以采用先进的科学技术来减少能源的消耗,可以通过减少空调负荷与照明负荷来促进机器设备的运作,对建筑的设备进行性能检测。其中,建筑智能技术的应用最具代表性,这属于建筑物能源消耗一体化管理系统,可以有效地提高办公部门的能源管理效率。

经历过石油危机之后,日本采用了国际先进案例作为参照学习,建立起综合型公司,涉及技术、设备与人才等方面的服务,其目标在于节约能源以及提高能源的利用率。该项措施经过实践证明,取得了显著的成效,有利于日本大量减少温室气体的排放。

并且,在日本,政府对低碳生活的理念极力推广,极为注重关于低碳技术以及低碳物品的选择与使用,减少使用能源消耗严重的技术与产品。现在,日本进行生态城市建设的重点体现在住宅及其家电的使用方面。住宅方面,日本测算了墙壁断热型改造以及住宅绿化后的效果,还对住宅周围的空间集中铺设草地以及减少住宅居民的空调使用的效果进行了测算。实验证明,减少能源消耗严重的技术与产品的使用后,明显地节约了能源。家电方面,日本家电市场已经出现了多种节能型家电产品,但是这些产品的价格过高,许多日本居民难以购买使用,所以日本政府想方设法让所有的日本居民都能购买并使用上节约型家电产品。因此,日本政府出台了相关的政策,通过该项政策来推动节约型家电在居民生活中的使用。

同时,日本政府积极提倡和鼓励全国民众参与和维护城市环境的规划与建设,促使民众关注并参与自己居住地方周边环境的管理。生态城市在全国民众的积极参与中才能建设而成,为此可以征集全国民众对于建设生态城市的建议与意见,培养公众对于生态城市建设的意识,让公众主动维护生活环境。现在这方面的项目已经在日本普通居民的居住环境中得到普及,成为日本建设生态城市的关键环节之一。

最后,为了促进生态城市的建设进程,日本政府提出了绿色支援政策,这是日本政府的生态城市建设中颇有成效的一项举措。该项措施主要给予设计开发项目一定的植物支援,但是符合该项措施要求的项目必须重视对于生态环境的营造,例如在维护和管理居民周边环境的项目中,日本政府可以免费为这些项目提供树木,由项目负责人处理。

3.6.2　德国建设生态城市的措施

德国给人的直观感受便是美和生态,无论走到哪里,映入眼帘的都是旖旎变幻的美景以及人与自然和谐相处的画面,切身感受的都是清新舒适、干净整洁和井然有序。但是,在 20 世纪 70 年代之前,德国也曾经历严重污染,甚至污染成灾,在巨大的环境压力下,德国通过不断完善环保立法执法、出台环保政策、推进产业转型升级、积极发挥市场力量、培育全民环保意识、利用多种方式优化和治理环境,使国家的生态环境乃至经济的发展方式都发生了根本改变,从而积累了一些生态城市建设经验,形成了一批生态城市建设样板。

注重环保立法,以法律的形式严格规避和制裁不环保行为是德国强力推进生态建设的首要特征。德国进行环保立法时间早,20世纪70年代,德国就出台了其第一部环境保护法《垃圾处理法》,比其他发达国家环境立法普遍提前三到五年。德国环保立法意识先进——环境治理作为国家职能目标被列入宪法,并积极运用法律的形式鼓励和发展一些新的经济形式和领域,较早出台《循环经济法》《可再生能源法》等。德国拥有世界上最完备、最详细的环保法律法规体系,联邦及各州的环境法律、法规有8 000部,德国执行的欧盟相关法规约400部,涉及经济、社会、生活的方方面面,法律范围广阔、规定细致,有效减少和避免了法律上的漏洞以及执行中的随意性,为全方位的环境治理"保驾护航"。德国环保立法全面细致,执法也很有特色,单独设立环保警察对环境污染进行监管,及时采取补救行动。

德国各级政府高度重视环保,将环境治理和改善作为执政为民的重要环节,有效地推进了生态建设的进程。政府对环保的重视体现在多个方面,在机构设置上,德国联邦政府及各个州、县政府不仅设有官方的环保机构,还设置了一些跨区域的环保机构来协调跨区的环保事务。在资金支持上,政府对空气治理、垃圾处理、污水处理、河流治理以及房屋节能改造等环保事项广泛提供补贴,对环保企业和环保项目实施补贴和税收优惠,一些城市在环保上的支出占政府财政支出的30%左右,同时,联邦政府每年的环保贷款也达到近百亿欧元。在税收上,政府从1999年就开征生态税,2003年启动生态税改革,将生态税从按劳动力因素征收改为按环境消费因素征收,令全社会的注意力更加聚焦于开拓节能潜力、开发和利用可再生资源、研制节能产品和节能生产工艺上来,也提高了公民对低能耗节能型产品的使用意识。在机制创新上,德国广泛实施生态补偿机制,由富裕地区向贫困地区转移支付,共同治理环境,充分利用资金的横向转移支付,实现优化环境的目标。

在市政设施的建设和改造上,德国政府也高度注重节能降耗。例如,考虑到居住相对分散,集中供热在传输过程中会造成大量的能量耗散,目前德国正推进城市热力网的重建工作,将集中供热逐步改造成非集中供热;为了减少排污,在建筑中,居民水表不是安装在住户的进水处,而是安装在排水处,这一小小的改变,将居民水费与排水量关联,促进居民发挥主观能动性,在用水量一定的情况下,少排污水,减少环境压力。另外,政府也是当地的节能表率,办公楼是本地区示范性节能建筑,政府采购和使用的都是绿色能源、节能型产品。

在德国,环境治理与产业结构的优化升级基本在同步进行,产业结构的优化升级和更新换代有效促进了生产生活的和谐共生,促进了生态城市建设。二战时期以钢铁产业闻名的鲁尔区,通过对大量的旧厂区进行关闭、废弃、改造,发展新产业,如今在新材料、新能源、高端制造等领域领先世界,其医疗、健康、知识和服务经济等第三产业也蓬勃发展,并且它还拥有优质的自然生态环境,从名副其实的工业城变成了"花园城"和"旅游城"。

目前德国强力推进工业 4.0,对工业进行数字化改造,进行新一轮的产业优化升级,重塑工业优势的同时对生态建设也大有裨益。一方面,高端产业排污少,对环境压力小,利于生态建设。另一方面,德国政府每年 80% 的科研投资投向制造领域,在各类尖端技术层面克难攻坚,力争占据全球产业链顶端,在保持德国的制造优势、科研优势和杰出劳动力优势的同时,也对环保技术的开发和应用起到了一定的促进作用。

市场是推动生态城市建设的又一重要力量。德国有很多中介机构,它们以公司的形式运作,在全国甚至在欧洲都有多个分支机构,拥有庞大的市场资源,也与政府有着密切的联系,为政府策划包装节能环保项目并且为项目寻找合适的承担企业,协调各方关系、推进项目实施并为项目做好宣传工作。

德国还有很多协会,也是采用公司制管理模式。它们不仅与政府关系密切,还拥有庞大的会员群体(会员单位包括企业、高校、科研院所及相关社会组织)。这些协会主要充当联络者的角色:一是联系政府和会员单位,为企业解读政府政策和资助信息,让企业充分了解政府倡导什么,支持发展什么,应该在哪里落地生根、集聚发展,使企业能在政府的引导下有序发展;二是联系大学、科研院所以及企业,为企业引入更多智库力量,获得更好的发展方案,全方位为企业提供服务。它们也是管理者,将一些有共同环保诉求的企业和机构组织在一起,为其提供认证和服务,促进产业转型升级。

除了这些有特色的中介机构和协会,德国的民间环保组织也数量众多且成熟完善,有联邦自然保护协会、青年环保联合会等 800 多个全国性和地方性的民间组织,积极推进社会环保工作建设。不少民间环保组织举办讲座或论坛,或者向民众免费发放环保知识小手册宣传环保理念,很多环保组织还组织志愿者深入民众,宣传具体的环保知识,大部分的民间环保组织还通过各自的环保网站公布环保信息或进行环保知识的普及,成为生态建设的重要力量。

德国人的环保意识极强,无论职业和社会阶层如何,他们都普遍认同要保持良好的城市环境和可持续发展空间。在环保政策的制定和实施过程中,社会公众的踊跃参与发挥着不可忽视的作用。在城市生态建设过程中,市民还会主动地为所在城市捐款、种树。同时,为了提升全社会的环保意识,德国的环保法规要求每个公民都有通过自己的行为进行环保教育的义务,例如,家长必须对孩子进行环保教育,系统的环保教育从小学时代就要开始。德国已形成了由政府机构、民间环保组织和学校三方组成的庞大教育网络,向广大民众普及环保知识,向企业推广环保技术,向社会宣传新的环保立法及具体的政策措施。

他们还有强烈的资源节约意识,认为目前不仅德国的资源在减少,全世界的资源都在减少,他们有义务来做节能这个事情,所以全社会都在考虑怎么样能够节约、循环利用。环保节能意识的培育使环保节能成为全民行为,大家自觉遵守环保法规,约束不环保的行为,更有利于环境治理和生态建设。

3.6.3 新加坡建设生态城市的措施

新加坡是一个小岛国家,素来享有"花园城市"的美誉,以整洁有序而闻名世界,是一个较理想的生态型城市。新加坡在规划公园及娱乐区时将城乡结合理念引入其中,旨在打造一个田园型的生态城市,除了将"原始公园"建设于城郊之外,还将森林、农田和自然景观等融入"田园城市"的建设中。

新加坡于 20 世纪 60 年代末至 70 年代初进行了一个较为全面的城市规划,并编制了一个未来 30 年到 40 年的城市建设设想规划,而且明确指出要定期(每五年)调整规划。规划的着重点在市中心,不仅在市中心增加了大量的工作岗位、安置更多的居民,还划分了市中心功能;在市中心外围规划了七个规模约 40 万人的区中心,区中心主要用于居民安置与就业。而工业布局上严格遵循节约原则,将用地较大的重工业与用地较小的轻工业分开。

空气污染是新加坡发展中较为突出的一个生态问题,而汽车尾气又是空气污染的主要原因。基于此,新加坡制定了拥车证制度,汽车保有量得到了一定的控制,极大地改善了交通阻塞及空气污染。此外,新加坡还十分重视保持环境的整洁,按时将垃圾回收并聘请专人清扫街道,若发现有随意乱扔垃圾的人,除了给予口头警告、清扫街道等处罚以外,情节严重的还会对其进行鞭刑或者徒刑。环保教育同样是新加坡政府关注的重点,从小学阶段起学生就要系统地接受环保教育,学校除了教导学生如何保护环境之外,还经常组织学生去海滩清理丢弃物、去公园清理垃圾等,通过实践行动提高学生的环保意识。可见,环保法规的建设及优美环境的创造与政府重视环保有着莫大的关联,甚至可以说后者起到了决定性作用。

新加坡土地面积并不广,合理的开发运用这些土地也十分关键,于是地方政府提倡进行大规模的高层居住区建设,并通过扩大建筑与建筑之间的距离,将树木、草丛、园林等覆盖于建筑间,提高城市绿化率。当地政府还大力推行架空底层设计,住房底层以必要的建筑结构、设备及交通建筑物等为主,不仅视觉效果良好,而且有效改善了房屋的通风，为居民提供了一个舒适的交际空间。架空底层与建筑间的绿地、座椅等共同形成了一个功能齐全的人居环境，为市民漫步、休憩、玩耍等提供了去处。

新加坡还通过科学的管理手段和准确的交通方式划分，构建了高度发达的交通道路网和合理的交通布局，形成了以地铁、巴士为主，以轻轨、的士为辅的公共交通系统，基本实现了交通上的安全、通畅与环保。此外，新加坡的交通法规十分健全，通过设置交通机构、进行交通管理和安全管理、加强交通环境保护教育及普法宣传等方式全面提高市民的法律意识。最后，交通安全是新加坡交通规划的重点，新加坡不仅配建了完善的交通安全设施，道路标线及交通标志也十分清晰醒目，道路交叉口提倡修建立交及人行天桥，在无交通信号的交叉路口，行人拥有绝对优先权。

3.6.4 建设生态城市启示

首先，制定适合中国基本国情的城市化发展战略。生态城市的建设目的在于解决城市化过程中出现的各种城市问题，但是并不是予以城市化直接的批判。实际上，中国目前的许多问题都是在进行城市化的过程中得到解决的，包括社会问题、经济发展问题以及环境问题等。只有城市化的发展健康积极，方可为中国生态城市的建设提供可靠的基础与前提。在进行城市化的过程中，必须同时重视与追求社会效益和环境效益，只有这样方可实现城市的可持续发展。中国目前生态城市建设阶段如表 3.2 所示。要实现城市化的健康积极可持续发展，必须制定城市化

表 3.2 国内外生态城市建设现状

	国外绿色生态城市建设	国内绿色生态城市建设
发展阶段	城镇化成熟稳定阶段	城镇化快速发展阶段
发展策略	问题导向	目标导向
地域尺度	小而精	大而全
建设主体	政府倡导 市场推动 市民广泛参与	政府主导 市场响应 公众有限参与
建设手段	突出重点 强调实施	自上而下 规划引导
建设模式	因地制宜 模式多样 新旧结合	因人而异 模式相近 新城为主

资料来源：《国际绿色生态城市建设的理论与实践》，《生态城市与绿色建筑》2018 年第 2 期。

发展的长远规划,在科学发展观的指导下,从实际出发,做好城市的规划与设计、城市的建设以及管理的实际工作,把城市环境的生态建设作为城市化发展的重点任务,把防止城市环境污染、资源浪费以及建设生态城市作为城市化发展的重点目标。

其次,充分发动社会各界共建生态城市。从前述几个国家建设生态城市的措施可以看到,政府在生态城市建设的整个过程中所起的作用是,引导社会公众参与建设,以及为公众建设生态城市提供技术方面以及植物方面的支持。低碳建筑的有效性已经得到科学的研究与验证,应当鼓励引进先进的低碳技术来帮助生态城市的建设。低碳技术和设计在生态城市的建设中可发挥极为重要的作用,因此中国在建筑设计的教育中,应当进行这方面知识的改革与创新。除此之外,重视普及生态多样性以及生态学知识,促使社会公众加深对生态城市的了解,以便政府更好地发挥引导以及支持作用。

国外政府在引导和鼓励社会公众积极投入建设生态城市这个方面的措施比较有效,在鼓励民众参与生态城市建设方面,中国现阶段仅仅在引导公众参与公共环境管理方面具有一定的实践经验。在生态城市建设规划的设计过程中,需要在前期就征集社会公众对于改善环境的建议以及意见,只有这样才能够切实保证生态城市的建设符合社会公众的切身需求,同时在一定程度上提高社会公众关注环境以及保护环境的意识。

最后,从社区建设入手、加强城市文化建设。目前,社区正在渐渐成为居民生活的重要活动场所。在城市基层管理中,社区管理模式逐步成为新兴的管理模式。随着城市居民对于生活的需求日益增多,基层组织正在不断地扩大其服务的范围,包括提供与城市居民具有切身利益相关性的公益服务。发展社区的事业,促进居民生活质量改善,从而建设起各个方面都和谐发展的城市社区,使其具有优美的生态环境、完善的社区服务、发达的教育体系、稳定的社会秩序,促进人与人和谐相处。

第4章
具有世界影响力的现代化
国际大都市：指数编制

4.1　指标体系构建

4.1.1　指标体系构建原则

设定指标体系时，一般需要遵循以下原则：

（1）科学性。指标概念必须明确，且具有一定的科学内涵。不论是指标的选取、数据的获得，还是评价方法，都应建立在科学研究的基础之上。

（2）可比性。指标体系的构建需考虑各城市之间能进行一定的对比。由于全球不同区位的城市差异很大，因此应该选取能体现城市共同特点的指标，剔除不同城市的个性因素。指标统计口径的选取，包括指标的量纲、内涵、范围、时间等必须具有高度的可比性。

（3）可操作性。选取指标时应注意数据获得的难易，尽可能采用能反映现代化国际大都市的可考可查的真实运行的"硬数据"。所选指标不宜过多，这样在数据获取、计算方法上可以较易实现。

（4）针对性。设置指标时应尽量选择那些有代表性的指标。度量城市的指标经常存在信息上的重叠，因此要尽量选择那些具有相对独立性、能清晰准确反映某一方面的度量指标。

（5）综合性。指标体系作为一个整体，应能比较全面地反映国际大都市在社会、经济、环境等各方面形成世界影响力的主要特征和发展状况。

4.1.2　参照国际权威评估指标体系

当前,国际有代表性的针对国际大都市的综合评估指标体系包括:

（1）全球城市指数（Global City Index，GCI）；

（2）全球城市实力指数（Global Power City Index，GPCI）；

（3）全球城市竞争力指数（Global City Competitive Index）；

（4）机遇之城指数（City of Opportunity Index）；

（5）GaWC 世界城市评价体系；

（6）全球城市发展指数（Global City Development Index）；

（7）城市繁荣指数（City Prosperity Index）。

国际有代表性的竞争力综合评估指标体系包括:

（1）全球竞争力指数（Global Competitiveness Index）；

（2）世界竞争力指数（World Competitiveness Index，WCI）。

在基础设施、经济活力、营商环境、科技创新、城市品牌、宜居生态等特定维度方面,国际有代表性的评估指标体系包括:

（1）物流绩效指数（Logistics Performance Index，LPI）；

（2）全球集装箱港口绩效指数（The Container Port Performance Index，CPPI）；

（3）全球基础设施指数（Global Index of Infrastructure）；

（4）全球贸易促进指数（Enabling Trade Index）；

（5）营商环境指数（Ease of Doing Business Index）；

（6）宜商环境评估体系（Business Ready）；

（7）外国直接投资监管限制指数（FDI Regulatory Restrictiveness Index）；

（8）经济自由度指数（Index of Economic Freedom）；

（9）国际科技创新中心指数（Global Innovation Hubs Index，GIHI）；

（10）全球金融中心指数（Global Financial Centres Index，GFCI）；

（11）全球创新指数（Global Innovation Index；GII）；

（12）综合创新指数（Summary Innovation Index，SII）；

（13）硅谷指数（Silicon Valley Index）；

（14）全球知识竞争力指数（World Knowledge Competitiveness Index，WKCI）；

（15）信息化发展指数（Information Development Index）；

（16）全球城市 500 强品牌价值指数（Global Top 500 Cities Brand Value

Index)；

    (17) 环境绩效指数(Environmental Performance Index，EPI)；

    (18) 全球报告倡议指数(Global Reporting Initiative Index)；

    (19) 全球宜居指数(The Global Liveability Index)；

    (20) 可持续发展城市指数(The Arcadis Sustainable Cities Index，SCI)。

    在构建具有世界影响力的现代化国际大都市指标体系时，本书借鉴了以上指标体系的设计理念、研究方法和一些具体指标度量。

4.1.3　指标体系框架和内容

    在对具有世界影响力的现代化国际大都市进行理论分析的基础上，借鉴国际有代表性的评估指标体系，设计具有世界影响力的现代化国际大都市指标体系。本章共选取 16 项指标，从基础设施、经济活力、营商环境、科技创新、城市品牌、宜居生态等 6 个维度构建具有世界影响力的现代化国际大都市指标体系，对全球 26 个有代表性的现代化国际大都市在世界影响力方面进行评价(见表 4.1)：

表 4.1　"具有世界影响力的现代化国际大都市"指标体系

	一级指标	二级指标
"具有世界影响力的现代化国际大都市"指标体系	基础设施	全球连通性
		数据传输效能
		基础设施自动化
	经济活力	城市经济密度
		城市经济增速
	营商环境	市场开放
		供应链连接
		商业环境风险
	科技创新	科技原创力
		人才吸引力
		世界领先大学
	城市品牌	世界级景观
		世界级活动

（续表）

一级指标	二级指标
"具有世界影响力的现代化国际大都市"指标体系 宜居环境	生态环境
	生活成本
	城市安全
	城市安全

（1）基础设施（一级指标）：反映国际大都市对内服务和对外基础设施状况。拥有发达基础设施的城市通常能够吸引更多的跨国资本和全球贸易。

（2）经济活力（一级指标）：反映国际大都市的经济基础和发展潜力。城市经济发展水平是全球城市影响力和竞争力的直观体现。

（3）营商环境（一级指标）：反映在国际大都市进行投资、贸易的市场环境。营造国际化、法治化、便利化的营商环境，降低企业的制度性交易成本，是国际大都市竞争力的重要体现。

（4）科技创新（一级指标）：反映国际大都市科技创新实力、科研创新氛围环境。

（5）城市品牌（一级指标）：反映国际大都市独特的要素禀赋、历史文化沉淀等。

（6）宜居环境（一级指标）：更关注国际大都市为居民提供的可持续发展环境、居民福利等。

该指标体系中各项指标的构成、所度量内涵和单位等信息见表 4.2。其中还提供了各项指标对应的数据来源。

表 4.2 "具有世界影响力的现代化国际大都市"指标体系

一级指标	二级指标	指标度量	单位	数据来源
基础设施	全球连通性	全球最大航空枢纽连接度指数	分值	OAG Megahubs
	数据传输效能	移动网络下载速率	Mb/s	http://www.speedtest.net
	基础设施自动化	工业机器人安装密度	台/万人	国际机器人联合会（International Federation of Robots）
经济活力	城市经济密度	每平方公里土地创造 GDP	亿美元/平方公里	Eurostat；世界银行
	城市经济增速	城市 GDP 增长率	%	Eurostat；世界银行

（续表）

一级指标	二级指标	指标度量	单位	数据来源
营商环境	市场开放	外商直接投资监管限制	分值	OECD
	供应链连接	可靠供应链连接的难易程度	分值	世界银行
	商业环境风险	商业投资环境风险	分值	Worldwide Governance
科技创新	科技原创力	世界200强科研城市排名	分值	自然指数（Nature Index）
	人才吸引力	全球人才竞争力指数	分值	INSEAD
	世界领先大学	世界大学排名前500强高校数量	个	QS世界大学排名
城市品牌	世界级景观	世界自然与文化遗产数量	项	联合国教科文组织《世界遗产名录》
	世界级活动	国际协会会议数量	场	ICCA协会数据
宜居环境	生态环境	城市环境污染程度	分值	Numbeo Pollution Survey 数据
	生活成本	城市生活成本	分值	Numbeo Cost of Living Survey 数据
	城市安全	城市犯罪指数	分值	Numbeo Crime Survey 数据

注：作者整理。

4.2　指标体系解释

4.2.1　基础设施

一级指标"基础设施"旨在衡量国际大都市对内服务和对外基础设施状况。其下设置有3个二级指标：全球连通性、数据传输效能、基础设施自动化。

1. 全球连通性

国际大都市是一个国家或地区对外开放的窗口和门户枢纽，其中航空交通设施是全球城市实现要素集散和对接国际市场的主要载体。从功能上来看，国际航空枢纽是全球互联互通的"空上链接"，在国际人员交往、物流中转集散、全球资源配置等方面发挥重要组织支撑作用。

其指标度量为全球最大航空枢纽连接度指数。英国欧艾吉航空国际有限公司

(OAG)于2015年10月发布了全球最大航空枢纽连接度指数(Megahubs International Index)排名,包括全球连接度最大的50家机场,以及全球低成本连接度最大的25家机场。连接度指数根据各机场定期国际航班与其服务目的地的比例,对这些机场进行排名,表征连接到每个机场服务的目的地数量,可用于机场间的横向比较,是衡量全球枢纽机场的重要指标。其计算方法是基于全年最繁忙一天的8小时时间窗口,计算所有备选机场的所有可能连接,基于区域位置和飞机类型只考虑单一连接航线,在线和联运的连接包括所有类型的定期航班航空公司(包括传统航空公司和低成本航空公司)。

2. 数据传输效能

信息网络发展的关键是带宽问题,只有实现高速宽带,下一代互联网、新一代移动通信、物联网、云计算才能得到大发展。高速宽带网络建设是推动大数据、移动互联网、物联网等技术在日常工作、公共服务领域应用的信息基础设施载体。

其指标度量为移动网络下载速率。这一指标的数据来源Speedtest.net是全球知名的宽带网络速度测试网站,采用Flash载入界面。Speedtest.net在全球有数百个测试节点。兆比特每秒(Mb/s)是指每秒传输的比特位数,用来衡量网络宽带上传和下载速率。

3. 基础设施自动化

基础设施自动化主要指城市中各种基础设施的自动化和智能化应用,涵盖了交通、能源、水务、通信、垃圾处理、公共设施等方面。在国家大都市建设中,基础设施自动化是实现智慧、可持续、宜居的城市目标的重要方向之一。通过引入先进技术和系统,提高基础设施运转的效率和智能化水平,可以改善居民生活质量,加强城市治理能力,加快城市现代化建设,有助于提升城市在国家范围内的影响力和竞争力。

其指标度量为工业机器人安装密度。国际机器人联合会于2023年10月发布了最新的《2023世界机器人报告》,通过对全球工业机器人供应商的调查形成年份—国别—行业层面数据,覆盖多个国家的机器人安装量和存量数据。在此基础上,使用人均指标得到每万名工人使用的工业机器人数量,即工业机器人安装密度。

4.2.2 经济活力

一级指标"经济活力"旨在反映国际大都市的经济基础和发展潜力。其下设置有2个二级指标:城市经济密度、城市经济增速。

1. 城市经济密度

城市经济密度衡量单位面积内城市经济活动的规模,它是充分发挥城市规模效应和集聚效应的必要条件。在城市化高速发展背景下,国家和地区的经济、文化、环境、科技创新等核心国际竞争力的提升越来越依赖于城市经济密度产生的规模效应和集聚效应。

其指标度量为每平方公里土地创造 GDP。该指标的数据来源之一是欧盟统计局(Eurostat),其在官方网站上提供有关欧洲的高质量统计数据和指标,以便在各国和各区域之间进行比较。世界银行是这一指标数据的另一来源,它从官方认可的国际来源得到主要发展指标集,提供了现有最新和最准确的全球发展数据,包括国家、区域和全球估计数据。世界银行和 Eurostat 均免费并公开提供欧洲统计数据和世界各国的发展数据,如经济与发展(GDP 增长率等)、人口与就业、土地利用、财政金融、基础设施、产业发展、国际贸易、教育科技、气候环境、贫困与经济全球化等方面的指标数据。

2. 城市经济增速

城市发展速度最重要的衡量指标是经济增速,它是支撑城市在长期内全面发展的基础条件。国际大都市不仅注重城市目前的发展现状,还要考虑城市在长期内的发展潜力和活力。

其指标度量为城市 GDP 增长率。这一指标的数据来源同样为 Eurostat 和世界银行。

4.2.3　营商环境

一级指标"营商环境"旨在反映在国际大都市进行投资、贸易的市场环境。其下设置有 3 个二级指标:市场开放、供应链连接、商业环境风险。

1. 市场开放

城市营商环境维度的市场开放强调了一个城市对外开放和促进市场经济的程度和方式,对推动国家大都市建设具有现实意义。通过促进市场开放,吸引国内外投资、扩大贸易规模、促进金融服务发展、推动技术创新和培育优秀企业,城市可以提升发展潜力、辐射力和综合竞争力,成为国际竞争中的重要参与者和领导者。

其指标度量体现为外商直接投资监管限制。OECD 发布了外商直接投资监管限制指数(FDI Regulatory Restrictiveness Index),衡量 69 个国家(包括所有 OECD 和 G20 国家)对 22 个经济部门外国直接投资的法定限制,该指数也适用于以下年份的许多国家：1997 年、2003 年、2006 年、2010—2018 年。该指数通过研究对外商直接投资的四种主要限制类型来衡量一个国家的外商直接投资规则的限制性：外资股权限制、筛选和事先批准要求、关键人员规则、对外国企业经营的其他限制。指数值介于 0 和 1 之间，数值越高表示限制程度越高、开放程度越低。外商直接投资监管限制指数是一个综合指数，其值介于 0 和 1 之间，其中 1 表示限制性最强。

2. 供应链连接

供应链连接衡量的其实是供应链的可靠性。而供应链可靠性是指一个供应链系统中各个环节和参与者的稳定性和可靠性。它对于国际大都市社会经济运行稳定具有重要战略意义。

世界银行发布了 2023 年物流绩效指数报告以衡量各国跨境货物运输的快速性和可靠性。2023 年 4 月 21 日世界银行发布第七期《连接以竞争》物流绩效指数（logistics performane index，LPI）报告。在新冠疫情冲击头三年，供应链受到前所未有的中断，交货时间大幅延长。该物流绩效指数涵盖 139 个国家和地区，评估建立可靠供应链连接的难易度以及支持供应链的结构性因素，诸如物流服务质量、与贸易和运输相关的基础设施及边境管理等。

3. 商业环境风险

城市营商环境维度的商业环境风险指的是城市面临的与商业活动相关的风险和不确定性。这些风险可以是经济、政治、法律、社会和自然环境等方面的因素。低风险和稳定的商业环境，吸引投资和企业落户，促进企业发展和多元化经济，为城市的可持续发展和国际影响力做出贡献。

其指标度量为商业投资环境风险，具体可体现为城市治理水平。世界银行每年发布的世界治理指数（Worldwide Governance Indicators，WGI）度量国家政府综合治理的质量水平。WGI 是记录了 200 多个国家和地区的家庭、企业和公民对治理质量的看法的全球数据汇编。WGI 工作组由六项综合指标构成，包含发言权和问责制、政治稳定和无暴力/恐怖主义、政府效率、监管质量、法治、腐败控制，采用综合聚类方法形成聚合性治理指数。此外，WGI 采用百分等级（得分从 0 到 100 排列）表示该国治理要项的位次排名水平，数值越高，治理水平的排名越靠前。这样，WGI 的指数设计实现了治理水平的跨国家、跨时间的比较。

4.2.4 科技创新

一级指标"科技创新"旨在反映国际大都市的科技创新实力、科研创新氛围环境。其下设置有 3 个二级指标：科技原创力、人才吸引力、世界领先大学。

1. 科技原创力

城市的科技原创力注重的是科技领域的创新能力和原创性。它涉及研发与科研创新能力、原创科技成果、科技成果转化与应用、创新环境和生态系统、人才引进和培养、科技政策和支持等。增强城市科技原创力将为国家大都市建设提供创新活力，促进创新型企业的发展，推动产业升级和经济转型，提升国际竞争力和知名度。

其指标度量为世界 200 强科研城市排名，数据来源于自然指数。全球知名学术出版机构施普林格·自然于 2023 年 10 月在线发布《自然》增刊《2023 自然指数—科研城市》(Nature Index Science Cities 2023)，展示了不同国家和科研机构在自然科学领域高水平科研产出的情况。增刊聚焦于这些科研领先城市及都市圈在自然指数所追踪的 82 种精选的自然科学期刊中与可持续发展目标（SDG）相关的研究产出，并根据 2022 年 1 月 1 日至 12 月 31 日统计数据的文章份额排名的前 200 个科学城市和大都市区计算得到世界 200 强科研城市。文章份额是指一篇文章分配给某机构、城市或国家/地区的分值，它计算的是每篇论文中隶属于该机构或地区的作者比例。调整后的贡献份额计算了自然指数期刊发表论文总数的微小年际变化。

2. 人才吸引力

创新驱动实质是人才驱动。国际大都市应是高素质人才的聚集地，只有拥有大量的高素质人才，科学技术才能成为主导地区的生产要素，创造更多的经济效益和价值。吸引和留住高素质、具有创新能力的人才为城市创新发展和国际竞争提供了关键支持。提升人才吸引力关系着国际大都市的人力资源储备，有助于推动创新和经济发展，增强国家大都市在相关领域的话语权。

其指标度量具体表现为全球人才竞争力指数。INSEAD 于 2023 年 11 月发布了 2023 年全球人才竞争力指数（GTCI），衡量各个国家/地区和城市如何培养、吸引和留住人才。这份年度报告覆盖了全球 79 个经济体、133 个国家/地区和 175 个城市的所有收入群体。全球人才竞争力指数根据六个关键指标，即国内环境、人才吸引、人才培养、人才保留、技术与职业技能，及全球知识技能，算出地区人才竞争力的综合分值。

3. 世界领先大学

拥有世界领先大学的城市不仅代表着其学术实力的集中和发展，更意味着这是一个充满创新、吸引人才且具有国际影响力的城市。这样的城市在全球化时代具有竞争力,对城市的经济、文化和科技发展具有积极而深远的影响。大学的吸引力和影响力有助于国际大都市的发展,而国际大都市的资源和环境也为大学提供了重要的支持和机会。

其指标度量直观体现为世界大学排名前500强高校数量。世界领先大学评估是对全球高等教育机构的综合评价和排名。QS世界大学排名是受到广泛认可的对世界领先大学的评估,它是由英国一家国际教育市场咨询公司 Quacquarelli Symonds 所发表的年度世界大学排名,是参与机构最多、世界影响范围最广的排名之一。QS世界大学排名将学术声誉、雇主评价、师生比例、研究引用率、国际化作为评分标准,因其问卷调查形式的公开透明而获评为世界上最受注目的大学排行榜之一,一般每年夏季会进行排名更新。最新版本的评价指标包含学术领域的同行评价(学术声誉)、全球雇主评价、师生比例、单位教职的论文引用数、国际教职工比例、国际学生比例,其权重分别为40%、10%、20%、20%、5%、5%。此外,这些指标的权重可能会因年份、特定排名列表或QS发布的不同版本而有所变化。

4.2.5　城市品牌

一级指标"城市品牌"旨在反映国际大都市独特的地理要素禀赋、历史文化沉淀等。其下设置有2个二级指标:世界级景观、世界级活动。

1. 世界级景观

世界级景观可以提升城市品牌形象、促进旅游业发展、加强文化交流与合作等。拥有世界级景观的国际大都市往往具有更高的知名度和国际声誉,可以在国际上树立独特且具有吸引力的城市形象。这些景观不仅吸引着全球大量的游客和投资者,也成为城市形象和国家的文化遗产的重要象征,进一步提高城市的国际地位和竞争力。

其指标度量为世界自然与文化遗产数量,数据来自联合国教科文组织的《世界遗产名录》。《世界遗产名录》是于1976年隶属于联合国教科文组织的世界遗产委员会成立时建立的。被世界遗产委员会列入《世界遗产名录》的地方,将成为世界级的名胜,可接受"世界遗产基金"提供的援助,同时能够提高知名度并产生可观的经济效益和社会效益,因此各国都积极申报"世界遗产"。

2. 世界级活动

世界级活动能够吸引大量的国际参与者、观众、游客和投资者,促进文化交流和多样性,为国际大都市带来经济效益和发展机会。同时,世界级活动一般在国际媒体上有广泛的曝光和报道,可以提高城市的知名度和形象。举办世界级活动也可以成为国家大都市建设的重要标志和窗口,有助于加强城市形象和塑造国际影响力,进一步巩固城市的国际地位。

其指标度量具体体现为国际协会会议数量,可见国际大会及会议协会(ICCA)的相关数据。ICCA 协会作为国际会议业界权威组织之一,每年针对全球各国家及地区/城市会议统计数目撰写排名报告。该报告已成为全球会议产业具有权威和公信力的指标之一,也是专业会议组织者选择理想会议举办地的重要参考数据。

4.2.6　宜居环境

一级指标"宜居环境"旨在反映国际大都市为居民提供的可持续发展环境、居民福利等。其下设置有 3 个二级指标:生态环境、生活成本、城市安全。

1. 生态环境

生态环境是一个全球性的可持续发展议题。生态环境的好坏与健康、舒适且可持续发展的居住环境密切相关,决定了国际大都市的宜居性和居民生活质量。良好的生态环境有助于改善居民的生活质量,吸引人才流入城市,有助于国际大都市在可持续城市发展中发挥引领作用,并提升其在国际舞台上的形象和竞争力。

其指标度量为城市环境污染程度,主要参考 Numbeo Pollution Survey 数据。Numbeo 提供了一个平台,可以查看、共享和比较有关全球污染、清洁度和纯度信息的污染指数,用以衡量城市生活质量维度的污染程度。它调查了城市污染的以下方面:对空气质量的满意度,饮用水的质量和可及性,一般性水污染,对垃圾处理的满意度,对清洁和整洁的感知,城市夜间的噪音污染,光线、绿地和公园的可用性和质量,是否因污染而在城市中感到舒适。

2. 生活成本

生活成本综合考虑了城市居民在购买日常生活所需商品和服务时支付的费用,涵盖了居住、生活、交通、教育、医疗、娱乐和休闲、税费和社会保障,以及物价稳定和通胀程度等方面。这些因素综合起来反映了城市中个人和家庭的生活开支水平和负担能力。生活成本是评估城市生活质量和经济繁荣程度的重要指标之一。生活成本评价对于国际大都市在吸引人才和投资、提升居民生活质量、评估社会福利和社会保障政策、促进居住选择和流动等方面具有参考意义。

其指标度量为城市生活成本,数据取自 Numbeo Cost of Living Survey 数据。Numbeo 是世界上最大的生活成本数据库,提供了一个在线软件工具,该工具提供了一系列功能来帮助个人查看、共享和比较有关全球生活成本的信息,包括使网站访问者能够查看当前价格,利用群众的智慧来获得尽可能可靠的数据,提供对生活成本和房地产市场进行系统研究的程序,计算生活成本指数和本地购买力等衍生指数,为在庞大的全球数据集上进行其他系统经济研究提供平台等。

3. 城市安全

社会治安问题不仅威胁一座城市的经济活动,而且会降低城市内部的和谐与稳定,从而对城市宜居性产生负面影响。为居民提供安全生活环境,不仅有利于吸引高素质人才,同时也可以为本地市民创造安全和谐的居住环境。

其指标度量与城市犯罪调查挂钩,数据来源于 Numbeo Crime Survey。Numbeo 全球数据库每年发布年度城市犯罪指数报告。其发布的排名主要基于居民和游客的安全感,因此具有很强的客观性和影响力。在 Numbeo 调查数据中,中国城市普遍治安良好,排名靠前。

4.3　研究样本与数据

4.3.1　研究样本城市选取

GaWC 世界城市排名由全球知名的城市评级机构 GaWC 发布。在全球化背景下,世界城市网络通过高级生产性服务公司的日常业务往来而相互连接,形成一种连锁性网络模型(the interlocking network model),跨国公司是此连锁过程的代理人,而"世界城市"评判标准,则主要基于城市对整个世界城市网络提供相互连接的重要程度。GaWC 认为世界城市网络由三层结构组成,即高阶生产性服务公司、节点城市和主要经济体城市,并基于此每年提出全球城市排名。

根据 GaWC 的评级,本书选取 GaWC2022 年世界城市排名(Alpha＋＋级、Alpha＋级、Alpha 级)共计 24 个城市作为研究对象(见表 4.3)。

4.3.2　研究数据来源

本章使用的原始数据主要有三个来源:

一是官方统计机构出版的年度统计报告、统计年鉴及相关统计网站,例如纽约、伦敦、新加坡、上海等城市的统计年鉴和其所在国的统计年鉴;

表 4.3　研究样本城市

GaWC2022 年世界城市排名		层　　级
1	伦敦	Alpha++
2	纽约	
3	香港	Alpha+
4	新加坡	
5	上海	
6	北京	
7	迪拜	
8	巴黎	
9	东京	
10	悉尼	Alpha
11	洛杉矶	
12	多伦多	
13	孟买	
14	阿姆斯特丹	
15	米兰	
16	法兰克福	
17	墨西哥城	
18	圣保罗	
19	芝加哥	
20	吉隆坡	
21	马德里	
22	莫斯科	
23	雅加达	
24	布鲁塞尔	

二是国际性组织机构,例如世界银行、欧盟、OECD、世界贸易组织的数据库；

三是具有较强行业公信力的国际性研究机构或公司,比如《自然》期刊。

4.3.3　指数标准化

由于各项指标的量纲不同及其数值的数量级间差别悬殊,直接使用原始数据会对指标的客观性和合理性带来影响,因此需要对指标进行无量纲化处理。本章采用极差标准化方法进行无量纲化处理。指标的值域是[0, 100],即最优值为100,最差值为0。假定 i 表示指标,j 表示城市,X_{ij} 表示 i 指标 j 城市的指标获取值,$\max(X_{ij})$ 表示该指标的最大值,$\min(X_{ij})$ 表示该指标的最小值,A_{ij} 表示 i 指标 j 城市的指标值。

计算公式如下:

$$A_{ij} = \frac{X_{ij} - \min(X_{ij})}{\max(X_{ij}) - \min(X_{ij})} \quad (X_{ij} \text{为正指标})$$

$$A_{ij} = \frac{\max(X_{ij}) - X_{ij}}{\max(X_{ij}) - \min(X_{ij})} \quad (X_{ij} \text{为负指标})$$

4.3.4　权重设置

目前,国内外确定指标权重的方法可以分为两大类:客观赋值法和主观赋值法。客观赋值法,主要是依据指标数据中所反映出的信息来确定权重,如利用数据离散程度计算指标权重的熵值法等。其优点是定权客观,不受人为因素影响,但其不足也非常明显:首先,同一个指标的度量数据不同,会得出不同的权重,简单来讲,就是其权重完全依赖于样本,样本变则权重变;其次,指标的权重未能体现导向性;最后,指标的数据每年都在变化,这就导致指标的权重也在变化,缺少相应的稳定性。

主观赋权法,即依据人们的价值判断从主观上对指标的重要程度进行打分,从而确定指标权重,如德尔菲法、层次分析法等。该类方法的不足之处在于,由人员主观确定权重,欠缺一定的科学性,但是该类方法能充分吸收本领域专家的丰富理论知识和实践经验,体现专家对指标重要性的判断,同时能使得指标权重重点突出,具有导向性。此外,该类方法非常简便,操作性强,是国内外确定指标权重的主流方法之一。

本章采用德尔菲法,征询学术界及行业专家建议,对"具有世界影响力的现代化国际大都市"指标体系进行权重设置。其中,基础设施(一级指标)的权重设置为20%;经济活力(一级指标)的权重设置为20%;营商环境(一级指标)的权重设置为15%;科技创新(一级指标)的权重设置为15%;城市品牌(一级指标)的权重设置为15%;宜居环境(一级指标)的权重设置为15%。

表 4.4　指标体系权重设置

一级指标	二级指标	一级指标	二级指标
基础设施 （20%）	全球连通性（1/3）	科技创新 （15%）	科技原创力（1/3）
	数据传输效能（1/3）		人才吸引力（1/3）
	基础设施自动化（1/3）		世界领先大学（1/3）
经济活力 （20%）	城市经济密度（1/2）	城市品牌 （15%）	世界级景观（1/2）
	城市经济增速（1/2）		世界级活动（1/2）
营商环境 （15%）	市场开放（1/3）	宜居环境 （15%）	生态宜居环境（1/3）
	供应链连接（1/3）		生活成本（1/3）
	商业环境风险（1/3）		城市安全（1/3）

注：括号内为指标权重。

第5章
具有世界影响力的现代化
国际大都市：全球对标分析

5.1 指数总体测算结果分析

5.1.1 总体排名

本书选取 GaWC2022 年世界城市排名中的 24 个世界一线城市作为研究对象，并基于基础设施、经济活力、营商环境、科技创新、城市品牌、宜居环境六个分领域的指标体系对具有世界影响力的现代化国际大都市进行了指数测算与评价。该指标体系评价的总指数和分领域指数分别反映了现代化国际大都市的综合世界影响力和在各个分领域展现的世界影响力。

这些城市分布于欧洲、亚洲、北美洲、南美洲以及大洋洲。纽约以最高总指数位于榜首，且指数分值明显高于样本中其他现代化国际大都市。伦敦则跟随其后，而雅加达在样本城市中排名最低。具有世界影响力的现代化国际大都市指标体系评价的总指数分值处于 20—60 区间[①]。从总指数分值的分布来看，总指数分值高于 50 的城市有 6 个，分别是纽约、伦敦、新加坡、东京、巴黎和北京，而分值低于 30 的城市有 5 个，分别是吉隆坡、墨西哥城、圣保罗、孟买和雅加达，其余城市的指数分值则集中在 30—50 区间，且这三个分值区间内的城市数量占比依次大致为 25%、50%、25%。其中吉隆坡和米兰的总指数分值差是相邻城市对排名中最大的。相应地，总指数排名大致将样本城市分为三个梯队：第一梯队为前十名，第二梯队为第 11 至第 20 名，第三梯队为最后四名。

---

① 分值仅用于比较分析，不具备实际含义。

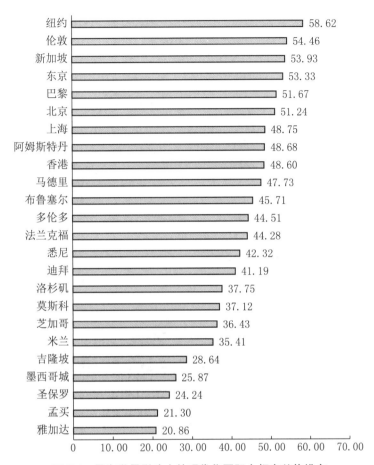

图 5.1　具有世界影响力的现代化国际大都市总体排名

注：作者依据测度数据绘制。

欧洲国际大都市的世界影响力主要处于第一、第二梯队，整体上高于美洲和亚洲地区城市的世界影响力。第一梯队中的亚洲城市综合实力在整体上最强。美洲国际大都市的数量和世界影响力总体上比欧洲地区城市差了一个梯队。虽然亚洲和美洲地区内部城市的世界影响力差距相对较大，但其老牌全球城市的综合实力整体依旧稳健且部分城市比较突出，如纽约、新加坡、东京、北京、上海。纽约和伦敦作为综合实力最强的两个老牌全球城市，在综合世界影响力排名中位居第一梯队的前两位。

5.1.2　雷达图分析

1. 排名梯队分布

从图 5.2—图 5.4 可以看出：(1)位于第一梯队的现代化国际大都市依次为纽

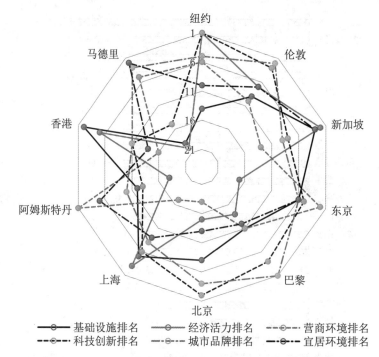

图 5.2　具有世界影响力的现代化国际大都市总指数和分领域指数排名(第一梯队)

注:作者依据测度数据绘制。

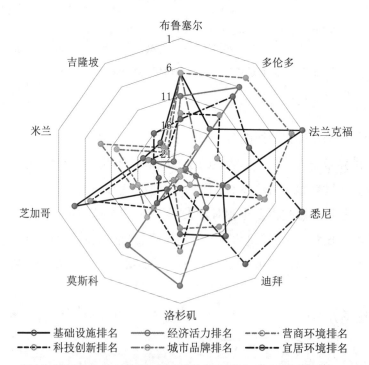

图 5.3　具有世界影响力的现代化国际大都市总指数和分领域指数排名(第二梯队)

注:作者依据测度数据绘制。

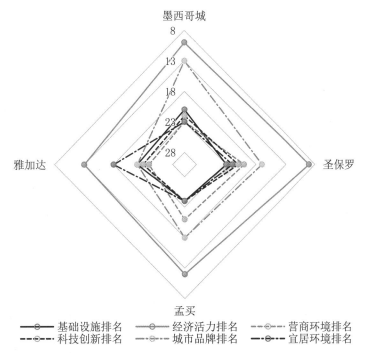

图 5.4 具有世界影响力的现代化国际大都市总指数和分领域指数排名(第三梯队)

注：作者依据测度数据绘制。

约、伦敦、新加坡、东京、巴黎、北京、上海、阿姆斯特丹、香港、马德里。这些城市分布于北美洲、欧洲和亚洲，且欧美和亚洲地区的城市各占一半。(2)位于第二梯队的现代化国际大都市依次为布鲁塞尔、多伦多、法兰克福、悉尼、迪拜、洛杉矶、莫斯科、芝加哥、米兰、吉隆坡。这些城市分布于欧洲、北美洲、大洋洲和亚洲，且欧洲地区的城市占比 40%，其余三个地区的城市占比一致。(3)位于第三梯队的现代化国际大都市依次为：墨西哥城、圣保罗、孟买、雅加达。这些城市分布于北美洲、南美洲和亚洲。

具体而言，中国的样本城市(北京、上海、香港)均位列第一梯队，而美国虽然同样入选了三个样本城市，但相比之下，洛杉矶和芝加哥的排名稍显靠后并位于第二梯队，分别处于第 16 位和第 18 位，表明美国内部的现代化国际大都市世界影响力差距相对较大。这也表明亚洲地区国际大都市的世界影响力不容小觑，尤其是中国的现代化国际大都市。欧洲和美洲地区国际大都市的世界影响力具有类似的分布结构，都具备一个拥有较强世界影响力的全球城市，同时拥有其他综合实力与之差距较大的国际大都市。欧洲地区城市虽然基本处于第一、二梯队，但除伦敦表现出强大的世界影响力外，其他城市的排名整体表现出相对靠后趋势。除了北美洲的纽约表现突出外，其他美洲城市的世界影响力总指数均排名靠后，墨西哥城和圣保罗甚至处在末位梯队。此外,处于第三梯队的国际大都市集中于美洲和亚洲地区的新兴经济体或者发展中国家,虽然它们的整体经济活力尚可,但普遍受到基础设施、营商环境、科技创新和宜居环境的制约。

总体而言,欧洲国际大都市的世界影响力正呈下降趋势。亚洲仍然是当今世界全球城市综合发展最快的地区,全球城市发展重心正在从欧美地区向亚洲地区转移,并且这种趋势将持续多年。由于欧美国家所经历的金融危机和债务危机对其经济社会发展造成长远的负面影响,因此亚洲国际大都市在塑造其世界影响力方面的综合实力稳中求进。同时,考虑到亚洲总人口已占全球的61%以上,GDP约占全球比重的36%,这表明亚洲地区积聚了巨大的人均经济增长和消费潜力,这在一定程度上反映了未来全球城市的发展趋势偏向亚洲地区。

2. 梯队分布的亮点分析

从最具世界影响力的国际大都市来看,纽约和伦敦作为历届GaWC2022年世界城市排名中仅有的两个Alpha++级世界一线城市,其世界影响力依旧位列前端。强劲的经济实力和稳健的科创能力塑造了纽约作为最具世界影响力的现代化大都市的领先地位。虽然伦敦一直拥有最高的GaWC2022年世界城市排名,但纽约的世界影响力却超过了伦敦,这源于纽约展现出来的强大的经济活力和科技创新能力,这对经济体的现代化转型十分关键。新加坡、东京和巴黎紧随其后,北京和上海的世界影响力也正在崛起。此外,历届世界城市排名前十的还有香港,香港曾被誉为继伦敦、纽约之后的全球第三城,但其世界影响力低于北京和上海。东京和新加坡作为老牌的Alpha+级世界一线城市,得益于自身强大的科创能力和全球资本配置功能,依然具备强劲的世界影响力。巴黎的城市品牌巩固了其较高的世界影响力地位。阿姆斯特丹和马德里因其良好的营商环境和宜居环境而在国际上拥有越来越高的世界影响力。

从国际大都市世界影响力的来源来看,样本城市可分为均衡发展型、领域突出型、领域制约型、领域落后型具有世界影响力的国际大都市:(1)均衡发展型具有世界影响力的国际大都市分别是伦敦、布鲁塞尔、米兰、吉隆坡,这些城市在各个分领域指数排名极差,均未进入前十,表明其六个分领域的表现在决定其综合世界影响力上具有相似的作用(见图5.5)。(2)领域突出型具有世界影响力的国际大都市分别是纽约、巴黎、新加坡、阿姆斯特丹、法兰克福、悉尼,其中部分城市在各个分领域的世界影响力处于领先地位,如纽约的经济活力与科技创新、巴黎的城市品牌、阿姆斯特丹的营商环境、法兰克福的基础设施、悉尼的宜居环境(见图5.6)。然而,法兰克福和悉尼相对较弱的经济活力导致其综合排名不高。此外,新加坡在基础设施、经济活力和宜居环境方面均表现突出。(3)领域制约型具有世界影响力的国际大都市分别是东京、北京、上海、香港、马德里、多伦多、迪拜、洛杉矶、芝加哥(见图 5.7)。其中营商环境是制约北京和上海的世界影响力的主要短板,而东京的经济活力、马德里的基础设施和经济活力、多伦多和迪拜的城市品牌,以及香港、洛杉矶和芝加哥的宜居环境也是其综合世界影响力的主要制约因素。(4)领域落后型具有世界影响力的国际大都市分别是莫斯科、墨西哥城、圣保罗、孟买、雅加达,这些城市在除经济活力外的领域均表现不佳,甚至相对落后(见图 5.8)。

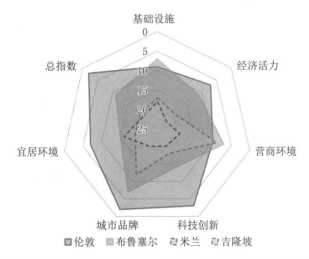

图 5.5　均衡发展型具有世界影响力的现代化国际大都市总指数和分领域指数排名

注:作者依据测度数据绘制。

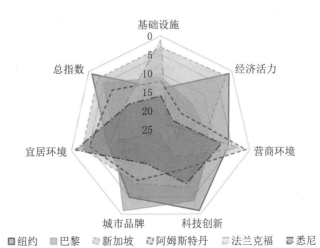

图 5.6　领域突出型具有世界影响力的现代化国际大都市总指数和分领域指数排名

注:作者依据测度数据绘制。

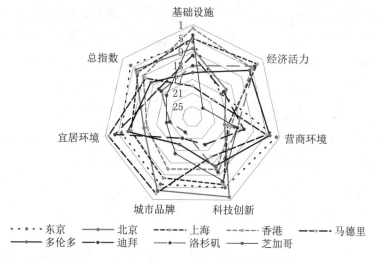

图 5.7 领域制约型具有世界影响力的现代化国际大都市总指数和分领域指数排名
注:作者依据测度数据绘制。

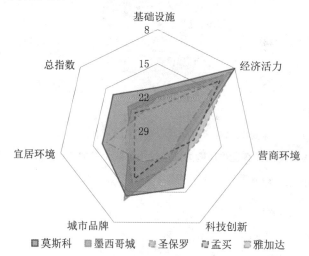

图 5.8 领域落后型具有世界影响力的现代化国际大都市总指数和分领域指数排名
注:作者依据测度数据绘制。

5.2 分领域评价结果分析

5.2.1 基础设施

1. 基础设施分领域排名分析

基础设施领域的指数反映了国际大都市在国际航空枢纽、国际航运枢纽和基础设施自动化三个维度上的综合世界影响力。基础设施是现代化国际大都市形成世界影响力的基石。良好的基础设施不仅提高了城市的运行效率，还吸引了国际投资和国际人才。在样本城市中，基础设施领域排名前十的现代化国际大都市依次是法兰克福、香港、新加坡、芝加哥、上海、东京、布鲁塞尔、北京、伦敦、迪拜，排名明显靠后的五个城市分别是莫斯科、墨西哥城、雅加达、圣保罗和孟买，其余城市则位序其中（见图 5.9）。

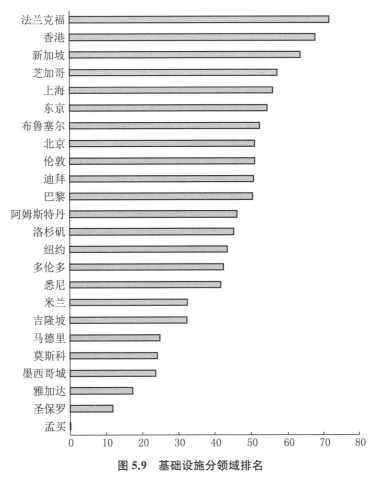

图 5.9　基础设施分领域排名

注：作者依据测度数据绘制。

　　亚洲城市在基础设施领域的世界影响力较为突出，其中有六个城市位列基础设施领域指数排名前十的梯队；除了迪拜以外，这些城市也基本都是处于综合指数第一梯队的高世界影响力的现代化国际大都市。基础设施升级也取决于强大的国民经济实力以及财政支付能力，可见基础设施在通过改善全球通达性来提升国际影响力方面发挥了基础支撑作用。相较而言，香港和新加坡仅在国际航运枢纽和基础设施自动化两个维度的优势比较突出,在国际航空枢纽方面的世界影响力明显低于伦敦和法兰克福。上海、东京和北京在基础设施领域的高世界影响力主要源于在三个细分维度发展均相对均衡且基础设施自动化相对突出。此外,亚洲地区还有一些基础设施相对滞后的城市,如雅加达和孟买。雅加达在国际航空枢纽、国际航运枢纽、基础设施自动化维度的世界影响力均靠后。孟买的工业机器人密度最低,主要源于印度的机器人相关产业还没形成相对成熟的体系,但同时也意味着其市场发展空间较大。这也决定了亚洲城市在基础设施建设上有强劲势头并且具有后发优势与长期发展潜力。

与亚洲城市相比,欧美地区的现代化国际大都市在基础设施领域的世界影响力整体上相对滞后且内部差距明显,其中只有法兰克福、布鲁塞尔和芝加哥在基础设施领域的世界影响力较高,而具有高世界影响力的纽约、伦敦和巴黎则排名相对靠后。其中,法兰克福位列榜首主要得益于在国际航空枢纽、国际航运枢纽、基础设施自动化三个维度均优势明显且发展相对均衡。芝加哥作为国际航空枢纽的优势明显,而布鲁塞尔的基础设施自动化发展势头良好。伦敦作为航空枢纽和航运枢纽的世界影响力较大,但其基础设施自动化却相对滞后。迪拜作为塑造国际海事贸易格局的关键参与者,提供了较好的海运基础设施与服务,推动其成为阿拉伯地区具有世界影响力的航运枢纽。虽然纽约具有领先的世界影响力,但其在基础设施发展方面整体相对薄弱,意味着其推动基础设施升级还存在较大空间。

2. 基础设施分领域亮点分析

伦敦希思罗机场是全球最具连接性的机场之一。英国伦敦是世界著名的航空中心城,拥有国际一流的世界级机场群和连通世界的航线网络,机场运行效率全球领先。其五大机场之一的希思罗机场是世界上最繁忙的机场之一,也是新冠疫情发生前全球旅客吞吐量和航班起降架次最高的双跑道机场。希思罗机场的高效在于:在空域和基础设施资源有限的情况下,通过由航空公司和机场组建的第三方时刻协调机构(Airport Coordination Limited, ACL)有效提升了时刻资源利用效率,通过实施机场容量战略管理机制(strategic airport capacity management, SACM)[①],增强了机场资源利用率和运行效率,通过使用最新的基于时间的间隔标准(time-based separation, TBS)及快速脱离道提高了机场容量。

法兰克福机场的创新经验主要体现在"空铁联运"模式和基地航空建设上。法

---

① 机场容量战略管理旨在通过模拟和数据分析来支持繁忙机场的决策,从而使机场对跑道容量、飞行计划和基础设施规划做出最有效的决策。

兰克福位于欧洲西北部城市群地理中心,是德国重要的工商业及金融中心和交通枢纽,其中法兰克福机场是欧洲最重要的国际枢纽机场之一。第一,法兰克福机场利用其区位优势与德国铁路集团合作提供真正无缝衔接的空铁联运服务,扩大机场民航客货运输服务的腹地范围,其 200 公里服务半径范围内覆盖了约 3 800 万人,约占德国 43% 的区域,而且基本处于德国的国际企业制造基地中心,3 小时飞行圈能够覆盖欧洲大部分城市(杨鑫,2018),为城市带来了更广阔的发展空间。第二,基地航空公司促进大型航空枢纽建设,如德国最大的航空公司——汉莎航空基地就设在法兰克福机场,其旅客运输量占机场总旅客运输量的 2/3 以上。

新加坡是全球综合实力最强的国际航运中心,也是基础设施自动化全球领先城市。它不仅是世界重要的转口港及联系亚、欧、非、大洋洲的航空中心,而且根据国际机器人联合会相关报告数据,新加坡是按机器人密度衡量的工业自动化水平最高的城市。这得益于新加坡制造业企业的智能化转型及其人工智能发展战略。

荷兰是世界人均宽带普及率最高、平均宽带速度最快的国家之一。它是欧洲的数字门户,拥有高水平的数字基础设施,如拥有 100% 数字化电信网络、最先进的光纤网络,并且直接将欧洲大陆与北美连接起来,大多数跨大西洋电缆直接通往荷兰,位于阿姆斯特丹的互联网交换中心是全球最大的互联网交换中心。

阿联酋是全球移动宽带速率最快的国家之一,且具有较高的互联网普及率。阿联酋电信拥有全球领先的 5G 技术和 5G 网络,以先进技术推动网络演进、业务转型,在改善用户体验、为社会创造更多价值的同时,亦构筑了强大的竞争力。阿联酋迪拜酋长国设有迪拜互联网城自由区,是中东和北非地区领先的信息和通信技术中心。

5.2.2　经济活力

1. 经济活力分领域排名分析

经济活力领域的指数反映了国际大都市在城市经济密度和经济增速两个维度上的综合世界影响力。经济活力反映了一个城市的商业基础和经济增长潜力。经济活力高的城市能够吸引全球企业和投资,提高其在国际舞台上的影响力。现代化国际大都市通常拥有庞大的经济规模,对全球经济增长有着显著的贡献。在样本城市中,经济活力领域排名前十的现代化国际大都市依次是纽约、新加坡、上海、洛杉矶、香港、多伦多、伦敦、莫斯科、圣保罗、墨西哥城,排名明显靠后的五个城市分别是马德里、悉尼、吉隆坡、法兰克福、芝加哥,其余城市则位序其中(见图 5.10)。

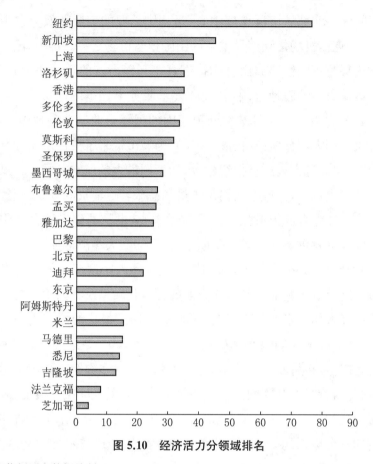

图 5.10　经济活力分领域排名

注:作者依据测度数据绘制。

　　欧美地区的现代化国际大都市表现出较为强健的经济发展活力,其中有七个城市位列经济活力领域指数排名前十。由此可见,欧美全球城市在经济活力领域依然具有绝对的先发优势,具体表现在城市经济密度和经济增速维度的经济竞争力。欧美城市通常具有相对成熟的工业化体系、更为发达的金融体系、完善的资本市场与金融服务、更高的研发投入以及更为活跃的创新生态系统,这有助于推动新技术、新产业以及创新创业活动。此外,欧美城市通常拥有世界级的高等教育机构和科研中心,能够吸引和培养高质量的人才,这对于提升经济发展活力至关重要。

　　亚洲地区的现代化国际大都市在经济活力领域具有长期发展潜力。新加坡和香港作为曾经的亚洲"四小龙"经济体,其自由经济体特征为经济增长注入强健动力,也成就了其在经济活力领域的较高世界影响力。上海作为中国的经济中心和亚洲地区经济实力最强的城市之一,位列经济活力分领域指数第 3 位。其经济密度和经济增速均处于中上游水平,经济活力各维度发展较为均衡而占优,尤其相对于同处亚洲的东京有显著优势。这种经济活力指数的分布结构表明未来现代化大都市的世界影响力很可能逐渐由具有后发优势的新兴经济体城市所引领。

美洲地区的全球城市是欧美高经济活力的主要来源地区，表现为经济活力领域排名前十的城市中有五个美洲城市，且集中在北美洲地区。纽约作为全球最大的金融中心，总部经济相对发达，在经济活力领域的世界影响力依旧十分突出，且与其他国际大都市拉开了较大的差距。洛杉矶作为美国第二大城市，其经济活力领域的高世界影响力得益于多元化的经济结构提供的强大经济动力。多伦多的经济活力优势表现为较高的经济增速，墨西哥城则表现为较大的经济密度，而圣保罗在两个维度发展相对均衡。然而，伦敦、巴黎等欧洲老牌国际大都市的经济活力相对滞后，欧洲地区国际大都市在经济活力领域的指数呈现整体靠后趋势，这也反映了欧洲近年来受金融危机和债务危机的影响，出现全球城市经济活力相对不足。总体来看，欧洲地区的现代化国际大都市在经济活力领域的指数低于亚洲和美洲地区，包含伦敦、莫斯科在内的欧洲城市仅是保持了相对较高的经济增速，城市经济密度是阻碍其经济活力增强的主要短板。

2. 经济活力分领域亮点分析

纽约的经济竞争力主要来源于曼哈顿区。曼哈顿区是纽约市的中央商务区，也是纽约市最小但最富有的行政区，其经济密度明显高于纽约市其他四个区。曼哈顿区是世界上摩天大楼最集中的地区，汇集了世界 500 强中绝大部分公司的总部，因此成为世界上就业密度最高的地区，而且还是联合国总部的所在地。世界最重要的金融中心——华尔街金融区也位于曼哈顿区，纽约主要据此塑造了其现代化国际大都市"领头羊"的形象。与全美平均水平相比，除了众所周知的金融业，曼哈顿在信息业、房地产业、专业和科技服务业以及艺术娱乐业等行业也具有较高的专业化水平。在专业服务业方面，纽约吸引了来自法律、会计、咨询、公共关系与人事服务等领域的高精尖人才。

新加坡以稳定的政治环境、透明的政策制度、稳健的货币与财政政策、健全的司法体系为支柱，成为亚洲最具活力且最自由的经济体。新加坡经济自由的基础是通过对产权的强有力保护和反腐败法的有效执行来维持的。资本自由流动和无资本增值税、无资本利得税、无遗产税以及免全球双重课税等种种优惠的税收条件更使新加坡成为享誉全球的"低税乐园"。同时，自由贸易园区也是新加坡经济和产业发展的重要战略之一，自由贸易港是其中开放度最高的类型。

洛杉矶是美国西部最大的经济中心，自然资源丰富且经济结构相对多元化，是世界闻名的电影工业的发源地，也是北美最大的港口之一，其处理的货物量巨大，成为连接美国与亚洲及其他地区的重要贸易枢纽。洛杉矶的文化活动和旅游景点吸引了大量的国内外游客,如好莱坞、迪士尼乐园和环球影城等。

香港作为国际金融中心之一,拥有完善监管的银行系统;它也是人民币结算中心,是中国内地企业上市及筹集国际资本的理想地点。此外,作为自由贸易港,资金、人才和货品均可在此自由流动,香港因此也是跨国企业连接中国以及全球贸易和资本市场的最佳中转站。香港的税率属全球最低之列,税制简单——只有利得税、薪俸税及地产税三项直接税。简单的税制鼓励着企业及个人专注于业务发展及个人工作,也提升了香港在全球的竞争力。

5.2.3 营商环境

1. 营商环境分领域排名分析

营商环境领域的指数反映了国际大都市在市场开放、供应链连接和商业环境风险三个维度上的综合世界影响力。大都市的法律和政策环境的开放性、透明性和稳定性有助于吸引国际企业和外国投资。良好的营商环境包括稳定的政治和经济环境、透明的法律和政策,以及高效的行政服务,这对提升现代化国际大都市的世界影响力至关重要。在样本城市中,营商环境领域排名前十的现代化国际大都市依次是阿姆斯特丹、东京、法兰克福、多伦多、马德里、纽约、布鲁塞尔、悉尼、米兰、伦敦,排名明显靠后的五个城市分别是圣保罗、孟买、莫斯科、墨西哥城、雅加达,其余城市则位序其中(见图 5.11)。

欧美地区的现代化国际大都市在营商环境领域的世界影响力十分突出,其指数前十位中除了地处亚洲的东京外,其余城市均为欧美城市;并且这十个城市均为综合指数排名中的中高世界影响力现代化大都市,高世界影响力城市占一半。欧美发达国家营商环境总体水平较高且较稳定,这些国家大多同属 OECD 发达国家序列,且都已经进入后工业化时期,经济总量一直处于全球前列,在营商环境的建设上也形成了一套较为完善的制度和成熟的规则,与中国等新兴市场经济体相比存在巨大的优势。阿姆斯特丹在营商环境领域具有最高的世界影响力主要源于其较高的市场开放水平、强健的供应链连接以及较低的商业环境风险。其余欧美城市较高的营商环境指数也得益于这三个维度的相对均衡发展。

从目前发展状况来看,亚洲城市营商环境的绝对水平仍普遍低于欧美城市。亚洲城市中只有东京在营商环境领域表现出较强的世界影响力,对应分领域指数排名第 2,这主要得益于日本整体上兼具较高的市场对外开放水平和较低的商业

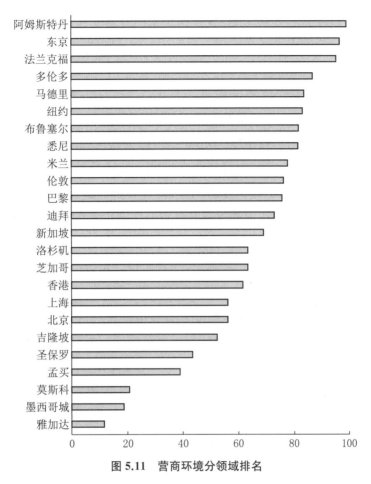

图 5.11　营商环境分领域排名

注：作者依据测度数据绘制。

投资环境风险。值得注意的是，巴黎、新加坡、香港、上海、北京等综合实力较强的老牌全球城市在营商环境领域停滞不前。其中的主要原因是，这些城市的外商直接投资监管限制较多，市场对外开放度明显不够。此外，亚洲城市在制度创新上较为注重市场化改革，而法治环境建设相对滞后。从两组城市的对比中也可看出，制度创新是新兴经济体的现代化大都市发展潜力的重要来源。

2. 营商环境分领域亮点分析

荷兰商业历史悠久，营商环境优良。欧中商会在《荷兰投资环境国别报告》中指出，荷兰在投资政策上是全球最开放的国家之一，也是投资环境最好的欧洲国家之一。这源于其较为成熟和稳定的投资环境，如稳定的国内国际政治环境、发达的市场经济体系、健全的法律制度、开放友好型外资政策、高素质的劳动力群体、良好的创新生态、稳定的劳资关系等。作为外向型经济国家，荷兰政府对外资总体持自由开放态度,如对外资无股比要求,对外资企业国有成分无限制,对外国商务人员活动亦无特别限制,外国公司在法律上与本国企业享受同等权利等。此外,荷兰拥有发达的物流基础设施,自2005年以来每年都在DHL全球连通性指数中排名第1,在整体物流绩效方面排名世界第3,被DHL列为世界上互联程度最高的国家。阿姆斯特丹作为荷兰首都及最大城市,展现了高度自由开放包容的城市形象。在营商环境方面,阿姆斯特丹持续优化政务程序,为其地区内的国际公司及其技能人员、科研人员、国际企业家和国际毕业生提供一站式服务。例如,阿姆斯特丹外籍人士服务中心极大简化了移民注册、居留许可和公民服务号码等流程。雇主提交一份表格,可在新员工仍在国外时帮其办理居留许可登记,并安排预约访问。一旦员工到荷兰,所有文件都准备到位,高技术移民及其家庭成员只需访问服务中心办事处一次即可完成市政当局必要登记,领取居留许可,同时获得公民服务号码,在荷兰开设银行账户等。

迪拜推行以互联网和数字技术赋能智慧城市建设相关举措已有多年,并取得了举世瞩目的成就,其中"无纸化战略"目标将政府部门和公共机构的数字化转型作为城市智慧化的核心并有望成为第一个完全无纸化办公的政府。

根据世界银行最新发布的2023年物流绩效指数(LPI),新加坡位列第一,且其排名从2018年的第7位跃升至第1位,尤其在物流基础设施、全球连通性和高效可靠性方面优势尽显。新加坡凭借其独特的地理位置和先进的物流供应链设施,通过新加坡港务集团与全球主要航运公司的紧密合作,以及利用人工智能和物联网等先进技术强化智慧港口建设,进一步提高新加坡作为全球贸易中转枢纽的能力,在供应链系统中持续保持领先地位。

德国物流业发达,有效保障了德国制造业供应链的稳定。世界银行的物流绩效指数报告显示,德国物流业综合竞争力始终名列前茅,成为欧洲最重要的物流枢纽。这归功于德国很早就抓住了供应链的全过程管理所带来的物流业发展机遇,在政府的大力支持下,在技术升级和管理创新的过程中,德国物流业采用了产业集群和物流业集群相互匹配的发展思路。

5.2.4　科技创新

1. 科技创新分领域排名分析

科技创新领域的指数反映了国际大都市在科技原创力、人才吸引力和世界领先大学三个维度上的综合世界影响力。科技创新能力不仅推动城市经济发展,还

能提升城市的国际形象和吸引力。大都市的研发投入和高等教育机构的存在不仅
推动了科技创新的前沿，而且吸引了全球范围内的科学家和学者。在样本城市中，
科技创新领域排名前十的现代化国际大都市依次是纽约、北京、伦敦、巴黎、东京、
上海、芝加哥、新加坡、悉尼、洛杉矶，排名明显靠后的五个城市分别是吉隆坡、圣保
罗、墨西哥城、雅加达、孟买，其余城市则位序其中（见图 5.12）。

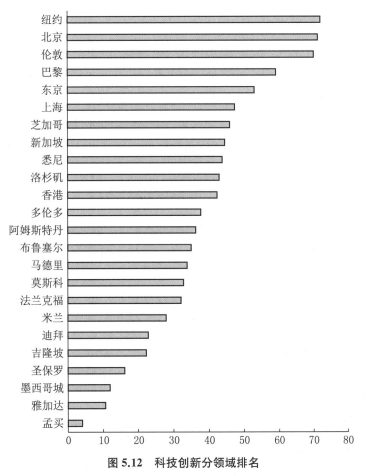

图 5.12　科技创新分领域排名

注：作者依据测度数据绘制。

亚洲地区现代化国际大都市在科技创新领域的世界影响力较强，集中在中日
韩以及南亚地区，包括北京、东京、上海、新加坡四个位居综合指数排名前十的第一
梯队的城市。这四个城市的高科创能力也是科技原创力、人才吸引力和世界领先
大学三个维度全方位均衡发展的结果。北京以其科技原创力位居首位的明显优势
在科创能力领域指数排名第 2，表明北京在科技创新领域具有较高的世界影响力。
作为中国首都，北京近年来的科创资金投入巨大，创新资源十分集中，拥有众多的

高等学校、科研院所。东京在拥有世界领先大学数量方面相对突出,而新加坡的人才吸引力较强。上海的科创能力也相对突出,表现为其在科技原创力维度的世界影响力显著高于大多数国际大都市,这得益于上海建设科技创新中心的战略规划和定位。与北京相似,这离不开国家科技发展战略和大规模的科研投入。

美洲城市的科创能力较为强劲,其中美国的三大城市纽约、芝加哥和洛杉矶均位列第一梯队。这得益于三个城市的全球人才吸引力相对突出。欧洲只有伦敦和巴黎位列科创能力领域指数的第一梯队。伦敦创新资源十分集中,拥有众多国际一流研究机构及多所世界大学排名前 500 强高校。总体来看,美洲国际大都市科创能力提升速度介于亚洲和欧洲之间,其世界领先大学分布是其科创能力提升的短板;欧洲城市的科创能力滞后于亚洲和美洲,在科技原创力方面的提升非常缓慢。虽然第一次和第二次技术革命均起源于欧洲,但以信息技术为代表的第三次技术革命主要发展于美国和亚洲地区,加之科技后发优势的属性,导致欧洲城市在科创能力提升乏力。综合而言,亚洲城市在科创能力领域的世界影响力远高于欧美城市,这与近年来亚洲国家大规模的科研资金投入有关,同时也得益于互联网革命的后发优势。具体来看,亚洲城市的突出优势集中于科技原创力上,且在跨境人才流动以及创新资源集聚方面,亚洲城市也不落后于欧美城市。

2. 科技创新分领域亮点分析

在科技原创力方面,北京依然是自然指数科研城市的"领头羊",这得益于其一流大学分布密集,包括清华大学、北京大学、北京师范大学等,以及一流的科研机构云集,如中国科学院大学、中国科学院化学研究所等。作为国家的政治和文化中心,北京具备的科研人数和科研经费是其他城市无法比拟的,而其科研力量更多集中在基础研究。

在人才吸引力方面,新加坡政府长期以来重视人才培养和引进,凭借丰富的教育资源、宽松的移民政策以及良好的工作环境,吸引了大量全球优秀人才。同时,新加坡在科技、金融、教育等领域的快速发展,也为人才提供了广阔的发展空间。新加坡政府推出未来技能培训补助,鼓励其公民用这笔补助去学习更多技能。新加坡吸引的人才兼具高学历与高技术,超过 30% 的劳动力都拥有大学学位,15%的劳动力则拥有专科文凭或专业资质。

在世界领先大学方面,伦敦是英国学生数量最多的城市,拥有数量众多的大学、学院、学校及学术研究机构。根据 QS 世界大学排名,伦敦拥有最多的世界著名大学,如帝国理工学院、伦敦大学学院、伦敦政治经济学院等。紧随其后的是巴黎、东京和北京。

5.2.5　城市品牌

1. 城市品牌分领域排名分析

城市品牌领域的指数反映了国际大都市在世界级景观和世界级活动两个维度上的综合世界影响力。城市品牌在国际认知度和影响力方面起到了关键作用,其评估涉及文化、历史、旅游资源以及国际大型活动的举办等。一个强大的城市品牌不仅能够提升城市的国际知名度和吸引力,还可以影响国际事务和文化交流。在样本城市中,城市品牌领域排名前十的现代化国际大都市依次是巴黎、伦敦、马德里、北京、纽约、东京、布鲁塞尔、上海、新加坡、阿姆斯特丹,排名明显靠后的五个城市分别是吉隆坡、迪拜、雅加达、洛杉矶、法兰克福,其余城市则位序其中。

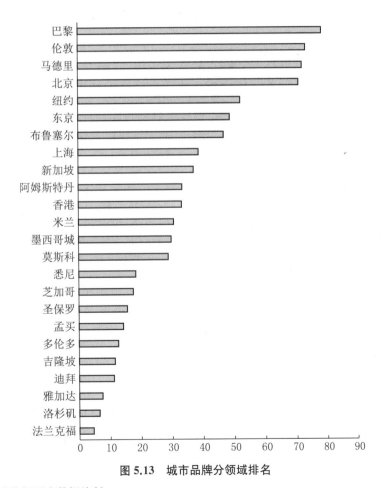

图 5.13　城市品牌分领域排名

注:作者依据测度数据绘制。

城市品牌领域指数排名前十的城市与在综合指数排名中具有高世界影响力的现代化国际大都市基本重合(除布鲁塞尔外),即城市品牌反映的国际大都市高世界影响力与其综合世界影响力契合度较高。与综合排名相比,巴黎、马德里和布鲁塞尔在城市品牌分领域的世界影响力更加突出,而香港在此分领域却掉出了高世界影响力的梯队。与综合高世界影响力城市分布类似的是,欧洲和亚洲城市占比基本平分秋色,美洲地区唯有纽约上榜且排名相对靠前。欧美城市城市品牌的世界影响力整体上高于亚洲城市。具体而言,巴黎以举办最多的国际会议位居榜首,可见国际会议对提高一个城市知名度的重要性。伦敦、马德里在举办国际会议和拥有世界遗产两个维度兼具较高知名度。北京因拥有世界遗产数量的绝对领先地位而享有较高世界影响力,而布鲁塞尔因举办较多的国际会议具有较高知名度。其余高世界影响力城市在这两个维度的发展相对均衡。此外,在其他分领域表现出高世界影响力的城市却在城市品牌建设上相对靠后,如法兰克福、洛杉矶和迪拜。

2. 城市品牌分领域亮点分析

从世界级景观来看,世界遗产分为世界文化遗产、世界自然遗产、世界自然和文化双重遗产,一般都是世界各国具有文化历史凝聚力的著名景观。中国是世界上拥有世界遗产类别最齐全的国家之一,也是世界自然遗产数量最多的国家、世界自然与文化双遗产数量最多的国家(与澳大利亚并列),其中首都北京拥有7项世界遗产,如长城、故宫等,是世界上拥有遗产项目数最多的城市。"长城+奥运"模式推动了中国长城文化走向世界,扩大了中华文化的全球影响力;其中八达岭长城凭借独特的艺术魅力,成为全世界热衷和瞩目的文化交流舞台,也是世界人民向往的旅游胜地。多年来,八达岭长城举办了各式各样的国际交流活动,如"奥运会火炬传递""奥运公路自行车赛""残奥会吉祥物发布"等。纽约的自由女神像被指定为美国国家纪念碑,作为世界文化遗产成为全球最著名的旅游景点之一,也成为美国文化和旅游业的重要标志之一。伦敦塔是世界上最著名的堡垒之一,也是英国标志性的宫殿和要塞,更是一个活态的文化中心和旅游景点。

从世界级活动的举办来看,一个城市举办国际会议的数量,在某种程度上决定着城市的国际化程度。法国巴黎被评为世界上举办会议最佳目的地城市,适宜的自然环境、发达的经济、便利的交通、丰富的文化资源、高质量的会议场地促使巴黎成为世界第一大国际会议中心。马德里曾获得"世界最佳会议城市"之称,是国际商务旅游的典范。它也是全球各大重要活动的指定举办场所,如世界商业论坛、国际旅游交易会、国际建筑脱碳会议等,主要因其拥有现代化的会议中心、酒店和展览馆以及良好的交通基础设施。布鲁塞尔是比利时首都及其最大的城市,欧盟的总部设于此。同时还有其他 700 多个国际组织和 100 多个外交使团在此设立总部和办事处。布鲁塞尔之所以成为国际会议城市，主要是因为它的地理位置与交通，还有优美的自然风光。新加坡也是国际著名的会议城市，曾多次登上"亚洲最优秀会议城市"榜单并多次被评为亚太区最佳会展城市，其中的关键在于新加坡各种会议组织者良好的个人素质以及整体团队的协调能力。联合国的总部设在纽约，这使纽约成为许多国际级政治会议的举办地。大量国际组织的存在使纽约在国际社会的影响力越来越大，成为大型国际会议的重要举办地。北京作为中国的政治文化中心与文化古都，每年举办的国际性会议数量位居中国之首，也是一座国际会议之都，主要依靠的是其完善的基础设施，以及在各学科领域日益提高的研究水平。

5.2.6　宜居环境

1. 宜居环境分领域排名分析

宜居环境领域的指数反映了国际大都市在生态环境、生活成本和城市安全三个维度上的综合世界影响力。大都市的宜居性和可持续性以及社会福利的完善度都将直接影响居民的生活质量，这几个方面的优异表现有助于国际人才流动和国际投资。在样本城市中，宜居环境领域排名前十的现代化国际大都市依次是悉尼、马德里、新加坡、迪拜、阿姆斯特丹、东京、伦敦、多伦多、上海、纽约，排名明显靠后的五个城市分别是芝加哥、圣保罗、墨西哥城、孟买、洛杉矶，其余城市则位序其中。

亚洲现代化国际大都市在宜居环境领域占主导地位，其中新加坡、迪拜、东京、上海四座城市的宜居环境领域指数排名前十，位于第一梯队。此外，欧洲的马德里、阿姆斯特丹、伦敦，美洲的多伦多和纽约也位列该梯队。其他美洲城市主要处于宜居环境指数第二或第三梯队之间，而其余欧洲城市则集中在第二梯队，略优于美洲地区。悉尼位列宜居环境领域指数首位，其主要优势在于良好的生态环境以及领先的全球宜居指数对高净值人群的吸引力。其生活成本优势虽然不明显，但相较于同一发展水平的国际大都市，悉尼的生活成本不算太高。马德里的宜居环境优势主要体现于较低的生活成本，而新加坡、阿姆斯特丹和多伦多则主要得益于环境污染相对较低。迪拜在生态环境和生活成本两个维度兼具较高的宜居性，而东京、伦敦、纽约高昂的生活成本降低了其城市宜居性。虽然上海的宜居环境指数在第一梯队，但相比而言，改善生态环境和降低生活成本仍是上海当前最迫切的任务。北京的宜居环境指数排名相对靠后。虽然北京近年来大力整治环境污染问题，但其生态环境改善程度仍处于相对滞后水平。

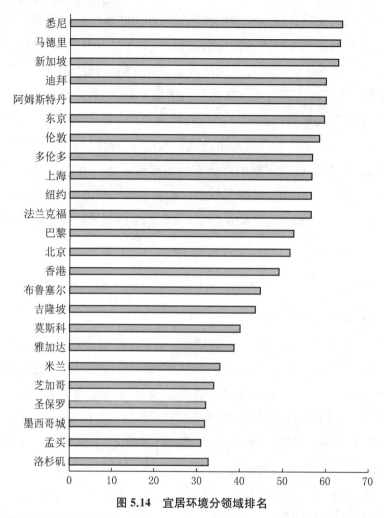

图 5.14 宜居环境分领域排名

注:作者依据测度数据绘制。

总体来看,亚洲城市的宜居环境潜力略高于欧美城市,主要优势在于近年来高净值人士集聚,劣势则在于生态环境改善滞后。欧洲城市宜居环境营造的优势在于生态环境好,劣势则在于生活成本高。美洲城市的宜居环境在生态环境和生活成本维度均存在较大的改善空间。

2. 宜居环境分领域亮点分析

在多个不同的全球宜居城市评比中,悉尼均名列前茅,除了当地得天独厚的自然环境外,悉尼市政府对绿色环保的重视和宜居的城市规划也是重要原因。悉尼市政府通过绿色网络体系建设和城市更新实现可持续发展,以公园城市特色增强可持续性发展。具体相关计划如下:悉尼于 2020 年 8 月发布《智慧城市战略框架》,致力于通过数字技术改善城市服务、提高社区生活质量。2021 年,悉尼市政府提出《可持续悉尼 2030—2050 年计划》，设定了一系列事关环保绿色和可持续发展的目标。悉尼市政府还大力建设骑行路网，推出了《2018—2030 年骑行行动计划》，旨在促进绿色交通发展。

纽约高度发达的经济意味着其拥有较高的生活成本。高额的住房费用、较高的基本生活支出、上涨的本地购买力是生活成本的主要来源。纽约的货币购买力要低于美国全国购买力水平，反映了其物价水平高于全美平均水平。其中曼哈顿区的房地产市场也是全世界最昂贵的市场之一。

伦敦是世界上最早出现雾霾问题的城市之一。而近年来，伦敦市政府多措并举加强城市绿化建设。目前，伦敦地域内拥有大量的公园和开放绿地，是全世界公认的国家公园城市。

5.3 上海对标建设提升世界影响力的策略分析

5.3.1 上海世界影响力的综合分析

随着世界经济重心的东移，中国的全球城市正在崛起。上海作为中国对外开放的窗口以及制度改革的前沿阵地，其世界影响力总指数排名位列第 7 名，进入高世界影响力现代化国际大都市行列。上海依靠中国强大的经济实力和体制优势，已具备高能级总部集聚、战略性全球平台和大规模流量等基本条件，正展露出未来发展成为最具世界影响力的现代化国际大都市的强大潜力。

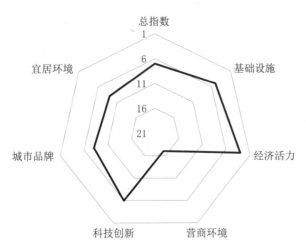

图 5.15 上海的世界影响力总指数和分领域指数排名分布

注：作者依据测度数据绘制。

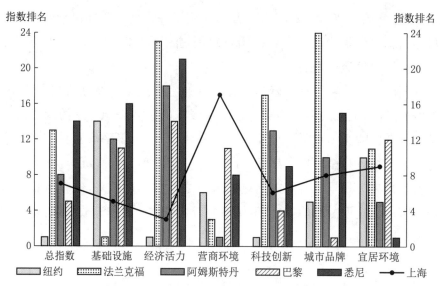

图 5.16　上海与分领域领先城市的世界影响力总指数和分领域指数排名对比

注：作者依据测度数据绘制。

　　相较于纽约、伦敦和东京等综合实力最强的老牌全球城市，上海在基础设施领域排名第 5 位但明显优于这三个城市，其突出优势在于基础设施自动化的快速发展。这得益于上海"五个中心"的发展规划和战略定位，决定了其在基础设施领域的后发优势和发展潜力。上海的基础设施升级也取决于强大的国民经济实力以及财政支付能力，这是欧美国家难以比拟的。

　　同时，与同处亚洲的东京、迪拜、吉隆坡、孟买以及本国的北京和香港相比，上海在经济活力领域也表现出较高的综合实力，排名前三；在城市经济密度和城市经济增速维度发展较为均衡且占优。这不仅得益于中国的体制优势和经济实力，也与上海的区位条件和战略定位密切相关。体制优势带来的宏观调控能力使中国经济在复杂多变的国际环境中稳步前行，这为上海提供了强大的腹地经济支撑。同时，上海作为中国对外开放窗口和制度改革前沿阵地，在"集中力量办大事"的发展理念下优先采取诸多创新性政策，这是欧美国家难以实现的。此外，上海与纽约、伦敦和东京的区位条件类似，都是全球著名的港口城市，具备强大的全球资本配置功能。

　　上海在科技创新领域指数排名第 6 位且高于其综合世界影响力排名，其主要优势在于科技原创力方面，这得益于上海建设科技创新中心的战略规划和定位，同时离不开国家科技发展战略和大规模的科研投入。此外，上海在城市品牌和宜居环境领域分别排名第 8 位和第 9 位，均位于第一梯队。总的来看，上海的发展比较均衡且绝大多数指标均位列前十。由此可见，上海已成为名副其实的新兴经济体中领先的国际大都市。以上海为代表的亚洲新兴全球城市正在改变全球资本配置功能的格局，全球城市发展重心正在从欧美地区向亚洲地区转移。

5.3.2 上海对标建设提升世界影响力的策略分析

结合上海在总指数和各个分领域维度指数的排名表现，上海对标建设提升世界影响力既需要强化自身优势领域，又需要借鉴各分领域内具有高世界影响力排名城市的现有经验来补齐短板。

从具体指标来看，在基础设施领域，上海在国际航运枢纽方面排名前三，基本与新加坡、伦敦形成三大航运中心地位。虽然上海的基础设施自动化程度较高，但与组内程度最高的新加坡的差距依然很大。而且，与伦敦相比，上海的国际航空枢纽指标相对较低，这是制约其基础设施提升的主要短板。在经济活力领域，与全球顶级国际大都市相比，目前上海的经济密度与纽约、伦敦的差距还是非常明显的。相比之下，上海单位土地的经济产出仍然偏弱。在营商环境领域，从全球视野来看，上海的市场开放和商业环境风险指标相对靠后。在科技创新领域，虽然上海的科技原创力指标相对于其他城市较突出，但与北京相比差距较大，而且在全球人才竞争力指数方面上海与纽约、伦敦差距较大。在城市品牌领域，上海目前的主要短板在于缺乏世界遗产，而且举办国际会议数量还相对较少。在宜居环境领域，与悉尼相比，上海的生态环境改善相对滞后，这是工业化发展以及人口剧增导致的阶段性问题。上海作为综合发展潜力最大的全球城市，其居住环境正在成为吸引国际资本和人才的关键。

从上述劣势和短板出发，本书聚焦以下五个方面，整理提出上海对标建设提升世界影响力的策略：

首先，根据上海市政府印发的《上海市坚持对标改革持续打造国际一流营商环境行动方案》，上海在营商环境领域对标建设提升世界影响力体现在如下五个方面：一是在世界银行最新的宜商环境评估体系中的十个主题领域对标改革提升行动；二是在政务服务、政策服务、园区服务和涉外服务维度进行企业服务提升行动；三是通过综合监管、智慧监管、信用监管、新产品新业态新模式监管以及监管合规引导推动监管执法提质行动；四是实施区域标杆创新行动，如浦东新区打造营商环境综合示范区、临港新片区打造营商环境制度创新高地、虹桥国际中央商务区打造国际贸易特色营商环境以及各区打造"一区一品"特色营商环境；五是强化政企社学合作共建、营商环境感知体验与考核评估、长三角营商环境共建等来完成营商环境协同共建行动。

其次,上海在基础设施领域对标建设提升世界影响力体现在基础设施自动化和国际航空枢纽连接度两个维度。根据上海市经济信息化委等印发的《上海市促进智能机器人产业高质量　创新发展行动方案(2023—2025年)》相关文件,上海在基础设施自动化维度的对标建设具体有如下三个方面:一是通过推动工业机器人规模化、促进服务机器人场景化和加快通用机器人工程化等推动工业智能水平提升;二是通过重点攻关具身智能等先进技术、加大机器人核心部件攻关、推动系统集成部署能力提升等聚焦技术突破;三是通过实施"机器人+"加快应用推广来实现智能转型。

目前中国已经建成了全世界发达的高速铁路网络,2012年东方航空公司联合原上海铁路局率先在长三角开展空铁联运,双方以上海虹桥、浦东机场为航空枢纽基点,长三角高铁为支线,向国内外旅客提供联运服务,其内容主要是票务联程及其相应的应急处置(仅限票务)。但由于联运合作方式较为简单,近年来空铁联运在中国并没有形成规模效应和预期效果。此外,空铁联运还存在异地值机、运营管理等困难。

借鉴法兰克福的空铁联运特色发展,为最大程度降低物理衔接、服务衔接、时间衔接以及管理衔接方面的难度,上海在国际航空枢纽连接度维度的对标建设具体有如下三个方面:第一,建立独立的空铁联运信息系统。利用数字技术、人工智能等,独立或依托于第三方信息平台建立空铁联运信息系统,为旅客提供交通运输信息的互联互通、实时更新的便捷查询系统,实现"一票联程制"和无缝换乘。第二,优化城市航站楼以提升空铁联运服务水平。对处于机场辐射范围内的高铁站设置机场城市航站楼,大力推进各项配套设施建设,提升空铁联运的服务水平。具体措施有:一,提供空铁联运的专项行李托运服务,提高整体安检效率;二,优化站点空间布局,尽可能提供全程交通衔接服务,有效减少旅客换乘距离,提高空铁联运的综合运输效率;三,提供便利的应急处置服务,针对突发情况,提前将运输信息通知旅客并为其提供个性化服务,提高空铁联运的调配效率。第三,建立明确的运营主体。建立由航空公司、铁路、机场管理部门共同出资组成的运营实体是空铁联运进一步发展的关键因素,也是建设空铁联运信息系统、完善空铁联运服务的基础。空铁联运实体应共同承担各种业务的职责,通过完备的联运服务和市场营销不断扩大市场,实现航空、铁路、社会、旅客的多赢。

再次,上海在宜居环境领域对标建设提升世界影响力体现在改善城市生态环境方面。纽约和伦敦也在工业化阶段遭受了严重的生态环境污染问题，但其后续的结构性改革和污染治理体系构建是值得上海学习借鉴的。例如，基于公共领域的战略规划，伦敦迅速发展精细化城市公共空间。伦敦拥有公园绿地、规模与功能不同的各种城市广场、河滨空间等不同类型的公共空间。即使在商业集聚的中心城区，伦敦仍十分重视城市绿地的覆盖率。又如纽约整体较为注重人居环境建设和城市建筑规划布局，在更高起点上启动新一轮绿色城市规划，并全面部署落实城市"碳中和"计划。当地政府除了发展绿色经济外，也十分重视在长期规划中积极响应气候变化。

根据上海市政府印发的《上海市生态空间建设和市容环境优化"十四五"规划》，上海改善城市生态环境具体举措有如下三个方面：在生态空间建设方面，以建设"生态之城"为目标，不断完善城乡公园体系、生态空间结构体系、自然保护地体系，促进生态质量和功能全面提升，进而初步形成"公园城市""森林城市""湿地城市"生态空间。在垃圾治理方面，全面建立与社会主义现代化国际大都市定位相适应的生活垃圾分类常态长效管理机制和全程分类收运处理系统。通过推进完善垃圾分类转运设施建设与垃圾末端处置体系建设来不断优化无害化处理结构，有效提升资源化利用水平。在市容景观方面，通过优化提升市容环境品质、构建市容环境保障常态长效机制、深入推动专项治理，日益完善彰显超大城市的地标性的市容景观管理体系。

然后，上海在科技创新领域可对标纽约建设提升世界影响力。纽约积极建设"全球科技创新中心"并发布全球城市创新中心路线图，加速城市创新发展。该路线图旨在帮助纽约市科技企业的设立和业务拓展，利用政府的计划延续和刺激纽约上百年"自上而下"的创新传统。根据上海市政府公布的《上海市建设具有全球影响力的科技创新中心"十四五"规划》，上海提升科技创新能力的具体表现为：加快推进张江综合性国家科学中心建设，建设世界级重大科技基础设施集群；完善科研基地体系，建设高水平研究机构，强化科研基础条件支撑力量；前瞻布局一批战略性和基础性前沿项目，支持高校、科研院所和企业自主布局基础研究，加快形成一批基础研究和应用基础研究的原创性成果，实现"从0到1"原创性突破，努力成为"科学规律的第一发现者"。

最后，上海在城市品牌领域可对标纽约建设提升世界影响力，主要体现在如下三个方面：一是积极发挥进博会、国际工业博览会等国家级展会的效应，利用其专家库、国际企业库以及国际联系渠道等资源，谋划和举办一系列具有国际影响力的国际会议，如"北外滩国际航运论坛"等。继续实施和扩大"上海会议大使"计划，并逐步制度化和规范化。二是积极争取具有国际影响力的国家级会展在上海举办。聚焦上海承担的国家战略使命,通过强化部市合作,积极引进国家级会议或论坛在上海举办。三是着力提升上海举办的国际会议或论坛的能级,强化其后续效应的挖掘(王丹等,2020)。按照国际化、专业化、市场化等原则,提升"世界城市论坛""上海市市长国际企业家咨询会议"等会议国际影响力,高水平办好"中国花卉博览会""滴水湖论坛"等国际会议,充分发挥以会议或论坛为纽带,激发"公共外交"功能,提升城市的世界影响力。

参考文献

陈诗一:《能源消耗、二氧化碳排放与中国工业的可持续发展》,《经济研究》2009 年第 44 卷第 04 期,第 41—55 页。

崔健:《我国企业风险投资发展的问题和建议》,《经营与管理》2020 年第 9 期,第 15—18 页。

邓涛涛:《交通网络与产业地理集聚——基于行业和地区差异视角》,上海人民出版社,2018 年。

董普、李京:《国外城市基础设施建设融资模式的启示》,《中国财政》2017 年第 13 期,第 63—65 页。

范文豪、崔凯:《城市基础设施建设投融资模式研究》,《交通企业管理》2023 年第 38 卷第 5 期,第 36—38 页。

范晓慧:《香港自由贸易港税收营商环境优化的经验借鉴研究》,《现代商贸工业》2022 年第 43 卷第 18 期,第 33—34 页。

方创琳:《中国城市群研究取得的重要进展与未来发展方向》,《地理学报》2014 年第 69 卷第 08 期,第 1130—1144 页。

付兴:《德国生态城市建设经验及对武汉的启示》,《武汉冶金管理干部学院学报》2016 年第 26 卷第 1 期,第 15—18 页。

龚正:《加快建设具有世界影响力的社会主义现代化国际大都市》,《学习时报》2023 年 12 月 1 日第 1 期。

顾朝林:《城市群研究进展与展望》,《地理研究》2011 年第 30 卷第 05 期,第 771—784 页。

顾锋等:《上海"五个中心"新一轮发展战略研究》,《科学发展》2023 年第 4 期,第 38—47 页。

冀宪河:《美国奥斯汀市运用 PPP 理念打造城市品牌的启示》,《机构与行政》2021 年第 3 期,第 45—48 页。

蒋昌建等:《上海"五个中心"新一轮发展战略:打造国家发展动力引领城市》,

《科学发展》2022年第12期,第31—39页。

金峙等:《智慧城市建设的理论思考与战略选择》,《中国建设信息化》2022年第17期,第56—57页。

李忠华、何礼洋:《完善我国科技创新体系的国内外经验借鉴》,《经济研究导刊》2021年第22期,第4—6页。

栗佳玮、沈中伟:《国外地下步行空间开发对我国城市建设的启示》,《地下空间与工程学报》2023年第19卷第S1期,第1—7页。

廖良美、廖程胜:《基于国外经验的中部地区优势农产品出口支持措施》,《湖北工业大学学报》2016年第31卷第03期,第7—10页。

陆铭:《大国大城:当代中国的统一、发展与平衡》,上海人民出版社,2016年。

陆铭、冯皓:《集聚与减排:城市规模差距影响工业污染强度的经验研究》,《世界经济》2014年第37卷第07期,第86—114页。

吕丽洁:《国外促进消费升级的成功做法与经验借鉴》,《经济研究参考》2013年第53期,第79—81页。

吕汝泉:《日本生态城市建设对我国的启示》,《城市学刊》2015年第36卷第3期,第47—49页。

马学广、李贵才:《全球流动空间中的当代世界城市网络理论研究》,《经济地理》2011年第31卷第10期,第1630—1637页。

潘珠弟:《风险投资体系的分析及国外借鉴》,《现代营销(下旬刊)》2019年第07期,第24—25页。

裴然、侯冠宇:《营商环境对数字经济发展的影响与提升路径研究》,《技术经济与管理研究》2023年第11期,第23—27页。

沈坤荣、李敏:《国际经贸规则重塑背景下中国推进制度型开放的战略思考》,《浙江工商大学学报》2023年第6期,第77—88页。

舒庆:《演进中的国际大都市:历程、特征和未来趋势》,国际大都市发展研究(中英文)2024年第1期,第17—22页。

宋林霖、陈训:《新西兰营商环境治理模式及对中国的的启示》,《秘书》2022年第3期,第39—49页。

宋林霖、柳淇方、彭云:《营商环境便利化的生成逻辑与推进路径——基于新加坡营商环境治理经验》,《行政科学论坛》2023年第10卷第5期,第68—76页。

孙娟等:《全球城市区域视角下上海大都市圈内涵属性与目标愿景》,《城市规划学刊》2022年第2期,第69—75页。

王丹、彭颖、周海蓉:《上海对标提升综合性国际城市排名问题研究》,《科学发展》2020 年第 1 期,第 39—44 页。

王军、苏展波:《美国、新加坡、日本发展科技与原始创新的经验及启示》,《宏观经济管理》2022 年第 2 期,第 76—82 页。

王勤:《东盟国家数字基础设施建设的现状与前景》,《南亚东南亚研究》2022 年第 5 期,第 90—101 页。

王妍、王世发:《国际大都市城市品牌打造经验对齐齐哈尔市城市品牌构建的启示》,《理论观察》2012 年第 5 期,第 74—76 页。

王艳玲:《生态城市建设面临的问题与对策分析》,《新长征》2023 年第 12 期,第 53—54 页。

吴文妹:《新加坡文化城市品牌塑造研究》,《文化创新比较研究》2021 年第 5 卷第 12 期,第 183—186 页。

熊健:《建设卓越的全球城市区域成为更具竞争力、更可持续、更加融合的都市圈——〈上海大都市圈空间协同规划〉解读》,《中国投资(中英文)》2022 年第 ZB 期,第 62—65 页。

徐振宇:《全面促进消费:国外经验比较与借鉴》,《中国商界》2023 年第 2 期,第 38—41 页。

许彩慧、张开:《全球产业链绿色转型——"双碳"窗口期下中国的机遇、挑战和路径》,《国际贸易》2023 年第 12 期,第 29—39 页。

杨民安、曹鹏:《新加坡生态城市建设实践与启示》,《建材与装饰》2018 年第 46 期,第 97—98 页。

杨鑫:《德国法兰克福城市发展经验与郑州国家中心城市建设》,《现代商业》2018 年第 30 期,第 89—90 页。

易小兵:《上海迈向卓越的全球城市的逻辑理路》,《中国名城》2023 年第 37 卷第 9 期,第 10—17 页。

于世梁、廖清成:《借鉴国外经验推动生态城市建设》,《中国井冈山干部学院学报》2018 年第 11 卷第 1 期,第 126—132 页。

张德兰:《我国城市基础设施建设投融资体制研究——以英法两国经验为借鉴》,《淮海工学院学报(人文社会科学版)》2016 年第 14 卷第 12 期,第 100—102 页。

张学良:《中国交通基础设施促进了区域经济增长吗——兼论交通基础设施的空间溢出效应》,《中国社会科学》2012 年第 03 期,第 60—77 页,第 206 页。

张英:《国内外城市品牌建设经验与启示》,《现代经济信息》2013 年第 6 期,第

17—18 页。

赵晓雷:《城市经济与城市群》,上海人民出版社,2009 年。

中国社会科学院工业经济研究所课题组、张其仔:《提升产业链供应链现代化水平路径研究》,《中国工业经济》2021 年第 02 期,第 80—97 页。

周振华:《崛起中的全球城市》,上海人民出版社,2008 年。

周振华:《上海迈向全球城市:战略与行动》,上海人民出版社,2012 年。

Albrow, M., 2008, Understanding Cultural Globalization, *Sociological Review*, 56(1):164—166.

Castells, M., 2000, *The Rise of the Network Society*. Oxford: Blackwell: 453—459.

Hall, P., 1997, Modelling the Post-Industrial City. *Futures*, 29(4—5): 311—322.

附录
具有世界影响力的现代化国际大都市：
国际评估指标体系梳理分析

一、 国际有代表性的针对国际大都市的综合评估指标体系

（一） 全球城市指数（Global City Index, GCI）

全球城市排行榜由国际知名的管理咨询公司科尔尼发布，榜单由"全球城市指数"综合实力榜（GCI）和"全球潜力城市指数"榜（GCO）两部分组成，分别用于评估全球范围内最具影响力城市的当前发展水平及未来发展前景。2008 年至 2014 年，榜单每两年发布一次，从 2014 年起，改为每年发布一次。

全球城市指数用于评估全球城市的当前综合表现，深入剖析全球最大城市的国际市场开拓能力、综合表现和发展水平。同时，该指标还可用于城市间的横向比较、核心竞争力的识别等。该评估体系由 5 个维度的 27 个指标构成，主要包括商业活动（资本流动、市场动态、大型企业等）、人力资本（受教育水平等）、信息交流（网络和媒体信息传播等）、文化体验（大型体育赛事、博物馆和展览活动等）以及政治参与（政治事件、智库和外交活动等）5 个维度，各维度指标见附表 1。全球城市指数的评分和排名由各维度得分进行加权平均获得，其权重分别是 30%、30%、15%、15%、10%。

全球潜力城市指数基于指标的变化率来评价城市的发展前景，从前瞻的角度来识别最有可能成为拥有全球影响力的新兴城市，有助于识别长期的投资决策和成功因素。该指标体系由 4 个维度的 13 个指标组成，主要包括个人幸福感（安全、医疗、不公平、环境绩效）、经济（长期投资、GDP）、创新（专利、私有投资、孵化器）和政府管理（政府透明度、营商环境便利化），各维度指标见附表 2。全球潜力城市指数的评分和排名由各维度得分进行加权平均获得，其权重依次是 25%、25%、25%、25%。

附表 1　全球城市指数综合实力评估指标体系

维度(权重)	指　　　标
商业活动(30%)	财富 500 强企业、全球顶级服务公司、资本市场、航空货运量、航海货运量、国际会议召开次数
人力资本(30%)	外籍人口、顶级大学、国际学校数、国际学生数量、大学人口比例
信息交流(15%)	电视新闻可及性、新闻机构数、宽带用户、自由诉求、网上展示
文化体验(15%)	体育赛事、博物馆、艺术表演、美食、国际游客数量、友好城市数量
政治参与(10%)	外交官员、国际组织、智库、参与国际事务的本地机构、国际政治会议

资料来源:根据 Global Cities：Leaders in a World of Disruptive Innovation 整理。

附表 2　全球潜力城市指数指标体系

维度(权重)	指　　　标
个人幸福(25%)	社会稳定和保障、医疗技术、基尼系数、环境绩效
经济(25%)	基础设施、人均 GDP、FDI 流量
创新(25%)	人均专利申请量、私人投资额、大学孵化器
政府管理(25%)	官僚体制效率、营商环境便利度、政府透明度

资料来源:根据 Global Cities：Leaders in a World of Disruptive Innovation 整理。

(二)　全球城市实力指数 (Global Power City Index，GPCI)

GPCI 由日本森纪念财团都市战略研究所发布。它从经济、研究与开发、文化交流、宜居性、环境和交通通达性 6 个领域的 70 个指标衡量全球 40 个主要城市的国际影响力。该排名中的绝大多数城市基本是其他全球城市相关排名中位于前 50 位的城市。

附表 3　全球城市实力指数评估指标体系

维　度	指标组	指　　　标
经济	市场规模	名义 GDP、人均 GDP
	市场吸引力	GDP 增长率、经济自由度
	经济活力	上市公司总市值、世界 500 强企业
	人力资本	总就业、商业企业从业人员数
	商业环境	工资水平、办公空间、获取人力资源便利度
	营商便利度	企业税、政治、经济和商业风险水平

（续表）

维　度	指标组	指　　　标
研究 与开发	学术资源	科研工作者数量、世界 2 000 强大学数
	研究背景	数学和科学学科的学术绩效、对研发人员的接受度、研发支出
	研究成绩	专利申请数、（科技相关领域）著名奖项获得人数、研究者之间的交流机会
文化交流	趋势潜力	国际会议举办次数、世界一流文化活动举办次数、音像及相关服务的贸易价值
	文化资源	创意活动环境、世界遗产数（周边 100 公里范围内）、文化、历史和传统互动
	游客设施	剧院和音乐厅数、博物馆数、体育馆数
	对游客的吸引力	奢侈酒店房间数、酒店数、购物选择的吸引力、餐饮选择的吸引力
	国际互动	外籍居民数、国际游客数、留学生数
宜居性	工作环境	总就业率、总工作时间、雇员对生活满意度水平
	生活成本	平均房租、价格水平
	安全	每百万人死于谋杀数、自然灾害的经济风险
	健康	社会自由、公平和平等程度、预期寿命、心理健康风险
	生活便利度	每百万人拥有医生数、信息技术就绪度、零售商店多样性、餐饮多样性
环境	生态	拥有 ISO14001 认证的企业数、可再生能源使用率、废弃物循环利用率
	空气质量	二氧化碳排放、悬浮颗粒物浓度、二氧化硫浓度、二氧化氮浓度
	自然环境	水质、绿地覆盖水平、气候舒适水平
交通 通达性	国际交通网络	直飞航班可到达城市数、国际货运吞吐量
	交通基础设施	国内和国际航班进港/出港旅客数、机场跑道数
	城市内交通服务	地铁站密度、公共交通覆盖率、准点率 市区到国际机场行程时间
	交通便利度	通勤便利度、每百万人交通致死率、出租车费用

资料来源：根据 Global Power City Index 翻译整理。

（三）　全球城市竞争力指数（Global City Competitive Index）

"全球城市竞争力排名"由英国经济学人智库（The Economist Intelligence Unit，EIU）公布，排名基于其对全球 120 个城市在经济竞争力、人力资源、金融产业成熟度、机构效率、硬件建设、国际吸引力、社会与文化特质、环境与自然危害等 31 个指标的调查结果。

附表 4 "全球城市竞争力指数"指标体系

维度	指标
经济实力 （30%）	名义 GDP、人均 GDP、家庭每年消费＞14 000 美元 城市实际 GDP 增长率、区域市场一体化
人力资本 （15%）	人口增长、劳动人口占比、企业家精神和冒险、教育质量、健康质量、外籍员工雇佣难易度
制度有效性 （15%）	选举过程和多元化、地方政府财政自主权、税收、法律制度、政府有效性
金融成熟度 （10%）	金融集聚的广度和深度
物质资本 （10%）	基础设施质量、公共交通质量、电信基础设施质量
全球吸引力 （10%）	福布斯 500 强数、国际航班频次、国际会议和展览举办次数、高等教育全球领导力
社会和文化特征 （5%）	自由表达和人权、开放性和多样性、社会犯罪、文化活力
环境和自然风险 （5%）	自然灾害风险、环境管理

资料来源：根据 Hot Spots Benchmarking Global City Competitiveness 翻译整理。

（四） GaWC 世界城市评级体系

GaWC 世界城市排名由全球知名的城市评级机构 GaWC 发布。1999 年，英国拉夫堡大学地理系的全球化与世界城市研究小组与网络（Globalization and World Cities Study Group and Network）尝试为世界城市分类。现在该研究网络全称为"全球化与世界城市研究网络"，首席专家是彼得·泰勒（Peter Taylor）教授。彼得·泰勒认为，在全球化背景下，世界城市网络通过高级生产性服务公司的日常业务往来而相互连接，形成一种连锁性网络模型（the interlocking network model），跨国公司是此连锁过程的代理人，而"世界城市"的评判标准，则主要基于城市对整个世界城市网络提供相互连接的重要程度。

GaWC 认为世界城市网络由三层结构组成，即高阶生产性服务公司、节点城市和主要经济体城市，并基于此每年提出全球城市排名。GaWC 世界城市排名评级结果，是基于对全球 707 个城市中 175 家高级生产性服务公司（如会计、广告、金融和法律等）设立各地办公网络系统，通过相关数量公式计算得出。

（五）全球城市发展指数（Global City Development Index）

全球城市发展指数由上海全球城市研究院发布，以全球城市理论，特别是全球城市演化原理为依据，基于动态发展、多维度视角，从全球网络连通性、要素流量连通性、发展成长性三个维度，来测算比较国际上主要代表性全球城市的发展情况。"全球城市"是一种具有特定内涵的特殊城市形态，并非泛指的"全球（范围内）的城市"。全球城市不仅具有城市的基本属性，更在现代全球化进程中扮演全球化的重要战略空间和全球城市网络的基本节点角色，发挥着全球资源配置的战略作用。同时，全球化的格局、形态变化，以及科技发展等，对全球城市的迭代升级起到重大影响作用。

全球城市发展指数涵盖三类一级指标，即全球城市网络连通性指数、全球城市要素流量指数和全球城市成长性指数。全球网络连通性指数，包括城市网络联络能级、城市网络辐射力、城市网络吸引力、城市网络"通道"作用和关联城市的影响力五个二级指标；全球城市要素流量指数，包括贸易流、资本流、科技流、文化流、信息流、人员流六个二级指标；全球城市成长性指标，包括基础设施升级、营商环境优化、科创能力提升、宜居环境营造、经济活力增强、外部环境改善六个指标（见附表5）。

附表 5 "全球城市发展指数"指标体系

一级指标	二级指标
全球城市网络连通性指数	城市网络联络能级、城市网络辐射力、城市网络吸引力、城市网络"通道"作用、关联城市的影响力
全球城市要素流量指数	贸易流、资本流、科技流、文化流、信息流、人员流
全球城市成长性指标	基础设施升级、营商环境优化、科创能力提升、宜居环境营造、经济活力增强、外部环境改善

二、 分维度领域国际权威评估指标体系

（一）营商环境指数（Ease of Doing Business Index）

2001 年，世界银行提出加快发展各国私营部门新战略，急需一套衡量和评估各国私营部门发展环境的指标体系，即企业营商环境指标体系。为更好实施促

进各国私营部门发展的战略,世界银行成立"Doing Business"(DB)小组,负责企业营商环境指标体系创建。《全球营商环境报告》项目于 2002 年启动实施,旨在对各经济体的中小企业情况进行考察,并对企业在存续周期内所适用的法规进行评估。

《全球营商环境报告》包括 11 套指标,涉及 189 个经济体。项目对 189 个经济体影响其辖内企业的商业监管进行评估,并且根据 10 个商业监管领域给经济体排名。企业营商环境指标体系来自世界银行的营商环境报告,构建指标体系进行相关分析,包括有关企业生命周期的环境指标,如开办企业、申请建筑许可、注册资产、办理破产等,还有信贷环境、登记物权、税制环境、跨境贸易、合同执行等方面的指标。《全球营商环境报告》并不对影响企业和投资者的营商环境的所有方面进行测评。比如,它并不评估财政管理的质量、宏观经济稳定性的其他方面、劳动力的技能水平或金融系统的韧性。报告的结论引发世界范围内的政策大辩论,带动各经济体对企业规管与经济发展成效之间的联系开展越来越多的研究。

《全球营商环境报告》采取一个国家或地区中第一大商业城市的营商环境数据决定该国的排名位置,对 11 个人口超过 1 亿的经济体(孟加拉国、巴西、中国、印度、印度尼西亚、日本、墨西哥、尼日利亚、巴基斯坦、俄罗斯和美国)将数据采集范围扩大到第二大商业城市。例如,中国的排名由上海和北京两个城市的数据组成,按照人口加权平均值综合得出中国营商环境的总评分。

附表 6　营商环境指数评价指标体系

一级指标	二级指标
开办企业	程序(个)
	时间(天)
	成本(占人均国民收入的百分比)
	实缴资本下限(占人均国民收入的百分比)
办理施工许可	程序(个)
	时间(天)
	成本(人均收入的%)
获得电力供应	程序(个)
	时间(天)
	成本(占人均国民收入的百分比)

（续表）

一级指标	二级指标
注册财产	程序（个）
	时间（天）
	成本（财产价值的％）
获得信贷	合法权利指数
	信用信息指数
	公共注册覆盖范围（％成年人）
	私营调查机构覆盖范围（％成年人）
投资者保护	披露指数
	董事责任指数
	股东诉讼指数
	投资者保护指数
缴纳税款	纳税（次）
	时间（小时）
	利润税（占利润百分比）
	劳动税及缴付（占利润百分比）
	其他税（占利润百分比）
	营收总额（占利润百分比）
跨境贸易	出口文件（数）
	出口时间（天）
	出口成本（美元/箱）
	进口文件（数）
	进口时间（天）
	进口成本（美元/箱）
合同执行	时间（天）
	成本（标的额的百分比）
	程序（个）
办理破产	时间（年）
	成本（人均收入的％）
	回收率（每美元美分数）

（二）宜商环境评估体系（Business Ready, B-READY）

2022年2月4日，世界银行官网发布新的营商环境评估体系（Business Enabling Environment，BEE，普遍译为宜商环境）项目概念说明。2月至9月，世界银行专家对BEE评估体系进行试评价和修正。12月19日，世界银行官网正式发布BEE概念文件。2023年3月，世界银行将新一轮营商环境评估体系正式命名为Business Ready(B-READY)。5月1日，世界银行正式发布B-READY指导手册和方法指南，并开始B-READY评估体系下的第一轮评估工作。

世界银行宜商环境评估体系B-READY是世界银行集团发展经济学研究部全球指标小组（DECIG）负责执行的核心项目。B-READY每年发布，覆盖世界大多数经济体，为私营部门发展提供了一种定量评估营商环境的方法。B-READY的数据和摘要报告旨在提倡政策改革，提出具体的政策建议，并为发展政策研究提供数据。它关注私营部门发展，将有效促成实现世界银行集团的双重目标，即消除贫困和促进共同繁荣。

B-READY通过关注监管框架，针对企业和市场的相关公共服务条款，以及监管架构和公共服务在实践中融合的有效性，来评估经济体的营商环境。B-READY的主题按照企业的生命周期及其在市场中的参与进行组织，包括成立、运营及扩张、关闭（或重组）业务（见附图1）。B-READY的10个主题包括：市场准入、经营场所、公共服务设施、劳动力、金融服务、国际贸易、税收、争端解决、市场竞争和企业破产。每个主题中，都包括了营商环境相关方面的注意事项，如数字技术的应用、环境的可持续性以及性别。

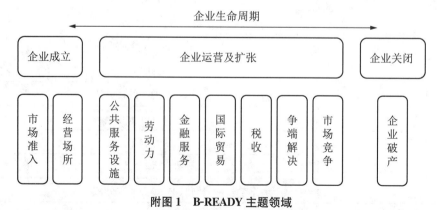

附图1　B-READY主题领域

资料来源：根据世界银行官网发布的全球营商环境旗舰报告翻译整理来绘制，关联网址为https://www.worldbank.org/en/businessready。

　　B-READY 的三大支柱（监管框架、公共服务和效率）的具体含义如下：监管框架包括企业在成立、运营和关闭时必须遵守的规章制度。公共服务既指政府直接或通过私营企业提供的支持企业遵守法规的设施，也指支持企业活动的重要机构和基础设施。B-READY 所考虑的公共服务仅限于与企业生命周期相关的商业环境领域。效率是指监管框架和相关公共服务在实践中的结合效率，以实现企业运作的目标。

　　B-READY 围绕监管框架、公共服务和效率三大支柱设定具体评估指标来衡量十大主题，评估内容涵盖了 10 项一级指标和约 800 项具体指标。有关 B-READY 详细的指标体系见附表 7—附表 16。营商环境评估的量化通过综合评分法实现。从专家或企业获得的所有数据都以原始形式收集，然后将其转换为可以与其他评分相结合的评分。B-READY 项目将详细指标的评分数据整合，得到每个主题的评分。每个主题的评分将通过对该主题的三个支柱（监管框架、公共服务和效率）被分配的评分取平均值得到。对于所有主题领域，每个支柱所被分配的评分都是根据最基本指标层面的分数来确定的。在这个详细层面上，评分考虑到了企业家的观点（企业灵活度）和更广泛的公共利益（社会效益）。

附表 7　世界银行营商环境新评估体系——企业准入主题

一级指标	三大支柱	二级指标	三级指标
企业准入	企业准入条例	企业准入条例的质量	公司信息备案 受益所有权 公司信息和受益所有权更新 简单标准表格 基于风险的评估
		企业准入的限制规定	国内企业 外国企业
	面向初创企业的数字公共服务和信息透明度	为企业注册和开业提供在线服务	公司和受益所有权信息的存储 企业创办过程
		企业注册和开业服务的互操作性	公司信息交换 企业唯一标识 身份验证
		在线信息可得性和信息透明度	网络创业信息的可得性 公司一般信息的可得性 公司统计
	企业准入实践中的效率	时间	国内企业 外国企业
		成本	国内企业 外国企业

资料来源：根据世界银行官网发布的全球营商环境旗舰报告翻译整理，关联网址为 https://www.worldbank.org/en/businessready。

附表 8 世界银行营商环境新评估体系——经营场所主题

一级指标	三大支柱	二级指标	三级指标
经营场所	不动产转让、城市规划和环境许可条例的质量	土地管理法规标准	财产交易标准 土地纠纷解决机制 土地管理制度
		对财产租赁和所有权的限制	对国内企业租赁财产的限制 对国内企业拥有财产的限制 对外国企业租赁财产的限制 对外国企业拥有财产的限制
		性别	促进专业参与的性别激励措施
		建筑法规和环境许可证监管标准	建筑法规标准 建筑能源法规和标准 分区和土地利用规划 施工中的环境许可 建筑许可和环境许可争端机制
	公共服务质量和信息透明度	在线服务的可得性和可靠性	财产交易-数字公共服务 财产交易-基础设施的可靠性 财产交易-覆盖范围 建筑许可证和环境许可证-数字公共服务
		服务的互操作性	财产交易的互操作性 建筑许可的互操作性
		信息透明度	不动产信息透明度 财产所有权方面的性别数据 建筑许可证和环境许可证信息透明度 分区及土地利用信息透明度
	获得经营场所的效率	获得经营场所的时间	转移财产所需时间 获取建筑许可证所需时间 获取占用许可证的时间 获取建筑环境许可证的时间
		获得经营场所的成本	转移财产的成本 获取建筑许可证的成本 获取占用许可证的成本 获取环境许可证的成本

资料来源:根据世界银行官网发布的全球营商环境旗舰报告翻译整理,关联网址为 https://www.worldbank.org/en/businessready。

附表 9 世界银行营商环境新评估体系——公共服务设施主题

一级指标	三大支柱	二级指标	三级指标
公共服务设施	电力、水和互联网管理条例的质量	公用事业连接的有效部署和供应质量和供应质量管理条例	监管监测 公用事业基础设施共享和高效数字连接 服务质量保障机制

（续表）

一级指标	三大支柱	二级指标	三级指标
公共服务设施	电力、水和互联网管理条例的质量	公用事业连接安全条例	专业认证 检查制度 责任制度 网络安全
		可持续提供和使用公用事业服务的环境法规	可持续提供和使用电力 可持续提供和使用水资源 可持续废水处理 可持续提供和使用互联网
	公共服务设施的管理质量和透明度	监测服务供应的可靠性和可持续性以及连接安全性	监测服务供应可靠性和可持续性的KPI指标 关键绩效指标的透明度 监测实践中的公用事业连接安全
		公共服务设施的透明度	费率和费率设置的透明度 公布连接要求 计划停止供应的发布和公告 申诉机制和申诉程序的透明度 按性别分类的客户调查
		公共服务设施的互操作性	公用事业层面的互操作性 电子申请 电子支付
	公共服务设施实践中的效率	电力	建立电力连接所需时间 电力连接和服务的费用 电力供应的可靠性
		供水	接通水源所需时间 供水连接和服务的费用 供水的可靠性
		互联网	接通互联网所需时间 互联网连接和服务的费用 互联网供应的可靠性

资料来源：根据世界银行官网发布的全球营商环境旗舰报告翻译整理，关联网址为 https://www.worldbank.org/en/businessready。

附表 10　世界银行营商环境新评估体系——劳动力主题

一级指标	三大支柱	二级指标	三级指标
劳动力	劳动法规的质量	工人条件	最低工资 平等、不歧视与结社自由 最低工作年龄与强制劳动 职业安全、健康、歧视和暴力 解雇通知期与离职补偿金

（续表）

一级指标	三大支柱	二级指标	三级指标
劳动力	劳动法规的质量	雇佣限制与成本	工作时间和合同 最低工资率 强制性福利 解雇要求 解雇通知期期限与离职补偿金支付
	劳动力获取公共服务的充足性	社会保障	失业保险 医疗保险覆盖面 退休养老金
		制度框架	就业服务 劳动纠纷解决机制 劳动监察机构
	劳动法规与公共服务实践中的效率	非工资劳动力成本	社会分摊费用
		雇佣限制和成本	填补空缺岗位比例 雇佣方面的限制法规 解雇时间 解雇成本
		公共服务效率	解决劳动纠纷的时间 解决劳动纠纷的成本 劳动监察机构

资料来源：根据世界银行官网发布的全球营商环境旗舰报告翻译整理，关联网址为 https://www.worldbank.org/en/businessready。

附表 11　世界银行营商环境新评估体系——金融服务主题

一级指标	三大支柱	二级指标	三级指标
金融服务	商业借贷、担保交易、电子支付和绿色融资法规的质量	商业贷款的良好监管实践	客户尽职调查（CDD）和记录保留的要求 基于风险的方法和风险因素 强化和简化的 CDD 措施的可用性
		担保交易的良好监管实践	担保交易综合法律框架 可作担保的动产、债务和义务类型 优先权/执行
		电子支付的良好监管实践	风险管理 客户资金保障 费用、条款和条件的透明度 具备可靠的追索权和争端解决机制 互操作性和促进竞争
		绿色融资的良好监管实践	风险管理 披露要求和影响报告 绿色融资的可得性和绿色原则的采用

（续表）

一级指标	三大支柱	二级指标	三级指标
金融服务	信贷基础设施的信息可及性和融资渠道	信贷局及登记处的运作	数据覆盖面和信贷信息的获取
		担保品登记处的运作	担保品登记处的特点
		绿色金融	绿色贷款的可获得性和要求
		两性平等金融	促进女性获得融资
	获得金融服务实践中的效率	贷款	获得贷款的时间 获得贷款的成本 担保利息和信贷数据更新的效率 获得贷款和其他银行服务方面的性别差距
		电子支付	收到电子支付的成本 使用电子支付的成本 收到电子支付的时间 收到电子支付的使用水平 使用电子支付的水平 使用电子支付的性别差距

资料来源：根据世界银行官网发布的全球营商环境旗舰报告翻译整理，关联网址为 https://www.worldbank.org/en/businessready。

附表 12　世界银行营商环境新评估体系——国际贸易主题

一级指标	三大支柱	二级指标	三级指标
国际贸易	国际贸易法规的质量	支持国际贸易的良好监管实践	法律框架的充分性 数字贸易和可持续贸易实践 国际贸易合作实践
		国际贸易的限制法规	对国际货物贸易的限制 对国际服务贸易的限制 对数字贸易的限制
	国际贸易便利化公共服务的质量	数字和实体基础设施	信息的透明度和可用性 电子系统和服务的互操作性 贸易基础设施
		边境管理	风险管理 边境协调管理 边境管理机构项目
	进口货物、出口货物和参与数字贸易的效率	遵守出口规定	遵守出口规定的总时间 遵守出口规定的总成本
		遵守进口规定	遵守进口规定的总时间 遵守进口规定的总成本
		出口数字订购商品时的合规情况	出口数字订单货物的总时间 出口数字订单货物的总成本

资料来源：根据世界银行官网发布的全球营商环境旗舰报告翻译整理，关联网址为 https://www.worldbank.org/en/businessready。

附表 13　世界银行营商环境新评估体系——税收主题

一级指标	三大支柱	二级指标	三级指标
税收	税收法规的质量	税法的清晰度和透明度	税法的清晰度 税法改革的透明度 简化记录保存和暂行规定 税务登记和增值税退税
		环境税	总体框架 治理 过渡政策
	税务部门提供的公共服务	税务管理数字化	为纳税人提供的服务（备案和缴费） 性别分类数据 纳税人数据库 互操作性
		税务审计	风险系统 审计类型和统一做法
		争议解决机制	一级审查机制 二级审查机制 税务纠纷期间的两性平等
		税务机关治理	透明度 公共问责机制 税务管理人员的性别构成
	税收制度实践中的效率	遵守税收法规的时间	报税纳税时间 电子申报和缴纳税款的系统使用 一般性税务审计的持续时间 税务纠纷 增值税退税政策利用情况 环境报告 环境审计
		税收成本	有效税率

资料来源:根据世界银行官网发布的全球营商环境旗舰报告翻译整理,关联网址为 https://www.worldbank.org/en/businessready。

附表 14　世界银行营商环境新评估体系——争端解决主题

一级指标	三大支柱	二级指标	三级指标
争端解决	争端解决的监管框架	法院诉讼	时间标准 程序确定性 司法廉正 外国判决 两性平等和环境可持续性

（续表）

一级指标	三大支柱	二级指标	三级指标
争端解决	争端解决的监管框架	替代性争端解决机制（ADR）	接受仲裁 仲裁的关键要素 投资者-国家仲裁 承认和执行仲裁裁决 调解
	解决争议的公共服务	体制框架	精简法院 特别投诉机制
		数字化	电子归档和送达 数字化诉讼程序
		透明度	法院的公开性 关键统计数据的编制
		与 ADR 相关的服务	仲裁 调解
	商业争端解决实践中的难易程度	争端解决的可靠性	法院的可靠性 ADR 的可靠性
		解决争端的时间和成本	法院诉讼的时间和费用 仲裁的时间和费用
		承认和执行	外国裁决 国内终审判决

资料来源：根据世界银行官网发布的全球营商环境旗舰报告翻译整理，关联网址为 https://www.worldbank.org/en/businessready。

附表 15　世界银行营商环境新评估体系——市场竞争主题

一级指标	三大支柱	二级指标	三级指标
市场竞争	促进市场竞争法规的质量	竞争法规的质量	国有企业框架 反垄断（包括卡特尔、横向协议、纵向协议和滥用支配地位） 兼并控制 执法
		促进创新和技术转让的法规质量	知识产权的保护力度 许可和技术转让 创新的开放获取和公平使用 产学合作
		公共合同招标条理的质量	进入和竞争 最高性价比 采购过程的公平性 透明度

（续表）

一级指标	三大支柱	二级指标	三级指标
市场竞争	促进市场竞争的公共服务的适当性	竞争法规的制度框架和执行质量	竞争主管机构的制度框架 宣传和透明度
		促进企业创新的公共服务	知识产权服务数字化 创新体系 支持创新的制度框架
		电子采购服务的质量	电子采购门户网站的开放获取和交互性 透明度 采购程序数字化
	促进市场竞争的关键服务的实施效率	竞争法规的效率	有效实施简化的合并审查 市场动态和竞争行为的认知
		创新和知识产权法规的效率	企业的产品和工艺创新 企业研发活动和外国许可技术的使用
		公共采购条例的效率	授予公共合同的时间 收款时间和逾期付款罚金 进入政府市场 政府供应商中的性别差距 参与投标的管理要求方面的性别差距

资料来源：根据世界银行官网发布的全球营商环境旗舰报告翻译整理，关联网址为 https://www.worldbank.org/en/businessready。

附表 16　世界银行营商环境新评估体系——企业破产主题

一级指标	三大支柱	二级指标	三级指标
企业破产	破产程序条例的质量	法律和程序标准	破产程序的启动前和启动后 清算和重组程序 破产管理人的专业知识
		资产和利益相关者	债务人资产管理情况 债权人参与
		专门程序	微型和小型企业 跨境破产
	破产程序的机构和运作基础设施的质量	数字化和在线服务	电子法庭 破产程序服务的互操作性和信息的公开可用性
		公职人员和破产管理人	破产法院或破产法官的专业化 破产管理人在实践中的专业知识
	解决破产司法程序实践中的效率	清算程序实务	解决一项庭内清算程序的时间 解决一项庭内清算程序的费用
		重组程序实务	解决一项庭内重组程序的时间 解决一项庭内重组程序的费用

资料来源：根据世界银行官网发布的全球营商环境旗舰报告翻译整理，关联网址为 https://www.worldbank.org/en/businessready。

相比老版的 DB 项目而言，B-READY 有以下几方面的显著变化：一是拓展评估视角。B-READY 项目不仅从单个企业开展业务的便利性的角度，而且从整个私营部门发展的角度来进行评估。二是聚焦内容。B-READY 项目不仅关注监管框架，还关注公共服务的提供。监管框架方面会考虑监管质量（透明度、清晰度、可预期性）和监管带来的负担。公共服务方面会考虑政府提供对市场运行至关重要的公共服务的机制设置、基础设施等。三是完善数据收集方式。B-READY 项目不仅会收集法律法规的信息，还会收集反映实际执行情况的事实信息和测量结果。此外，B-READY 项目使用两种佐证机制来验证通过专家咨询方式收集的数据，包括案头研究（即阅读法律/法规，检查公共网站上的功能）和官方数据（即来自登记处、法院和其他机构的行政统计数据）。四是更新指标体系。B-READY 项目是按照企业全生命周期构建的评估指标体系，包括其在市场中的参与；所有重要主题都得到了覆盖。所有主题都一致地按照三个支柱进行结构化，通过减少严格的案例研究限制，指标将揭示更好地代表经济情况的信息。五是拓宽覆盖范围。B-READY 项目尽可能地覆盖更多的国家和国家内部城市。六是调整更新频率。B-READY 报告中的指标基于专家咨询的部分每年进行更新；而基于企业层面调查的部分采用三年交替的周期频率进行更新。

（三）　全球贸易促进指数（Enabling Trade Index）

全球贸易促进指数衡量了促进货物跨境自由流动并运达目的地的各项制度、政策和服务，源自由世界经济论坛公布的《2016 年全球贸易促进报告》。该报告覆盖全球 136 个经济体，衡量了每个经济体促进贸易的能力，且指出迫切需要改进的领域。促进因素包括四个方面：市场准入、边境管理、基础设施以及商业环境。该指数可以帮助各国融入全球价值链，协助企业进行投资决策。

附表 17　贸易促进指数评价指标体系

一级指标	二级指标	三级指标
市场准入	国内市场准入	关税税率（%） 海关税则的复杂性 进口免税比重（%）
	国际市场准入	东道国关税税率（%） 目标市场优惠边际指数（0—100）

（续表）

一级指标	二级指标	三级指标
边境管理	边境管理的效率与透明度	海关服务指数(0—1) 清关效率(1—5) 进口耗时:文书合规(小时) 进口耗时:边境合规(小时) 进口成本:文书合规(美元) 进口成本:边境合规(美元) 出口耗时:文书合规(小时) 出口耗时:边境合规(小时) 出口成本:文书合规(美元) 出口成本:边境合规(美元) 进出口非正常支出 进口手续时间预测 海关透明度指数(0—1)
基础设施	交通设施的可获得性和质量	可用的航空座位里程数(ASK)(百万) 航空运输基础设施质量 铁路运输基础设施质量 班轮运输联通性指数(0—157.1) 港口基础设施质量 公路质量指数 公路质量
	运输服务的可获得性和质量	海运的便捷性和可提供性(1—5) 物流能力(1—5) 追踪与跟踪能力(1—5) 运输的及时性(1—5) 邮政服务效率 运输方式转换的有效性
	信息和通信技术的可获得性和质量	移动电话拥有量(每100人) 个人使用网络比率(%) 固定宽带接入量(每100人) 移动宽带拥有量(每100人) 企业间业务往来信息与通信技术使用情况 企业与客户间网络使用情况 政府在线服务指数(0—1)
商业环境	商业环境	财产保护指数 公共体系的责任性及效率指数 财政使用权指数 外国人参股开放指数 实际安全指数

资料来源:作者根据 The Global Enabling Trade Report 翻译整理。

(四)　外国直接投资监管限制指数 (FDI Regulatory Restrictiveness Index)

外国直接投资监管限制指数是 OECD 推出的用于评估全球 68 个国家(包括所有 OECD 国家和 G20 集团)外国直接投资的法定限制，该指数涵盖 22 个行业。OECD 列出了所有可能构成外资进入贸易壁垒的各种措施，并对这些措施进行了量化评分，从而为相关决策提供依据。

以服务贸易为例，OECD 对于每个服务部门，分别有五个种类限制性的措施：对外资进入的限制、对自然人流动的限制、其他歧视性措施、妨碍竞争的措施、规制透明度。前三种主要涉及市场准入和国民待遇措施，最后一个是行政程序信息。这些政策信息收集于各经济体当下实施的政策法规，同时也得到了相关国家政府的核实。

这些限制性措施的具体内容有：(1)对外资进入的限制，表现为东道国对外资企业的形式、股权、外资所占比例等方面的限制。例如，很多国家要求航空运输服务的外资股权比例不能高于49％。(2)对自然人流动的限制。例如，荷兰对短期入境要求较为宽松，但对于长期工作的规定非常严格，根据荷兰《外国人就业法》规定，在荷兰，雇主不得雇佣未持工作许可证的外国公民。(3)其他歧视性措施。例如，印度的法律服务只能由执证的印度律师提供，对于要在印度进行法律服务的外国公民限制手段诸多。(4)妨碍竞争的措施。以德国为例，如果建立大型零售或批发市场，新设市场不得损害已有零售企业的利益，对后者形成排他性竞争。(5)规制透明度。过于繁琐冗长、缺乏透明度的许可程序仍然会阻碍外国服务提供者进入本国服务市场，从而形成限制性措施。如果规制准许进入国内服务市场的条件不够客观中立、公开透明，也会形成隐形的壁垒。就许可程序而言，只有建立在客观中立、公开透明的前提下，在保障服务质量的基础上不增添任何非必要负担，才能避免国内规制阻碍服务贸易。例如，关于医生、法律、会计执业资格的国内规制非常普遍，常常影响了外国医生、律师、会计师等在本国提供服务。

(五)　经济自由度指数 (Index of Economic Freedom)

美国传统基金会和《华尔街日报》每年联合发布经济自由度指数报告，从法治、监管、有限政府和开放市场四个方面来衡量经济体的自由程度。该指数涵盖全球179 个国家和地区，是全球权威的经济自由度评价指标之一。它根据经济自由度

50 个指标评价各个国家和地区的得分(见附表 18)。每一个指标的最高得分为 100 分,最低得分为 1 分。在一个指标上分数越高,说明政府对经济的干涉水平越高,因此经济自由度越低。可以根据各个指标累加后的平均值计算出总体系数。美国传统基金会的观点是,与那些较低经济自由度的国家和地区相比,具有较高经济自由度的国家和地区会拥有较高的长期经济增长速度,也会更繁荣。

附表 18　经济自由度指数评价指标体系

一级指标	二　级　指　标
贸易政策	加权平均关税
	非关税壁垒
	海关腐败
政府财政开支	所得税边际最高税率
	公司税边际最高税率
	政府支出占 GDP 比例的年度变化值
政府对经济的干预	政府开支在经济中所占比重
	政府拥有的企业和产业
	政府收入中来自国有企业和国有资产的收入所占的比重
	政府的经济产出
货币政策	包括过去 10 年通货膨胀率的加权年均值
资本流动和外国投资	外资企业法规
	对于外资企业的限制
	对于向外国投资者开放的行业及公司的限制
	对于外资公司的限制及业绩要求
	外商的土地所有权
	外资公司与国内公司在法律上的平等对待
	对于外资企业收入汇出的限制
	对于资本交易的限制
	外资公司本地融资的方便程度
银行业和金融业	政府对金融机构的所有权
	对于外资银行开设分支及子公司能力的限制
	政府对于信贷配置的影响
	政府管制
	提供所有种类金融服务的自由、证券和保险政策

（续表）

一级指标	二级指标
工资和物价	最低工资法
	不受政府影响,私下设定价格的自由
	政府价格管制
	政府价格管制使用的程度
	政府对影响价格的企业的津贴
产权	司法系统不受政府干扰的自由
	规定合同的商法
	对合同纠纷中外国仲裁机构的认可
	政府对财产的征用
	司法系统内部的腐败
	在接受司法裁定与执行之间的延迟
	私有财产受到法律的承认和保护
规制	经营企业的许可要求
	获取营业执照的容易程度
	官僚机构中的腐败
	劳动规制,如每周工作时间、带薪假期、产假等
	关于环境、消费者安全、以及工人健康的规制
	各规制给企业带来的负担
非正规市场活动	走私
	非正规市场中知识产权的盗版
	由非正规市场提供的农业产品
	由非正规市场所提供的工业产品
	由非正规市场提供的服务
	由非正规市场提供的运输
	由非正规市场提供的劳动

（六）全球金融中心指数（Global Financial Centres Index, GFCI）

GFCI 由英国智库 Z/Yen 集团发布,该指数持续对全球主要金融中心进行竞争力评估和排名。这是全球最权威的关于国际金融中心地位及竞争力的评价指数。2007 年 3 月开始,该指数对全球范围内的 46 个金融中心进行评价,并于每年 3 月和 9 月定期更新以显示金融中心竞争力的变化。该指数侧重关注各金融中心的市场灵活度、适应性以及发展潜力等方面,评价体系涵盖了商业环境、金融体系、基础设施、人力资本、声誉及综合因素五大指标,共计 102 项特征指标。

GFCI 将构成金融中心竞争力的诸多因素划分为五个核心领域,即人才、商业环境、市场发展程度和基础设施,以及在上述四个领域的领先进而具备的总体竞争力(见附表 19)。在研究模式中,人才指标包括人才的匹配、劳动力市场的灵活度、商业教育、人力资本的发展等;商业环境是指市场监管水平、税率、贪腐程度、经济

附表 19 全球金融中心指数指标体系

维度	指标	度量
商业环境	政治稳定和法治、制度和监管环境、宏观经济、税收和成本竞争力	商业环境排名、营商环境指数、运营风险评级、实际利率、全球服务区位、腐败感知指数、工资比较指数、企业税率、个人所得税税率、税收占 GDP 的百分比、双边税务信息交换协议、世界经济自由度、政府债务占 GDP 的百分比、OECD 国家风险分类、全球和平指数、金融保密指数、政府效率、开放的政府、监管执法、新闻自由指数、货币流通、英联邦国家、英美法系国家、法治、政治稳定(没有暴力和恐袭)、监管质量、控制腐败、商业最佳国家、劳合社城市风险指数 2015—2025、全球网络安全指数
人力资本	技术人员可获得性、灵活的劳动力市场、教育和发展、生活质量	社会科学、商业和法律专业毕业生、总毕业率、签证限制指数、人类发展指数、国内购买力、高净值个人数量、谋杀率、顶级旅游目的地、平均降水深度、生活质量城市排名、健康指数、全球技能指数、语言多样性、全球恐怖指数、世界人才排名、生活成本城市排名、生活质量指数、犯罪指数
基础设施	建筑环境、信息和通信技术基础设施、交通基础设施、可持续发展	办公室租用成本、优质国际住宅指数、房地产透明度指数、信息通信技术发展指数、电信基础设施指数、国内运输网络质量、公路质量、道路密度、铁路密度、网络准备指数、能源可持续发展指数、地铁网络长度、开放数据晴雨表、环境表现、全球可持续竞争力指数、物流绩效指数、网络社会城市指数、交通拥挤指数、可持续城市流动指数
金融体系发展	产业集聚的深度和广度、资本可获得性、市场流动性、经济产出	证券交易所的市值、股票交易价值、股票交易量、广泛的股票指数水平、债券交易价值、由银行业提供国内信贷、利用银行为投资融资的公司比例、受监管开放式基金的净资产总额、伊斯兰金融国家指数、银行净对外头寸、中央银行的外部头寸、班轮航运连通性指数、全球连通性指数、城市 GDP 构成(商业/金融)、业务流程外包位置索引
声誉	城市品牌和吸引力、创新水平、吸引力和文化多样性、与其他中心的相对位置	—

资料来源:根据 Global Financial Centre Index 翻译整理。

自由度、商业交易的便利程度等;市场发展程度指标包括证券化水平、可交易股票和债券的交易量与市场价值、众多金融服务相关企业集聚于某一金融中心产生的聚集效应等;基础设施主要是指建筑和办公地的成本与实用性;总体竞争力则是基于"总体大于部分之和"的理念而创造的城市的总体竞争力水平及城市宜居程度等指标。

研究 GFCI 发现,一个处于领先水平的金融中心必须在绝大多数方面做得很好,成功才能孕育成功,因此聚集是一个至关重要的因素。而在最新的研究中,监管和税收环境取代人才成为最受关注的竞争力因素。GFCI 还有助于人们理解国际金融业务配置的复杂性。

(七) 全球创新指数 (Global Innovation Index, GII)

GII 由世界知识产权组织(WIPO)、康奈尔大学、欧洲工商管理学院共同研制发布。该指数通过对创新的制度与政策环境、创新驱动、知识创造、企业创新、技术应用、知识产权以及人力技能等方面的综合评价来衡量全球 127 个经济体或国家的创新能力,便于决策者了解经济体或国家创新能力的现状、不足以及未来的发展趋势。该指数于 2007 年首次推出,每 1—2 年公布一次,目前已成为分析判断世界各国创新态势和趋势的重要参考依据。

GII 由创新投入指数和创新产出指数两部分组成,最终得分是这两部分的简单平均值。基本方法是正负标准化,以使不同量纲化的指标数据具有一定的可比性,具体标准化的数据在 2010 年之前采用的是 1—7 分制,在 2010 年之后采用 0—100 分制。客观统计数据均来自世界银行、OECD、联合国教科文组织等权威组织,它们对测算结果使用统计学方法进行了可靠性校验。全球创新指数指标体系分为三级(见附表 20):一级指标有 7 个,其中创新投入指数 5 个,分别是制度、人力资本和研发、基础设施、市场成熟度、商业成熟度;创新产出指数 2 个,分别为知识和技术产出、创造性产出。每个一级指标都由 3 个二级指标构成,每个二级指标又由 4 个三级指标构成,总共 84 个三级指标。上一级指标得分均由下一级指标经过简单算术平均得到,层层加总即为全球创新指数得分。最终,GII 是一国的创新产出指数与创新投入指数的比值。创新投入可以更有效地转化为创新产出的国家,其 GII 得分就会较高。

GII 数据来源于各国官方以及相关国际机构。除使用传统指标(如专利申请数量、科技论文发表数量等)外,还采用调查问卷的方式对各国的企业(尤其是中小企业)进行调查,内容涵盖创新的政策环境、监管环境和商业市场环境等方面。GII 创立了综合性的、可量化的指标体系,能够在一定程度上反映全球各地的创新活动和创新能力,对政府和企业决策者都有一定的参考价值。

附表 20　全球创新指数评价指标体系

总指数	分项指数	一级指标	二级指标	三级指标
全球创新指数	创新投入指数	制度	政治环境	政治稳定性 政府行政效率和新闻自由
			监管环境	制度质量 法律治理以及薪水和解雇成本
			商业环境	创业难度 破产解决和交税便利
		人力资本和研发	教育	教育在 GDP 的占比 政府在中小学教育的投入 义务教育时间 学生阅读数学科学的评估水平 中小学教师占比
			高等教育	高等教育入学率 理工科学生占比 留学生占比
			研发	每百万人口研发人员占比 研发在 GDP 中的占比 大学排名
		基础设施	信息技术	信息与通信技术可获得性 信息与通信技术应用 政府网上服务以及信息化
			普通基础设施	电能电耗 物流绩效 资本形成总额在 GDP 的占比
			生态可持续性	单位 GDP 能耗 环境绩效 ISO14001 贯彻情况
		市场成熟度	信贷	信贷获取便利性 私营部门国内信贷的 GDP 占比 小额金融机构总贷款比重
			投资	投资者保护情况 上市公司总市值占 GDP 比重 股票交易总价值的 GDP 占比 风险投资的 GDP

（续表）

总指数	分项指数	一级指标	二级指标	三级指标
全球创新指数	创新投入指数	市场成熟度	贸易、竞争和市场规模	关税税率 非农产品出口的市场准入 本地产品的竞争力
		商业成熟度	知识生产者	知识密集型生产者雇佣率 提供正式培训的企业比例 企业研发支出占 GDP 比重 参加 GMAT 考试比例
			创新关联	产学研合作 产业集群发展状况 国外研发投入的占比 合资企业战略联盟情况
			知识引进	专利许可和使用费在总贸易额中的占比 高技术进口额占比 通信计算机信息产品进口额占比 外商直接投资净资金流入的 GDP 占比
	创新产出指数	知识和技术产出	知识创造	国内专利申请数、PCT 专利申请数、国内实用新型申请数、科技论文数以及引文 H 指数
			知识影响	劳动生产增长率、新企业数、计算机软件支出、ISO9000 认证情况以及高技术制造企业比例
			知识扩散	专利许可使用费在贸易额中占比 高技术出口额占比 通信计算机信息产品进口额占比 对外直接投资占 GDP 比重
		创造性产出	无形资产	国内商标申请量 马德里体系商标申请量 ICT 及商业模式创新 ICT 及组织模式创新
			创意产出和服务	文化和创意性服务出口额占比 国产电影 全球娱乐和媒体性产品输出 印刷出版企业数 创意性产品出口额
			线上创造能力	按类型的顶级域名数 按国家代码的顶级域名数 维基百科月编辑量 YouTube 视频上传量

资料来源：根据 Global Innovation Index 翻译整理。

（八）欧盟综合创新指数（Summary Innovation Index, SII）

SII 是评估欧盟成员创新表现、总结创新研究系统优劣势的定量指标。该指数通过构建多维度的指标体系评估欧盟内部经济体的创新综合表现。

2001 年 10 月，根据欧盟里斯本会议的精神，欧盟委员会推出了"欧洲创新记分牌"（European Innovation Scoreboard）。为了定量分析欧盟成员国的创新绩效，"欧洲创新记分牌"设计了 SII。SII 是一个判定创新绩效的相对指标，它等于超过欧盟平均值 20% 的指标数与低于欧盟平均值 20% 的指标数之差。根据 SII 的计算，报告将参评国分为四类：领跑者、失势者、追赶者和落后者。自 2002 年开始，欧盟创新指数报告不断修正，其指标体系不断完善，逐渐将创新活动归类为创新投入和创新产出两个方面。同时，指标数量不断增加，覆盖范围不断扩大，研究范围不断拓展，企业相关指标逐渐从制造业过渡到制造业加服务业，再到所有行业。研究内容不断扩展，从综合创新指数逐渐扩展到部门创新指数（Sector Innovation Scoreboard）、全球创新指数（Global Innovation Scoreboard）和区域创新指数（Regional Innovation Scoreboard）。

附表 21　"欧盟创新指数"评价指标体系

组群	维度	指　标
框架条件	人力资源	新博士毕业生
		25—64 岁年龄段受高等教育人口
		终身学习
	有吸引力的研究系统	国际合著科学出版物
		10%高被引出版物
		外国博士生
	创新友好型环境	宽带普及
		机会驱动型创业
投资	金融支持	公共部门研发支出
		风险投资
	企业投资	产业部门研发支出
		非研发创新支出
		为培养和提升员工信息与通信技术技能提供培训的企业

（续表）

组群	维度	指　　　标
创新活动	创新者	中小企业开展产品、工艺创新
		中小企业开展营销、组织创新
		中小企业内部创新
	联系	创新型中小企业对外合作
		公私合著出版物
		公共研发支出中私人资金投入
	知识资产	PCT 专利申请
		商标申请
		设计申请
影响	就业影响	知识密集型活动吸纳就业
		创新部门快速成长型企业吸纳就业
	销售影响	中高技术产品出口
		知识密集型服务业出口
		市场创新产品和企业创新产品销售

资料来源：根据 European Innovation Scoreboard 翻译整理。

（九）　硅谷指数（Silicon Valley Index）

"硅谷指数"是由硅谷联合投资（Joint Venture Silicon Valley）首创，后和硅谷社区基金会（Silicon Valley Community Foundation）联合制定并发布的包含人口、经济、社会、空间和地方行政等内容的综合性区域发展评价报告。

硅谷指数的评价指标体系主要分为三级（见附表 22）：一级评价指标主要包括人口、经济、社会、生活区域、政府治理五个部分。二级评价指标包括人口结构、就业、创新、卫生健康、生态环境、交通等方面的十余个指标。二级评价指标下又细分为五十余个三级指标。需要注意的是，硅谷指数的评价指标体系具有较大的灵活性，除一级指标相对固定外，每年的二级及三级评价指标并不完全一致。

硅谷指数是一种以反映硅谷地区发展状况为主要目的的地区发展指标，主要分析硅谷经济成长与社区发展情况，挖掘区域发展的机遇和挑战，从而为管理者和决策者提供分析基础。相比于其他综合性发展指数，硅谷指数在设计理念、指标内容、体系结构、制定主体以及指标功能等方面存在优势。硅谷指数的指标体系设计凸显以人为本的核心理念,其结构和变量灵活多变,年度主题紧跟时势,是一套能够精确把握地区发展现状和趋势的综合性评价体系。

附表 22　硅谷指数评价指标体系

一级指标	二级指标	三级指标
人口	人口流动与人才多样性	人口变化、净移民数、出生率、年龄分布、受教育程度、授予理工科学位数、外国人口出生比例、非英语人口比例
经济	就业	职位增长、年平均就业数、硅谷经济活动主要区域的就业增长率、硅谷公共部门就业率、每月失业率、就业总数层级分布、劳动人口失业率(按种族)
	收入	人均收入、人均收入分布(按种族)、中等家庭收入、平均工资、中位平均工资职业分布、中位平均工资层及分布、贫困与自给自足比率、收入分配范围、中位收入分步(按受教育程度)、中位收入性别分布(按性别)、免费或低价校餐比率
	创新与创业	雇员附加值、专利注册占有率、专利注册技术领域分布、风险资本投资额、风险资本投资产业分布、风险资本投资公司排名、清洁技术领域风险投资额、清洁技术领域风险投资环节分布、清洁技术领域风险投资总数、天使投资额、首次公开募股数、天使投资阶段分布、跨国公司首次公开募股国别分布、并购与收购数、非雇主企业数行业分布、无雇员企业的相对增长数
	商用空间	商业空间供给变化、商用空间空置率、商用空间租金、商用空间增长的部门分布
社会	经济发展基础	达到加州大学/加州州立大学入学要求毕业生比例、高中生毕业率(按种族)、高中生毕业率与辍学率、数学与理科成绩
	幼儿教育	幼儿园入学率
	艺术和文化	文化参与度、消费支出、非营利艺术组织、文化艺术机构
	健康状况	健康保险覆盖率、学生超重与肥胖比率
	人口安全	暴力犯罪、严重犯罪、警察数
生活区域	环境	水资源、电力产量、人均耗电量、太阳能电站数
	交通	人均机动车行驶里程与汽油价格、通勤方式、地区间通勤模式
	土地利用	住宅密度、临近公共交通的房屋、非住宅用地开发
	住房	房屋买卖趋势、房屋建筑类型、房租支付能力、保障性住房建设、住房成本超出家庭收入 35% 的比例、住房费用负担能力、与父母共同居住的年轻人比例
政府治理	城市财政	财政收入
	公民参与	党派归属、投票参与程度

资料来源:根据 Silicon Valley Index 翻译整理。

（十） 全球知识竞争力指数（World Knowledge Competitiveness Index，WKCI）

全球知识竞争力指数是第一个综合测度全球经济领先地区知识经济发展水平的评价体系。该指数是综合衡量一个地区知识存量、发展能力和可持续发展性的基准，并且可衡量地区知识转化为经济价值和居民财富的程度。根据该指数的理念，一个区域的竞争力将取决于它能否预测并成功地适应国内外的经济和社会挑战，能否提供新的经济机会，包括更高质量的工作。

自 2002 年起，英国罗伯特·哈金斯协会（Robert Huggins Associates）开始发布 WKCI，按照"强"（经济实力强大，主要对应欧美地区）或"快"（经济增长快速，主要对应亚洲地区）的原则，选择了全球主要都市（圈）为其评估对象，测定这些区域的知识竞争力指数并据此排定名次。

WKCI 指标体系由 5 个模块共 19 个指标组成，是采用数据包络分析（data envelope analysis，DEA）方法构建的一个复合的竞争力指数。这五个模块依次分别是人力资本构成、知识资本构成、金融资本构成、地区经济产出、知识可持续性。

附表 23 全球知识竞争指数评价指标体系

指标模块	变　　量
人力资本构成	每千人中 IT 和计算机制造业从业人数 每千人中生物和化工从业人数 每千人中生汽车与机械工程从业人数 每千人中装备制造从业人数 每千人中高技术服务业人员 经济活跃率 每千人中管理人员人数
知识资本构成	政府研发人均支出 企业研发人均支出 每百万人专利注册数
地区经济产出	劳动生产率 月度平均收入 失业率
金融资本构成	人均私募股权投资
知识可持续性	中小学教育人均公共支出 高等教育人均公共支出 每百万人安全服务设施 每千人互联网服务器 每千人宽带接入

资料来源：根据 The World Knowledge Competitiveness Index 翻译整理。

（十一） 信息化发展指数 (Information Development Index)

信息化发展指数由国际电信联盟（International Telecommunication Union，ITU）将两个重要的信息化评价指数综合而成，全面反映信息化发展水平。这两个信息化评价指标分别是 ITU 在 2005 年推出的数字机遇指数、ITU 在 2005 年改进而成的信息化机遇指数。

信息化发展指数衡量的主要目标包括四个方面：

一是衡量和跟踪世界各国（地区）的信息与通信技术进程和发展；

二是对世界各个国家（地区）信息化水平进行测算和比较，即指数是全球性的，既反映发达国家也反映发展中国家；

三是衡量数字鸿沟，即反映不同信息化发展水平国家（地区）间的差距；

四是衡量信息化发展潜力，反映一个国家（地区）能在何种程度上根据现有能力和技能来利用信息与通信技术，以提高增长和发展。

附表 24　信息化发展指数评价指标体系

总指数	分指数	指标度量
信息化发展指数	信息与通信技术接入指数	每百名居民固定电话线长 每百名居民移动电话用户数 每名用户国际互联网带宽（位/秒） 家庭计算机占有率 家庭接入互联网比率
	信息与通信技术应用指数	每百名居民互联网用户数 每百名居民固定互联网用户数 每百名居民移动互联网用户数
	信息与通信技术技能指数	成人识字率 中等教育毛入学率 高等教育毛入学率

（十二） 全球城市 500 强品牌价值指数 (Global Top 500 Cities Brand Value Index)

全球城市实验室（Global City Lab）建立了城市品牌估值模型（city brand valuation model，CBV 模型），并以 CBV 模型计算的城市品牌价值为衡量标准，编制出全球城市 500 强榜单。CBV 模型旨在通过更全面、更先进的评估指标来对城市的品牌价值进行估值，以衡量全球主要城市的品牌实力。全球城市实验室是一家专业化的城市研究、咨询和测评机构，附属于全球互动集团（Global Interactive Group），总部位于纽约，在伦敦和上海设办事处。它是世界范围内第一家从事城市品牌价值测评的专业机构。

CBV 模型从价值的角度出发，选取了六个能反映城市发展、差异和形象的指标，即经济能力、文化旅游、行政管理、居住生活、城市声誉以及人才创新六个角度，更加综合地评判全球各国城市的发展水平和品牌价值。全球城市实验室通过创新性地在 CBV 模型测评中加入城市声誉指标，更加宏观地了解城市在社会大众心中的品牌形象，评定城市的外部价值和品牌的未来发展潜力。城市品牌代表了城市的综合实力，因为城市品牌决定了城市的资金流、信息流、商品流和人才流。因此，对城市品牌价值进行评估可以对城市有更加清晰的判断和了解。

具体来说，全球城市实验室的全球城市 500 强榜单首先以 CBV 模型为基础，计算城市品牌强度系数，以经济、文化、治理、环境、人才和声誉六大项为主要指标，其中每一项均为 0—100 分，再根据每一项所占比重得到城市的品牌强度系数，再通过模型计算最终得出品牌价值。经济指标衡量了城市在经济发展和商业活动方面的表现，涵盖了城市的 GDP、就业率以及城市中上市公司和跨国公司总部数量等指标；文化指标代表了城市的文化积淀、对游客的吸引力以及旅游行业的管理能力，包括游客数量、国际化程度、景点数量、机场建设等指标；治理指标主要以城市贪污整治力度、政府效率、政府稳定性等指标来衡量；环境指标衡量了城市居民的生活环境、便捷度、生活质量等方面，具体包括城市犯罪率、人均收入、平均寿命、医院数量、交通便捷性、空气质量等指标；人才指标衡量了城市在人力资源、创新能力以及政府在人才创新方面的投入，涵盖重点大学数量、创业公司数量、专利数量、人才政策等指标；声誉指标反映了城市在城市品牌宣传方面的努力以及城市品牌的大众认知，包括城市社交媒体活跃度、城市搜索关键词趋势、社交媒体评价等指标（见附表 25）。

附表 25　全球城市品牌价值评价指标体系

一级指标	二级指标	三　级　指　标
经济能力 （20%）	经济发展	城市 GDP 数据、人均生产总值、劳工人口就业率、货物贸易进出口数据、政府债务率
	商业活动	上市公司数量、跨国公司总部数量、外商直接投资额

（续表）

一级指标	二级指标	三级指标
文化旅游 （20%）	旅游发展	城市年过夜旅客量、旅游国际化程度、航空旅客数量
	旅游丰度	旅游景点数量、旅行社数量、历史文化遗产
	建筑设置	博物馆数量、体育馆数量、剧院数量、机场、铁路、酒店数量
行政管理 （10%）	政府监管	法律体系完善度、贪污整治力度、监管质量、政府透明度
	政府服务	政府效率、行政管理稳定程度、服务便捷度
居住生活 （20%）	居住质量	犯罪率、交通通勤指数、人均收入、城市居民消费价格指数、房价收入比率、平均寿命
	基础设施	医院数量、公共交通、机场、国际航班数量、城市福利政策
	环境质量	空气质量、气候指数、工业污染指数、重大污染事件、建成区绿化覆盖率、垃圾循环回收率、自然灾害
城市声誉 （20%）	品牌宣传	宣传文章质量、城市社交媒体活跃度、城市品牌营销事件
	品牌反馈	社交媒体反馈、民意调查反馈、搜索关键词趋势、旅游网站评价
人才创新 （10%）	政府支持	地方财政科研投入比重、人才吸引政策
	人才资源	城市重点大学数量、大学生数量占比、高校教师数量、人才多元化
	创新能力	创业公司数量、科研机构数量、专利数量

注：括号内百分数为指标权重。
资料来源：根据 2021 年《全球城市 500 强》报告整理。

（十三） 环境绩效指数（Environmental Performance Index, EPI)

　　EPI 由耶鲁大学环境法律与政策中心、哥伦比亚大学国际地球科学信息网络中心联合实施。它主要围绕两个基本的环境保护目标展开：(1)减少环境对人类健康造成的压力；(2)提升生态系统活力并推动对自然资源的良好管理。EPI 指标的选取有四个标准：第一，相关性，指标所追踪观察的相应环境问题必须与各种情况下的国家都具有相关性；第二，基于绩效，指标所追踪观察的必须是实际的状况或显示的结果；第三，透明性，指标必须提供清晰的基本测评标准，能够追踪观察随时间而发生的变化，并保证数据来源和方法论的透明性；第四，数据质量，指标所使用的数据必须满足基本的质量要求，并能代表现有的最佳测评标准。

附表 26　"环境绩效指数"评价指标体系

总指标	一级指标	二级指标	三级指标
环境绩效指数	环境健康	健康影响	环境危害
		空气质量	室内空气质量
			空气污染 PM2.5 均值
			PM2.5 超标值
			二氧化氮(NO_2)均值
		水和卫生	不安全的饮用水
			不安全的卫生设施
	生态系统活力	水资源	污水处理
		农业	氮平衡
			氮肥使用效率
		森林	植被退化
		渔业	鱼存量
		生物多样性和栖息地	国家物种保护
			全球物种保护
			国家陆地生物群落保护
			全球陆地生物群落保护
			海洋区域保护
		气候和能源	碳强度变化(每千瓦时)
			碳强度变化趋势

资料来源：根据 Global Metrics for the Environment 翻译整理。

（十四）　全球宜居指数（The Global Liveability Index）

全球宜居指数由英国经济学人智库（Economist Intelligence Unit，EIU）发布。EIU 对宜居性的衡量具体表现在三个方面：指标、评级和排名。首先，EIU 的宜居指数根据 5 个类别的 30 多个指标（包含定性和定量因素）对城市进行综合评分并排名，即稳定性、医疗保健、文化和环境、教育和基础设施（见附表 27）。其次，城市的每个宜居性指标都被评为可接受、可耐受、不舒服、不受欢迎或不可忍受。对于定性指标，评级是根据内部分析师和城市贡献者的判断得出的。对于定量指标，则根据一些外部数据点的相对表现来计算评级。然后对评级进行汇总和加权，以提供[1，100]的分数，其中1代表无法忍受，100代表理想[[80，100)分为对生活水平的挑战很少；[70，80)分为日常生活基本正常，但某些方面可能存在问题；[60，70)分为负面因素对日常生活有影响；(50，60)分为宜居性受到严重制约；50分及以下为大部分生活受到严重限制]。最后，宜居评级既显于总分，也显于每个类别的分数。为了提供参考点，还给出了相对于纽约的每个类别的得分，以及提供了在173个城市排名中的总体位置。

附表27　全球宜居指数评价指标体系

总指数	一级指标	二级指标
全球宜居指数	稳定性(25%)	轻微犯罪率 暴力犯罪的发生率 恐怖威胁 军事冲突威胁 内乱/冲突威胁
	医疗保健(20%)	私立医疗保健的可用性 私人医疗保健的质量 公共医疗保健的可用性 公共医疗质量 非处方药的供应情况 一般医疗保健指标
	文化和环境(25%)	湿度/温度等级 气候对旅客造成的不适度 腐败程度 社会或宗教限制 审查程度 运动便利性 文化可用性 饮食 消费品与服务
	教育(10%)	私立教育的可获得性 私立教育的质量 公共教育指标
	基础设施(20%)	道路网络质量 公共交通质量 国际接轨质量 优质住房供应情况 能源供应质量 电信的质量

注：括号内的百分数为指标权重。
资料来源：根据 The Global Liveability Index 2023 报告摘要翻译整理。

图书在版编目(CIP)数据

2025 上海城市经济与管理发展报告 ： 建设具有世界
影响力的社会主义现代化国际大都市 / 上海财经大学上
海发展研究院等编. -- 上海 ：格致出版社 ：上海人民
出版社，2025. -- (自贸区研究系列). -- ISBN 978-7
-5432-3676-9

Ⅰ. F299.275.1

中国国家版本馆 CIP 数据核字第 2025R423J9 号

责任编辑　刘佳琪
装帧设计　路　静

自贸区研究系列
2025 上海城市经济与管理发展报告
——建设具有世界影响力的社会主义现代化国际大都市
上 海 财 经 大 学 上 海 发 展 研 究 院
上 海 财 经 大 学 自 由 贸 易 区 研 究 院
上 海 财 经 大 学 城 市 与 区 域 科 学 学 院 编
上海市政府决策咨询研究基地"赵晓雷工作室"
上海市教育系统"赵晓雷城市经济与管理工作室"

出　　版　格致出版社
　　　　　上海人民出版社
　　　　　(201101　上海市闵行区号景路 159 弄 C 座)
发　　行　上海人民出版社发行中心
印　　刷　上海颛辉印刷厂有限公司
开　　本　787×1092　1/16
印　　张　13.5
插　　页　2
字　　数　250,000
版　　次　2025 年 5 月第 1 版
印　　次　2025 年 5 月第 1 次印刷
ISBN 978 - 7 - 5432 - 3676 - 9/F · 1632
定　　价　68.00 元